企业行政合规

基础理论与法律实务

陆云英　王朝勇　陆一凡◎主编

QIYE XINGZHENG HEGUI
JICHU LILUN YU FALÜ SHIWU

法律出版社 LAW PRESS · CHINA
北京

图书在版编目(CIP)数据

企业行政合规：基础理论与法律实务／陆云英，王朝勇，陆一凡主编. -- 北京：法律出版社，2022

ISBN 978-7-5197-6952-9

Ⅰ. ①企… Ⅱ. ①陆… ②王… ③陆… Ⅲ. ①企业法-基本知识-中国 Ⅳ. ①D922.291.91

中国版本图书馆CIP数据核字(2022)第135008号

企业行政合规：基础理论与法律实务
QIYE XINGZHENG HEGUI: JICHU LILUN YU FALÜ SHIWU

陆云英 王朝勇 陆一凡 主编

责任编辑 陈昱希 陈 熙
装帧设计 汪奇峰 臧晓飞

出版发行 法律出版社
编辑统筹 法规出版分社
责任校对 张红蕊
责任印制 耿润瑜
经　　销 新华书店

开本 710毫米×1000毫米 1/16
印张 21.75 **字数** 300千
版本 2022年8月第1版
印次 2022年8月第1次印刷
印刷 固安华明印业有限公司

地址：北京市丰台区莲花池西里7号(100073)
网址：www.lawpress.com.cn
投稿邮箱：info@lawpress.com.cn
举报盗版邮箱：jbwq@lawpress.com.cn

销售电话：010-83938349
客服电话：010-83938350
咨询电话：010-63939796

书号：ISBN 978-7-5197-6952-9　　**定价**：68.00元

凡购买本社图书，如有印装错误，我社负责退换。电话：010-83938349

主编简介

陆云英

中国政法大学企业合规研究中心执行主任、高级研究员，中国政法大学法律硕士学院研究生兼职导师，中国人民大学虚假诉讼治理研究中心研究员，金华市律师协会副秘书长、理事，金华市科技园创业导师，浙江省法律宣讲团成员，金华仲裁委员会仲裁员，民建开发区基础委员会委员，金华市贸促会涉外商事法律专家，金华民建企业家联合会副会长，金华兰溪商会副会长，曾担任金华市政府法律顾问、金华市政府法律专家库成员、金华市立法咨询专家。

主编出版了《开设赌场罪——类案释解与法律实务》《企业经营管理法律风险》《说赢就赢——虚假诉讼案例指导》《说成就成——律师点评大要案》《民间借贷——新型疑难复杂案例精选》《企业合规实战案例解析》等著作。

王朝勇

律师、仲裁员。北京大学法学院法律硕士研究生兼职导师，清华大学法学院法律硕士专业学位研究生联合导师，中国政法大学法律硕士学院研究生兼职导师，中国政法大学证据科学研究院硕士研究生实务导师，中国人民大学法学院法律硕士专业学位研究生实务导师，中国人民大学虚假诉讼治理研究中心执行主任、高级研究员，中国政法大学企业合规研究中心执行主任、高级研究员。著有《开设赌场罪——类案释解与法律实务》《说赢就赢——虚假诉讼案件一本通》《拒不执行判决、裁定案件一本通》《民间借贷——新型疑难复杂案例精选》《说赢就赢——虚假诉讼案例指导》《扫黑除恶——司法观点与辩护要点》《说成就成——律师点评大要案》《说过就过——司法考试通关大全》《企业合规实战案例解析》《中学生法治教育读本》等著作。

陆一凡

华东政法大学法律硕士，上海市锦天城律师事务所执业律师，主要执业领域为企业合规、公司治理、刑事辩护、民商事诉讼与仲裁、投融资并购。

执业期间参与/主办重大案件包括：某上市公司并购项目；上海某市政公司的供应链金融专项法律服务项目；上海某资产管理公司（标的约6.4亿元）民事诉讼、商事仲裁、刑事报案及辩护的综合性法律服务项目；上海某投资有限公司某房地产开发（总投资25亿元人民币）专项法律服务项目；上海某集团公司股权激励专项法律服务项目；山东某矿业集团煤矿压覆补偿事宜专项法律服务项目等。

文献发表及获奖包括：《企业合规不起诉制度探索的基本问题》于2021年7月发表于《论证与研究》，并获"习近平法治思想与企业合规业务"专题论坛暨省律师法学研究会 2021 年理论年会优秀论文三等奖；《对禁止强迫自证其罪原则与如实供述义务冲突的探析与反思》发表于《西部学刊》2022年2月；《浅析第三方组织的法律地位》发表于《中国开发区》2021年12月；《刑事合规构建中第三方组织职责定位的质疑与反思》获"习近平法治思想与企业合规业务"专题论坛暨省律师法学研究会2021年理论年会优秀论文一等奖。

主编出版了《开设赌场罪——类案释解与法律实务》《说成就成——律师点评大要案》《民间借贷——新型疑难复杂案例精选》。

序言一

行政合规是中国企业合规体系建设的重点

我国的改革大多采用顶层设计和基层探索相结合的方式，很少有顶层设计、自上而下的改革，企业合规的改革同样如此。作为拥有强大体量行政权、行政权深刻影响市场体系的国家，行政合规必然是中国企业合规体系建设的重点。

行政合规在中国有充分的法律依据，大量的行政监管的法律法规中规定了经营者和经营的主要负责人、直接责任人的经营义务。例如，《食品安全法》大量规定了经营者义务，《食品安全法实施条例》还增加了“处罚到人”的规定。因此，在涉及公共安全的很多领域，行政监管的趋势是“双罚”：不但罚企业，而且在一定情况下要追究主要责任人、直接责任人、法定代表人的责任。法律法规规定的经营者的义务是企业的行政合规的法律依据，为企业行政合规提供了内生动力。

2021 年《行政处罚法》为企业行政合规提供了进一步的法律解释和操作空间。例如，该法第 33 条第 2 款规定，“当事人有证据足以证明没有主观过错的，不予行政处罚。法律、行政法规另有规定的，从其规定”。也就是说，企业做了合规并能通过合规工作的完成提供证据来证明自己主观上无过错的，对企业不予处罚。

在政府对企业的监管规定越来越严厉的背景下，如何创建更好的营商环境，是在中国谈论企业行政合规最基本的问题意识。党的十九大以来，党和国家机构改革经过了体系性、重构性变革。在市场监管领域，国家成立了综合性的市场监管部门,即把原来的食药局的食品监管职能、质监局的生产监管职能、工商局的市场监管职能整合为统一的市场监管部门,同时还把商务部、发改委等很多职能划转到市场监管部门。之所以打造这种综合性的、权力相对集中的监管机构,就是要把法网织得更加严密、更加专业。但是,行政监管不能使企业寸步难行,而是需要在行政监管和企业良好发展之间架起一道桥梁。《行政处罚法》第6条规定,“实施行政处罚,纠正违法行为,应当坚持处罚与教育相结合,教育公民、法人或者其他组织自觉守法”。因此,引导企业合规合法经营是行政机关的重要职责。

在行政执法过程中存在各方对行政法条的理解模糊及适用不统一的状态,也为企业行政合规提供了基本的正当性。行政职能从事前审查到事中、事后监管的改革开始的时间不长,在实践中创新和争议也不少,正因为行政监管和执法过程中存在这些缺乏实践执法经验的问题,所以需要我们进行实践探索创新。

企业行政合规建设至少具有以下几方面的意义:

第一,有利于有效约束行政权。行政权的体量相对较大,对企业的影响和干预相对容易。如果企业做到了合规或在涉案合规中对标对表完成了整改,则行政权不能干预企业正常的生产经营活动,在涉案合规中也不能引发新的处罚。这为行政权的运用厘清了界限、分寸,有利于规范行政权,打造法治政府。

第二,有利于企业形成符合规则的文化和意识,更好地与行政机关合作。从美国法的经验和发展来看,企业合规是对风险点全过程的分析与控制,本质上是培养企业的规则文化。任何企业应当有规则、讲规则,这个规则包括国家的法律法规,行业及监管部门的基本政策、规范性文件,企业自身的指南和手册。没有规则文化,就很难避免企业发生问题,所以规则文化很重要。同时,企业如果做到了行政合规,意味着与政府建立了良好的合作关系,政府对企业放心,企业也有了与政府平等对话的可能,双方有可能建立合作平等的关系。

第三，有利于化解企业法律风险。即便企业出现法律风险，企业合规仍然可以减轻企业的责任。法律虽然对企业负责人的要求越来越高，但2021年《行政处罚法》呈现了对企业的减轻、从轻处罚的趋势。例如，首次违法不罚；第33条第2款明确规定"当事人有证据足以证明没有主观过错的，不予行政处罚。法律、行政法规另有规定的，从其规定"。这类条文的出现更是证明了企业行政合规的必要性与可行性。

第四，行政监管企业合规整改中应厘清两个问题：一是监管部门约谈企业进行合规整改，企业对标对表按要求完成合规整改后，监管部门检查时能否启动对企业实质性的调查，即监管部门在检查过程中对企业存在的其他新问题能否进行调查并处罚。如果企业对标对表完成了整改要求，则不能引发新的处罚。因为行政监管合规整改期的约谈是一种激励、导引、指导、引导企业做自我合规的手段，大多情况下在法律上不是一个处罚手段，不具有强制力，不能赋予企业义务。如果既约谈又处罚企业，那该行政行为是违法的。所以若涉案合规中做到合规就不应当引发新的处罚，否则约谈就没有价值，执法就没有意义。二是企业行政合规如何与裁量基准结合在一起。企业刑事合规有刑法的罪刑法定原则进行根本制约和判断，涉企业合规的犯罪大多有精准的司法解释及指导性案例。在企业行政合规中，《反不正当竞争法》《反垄断法》对企业滥用支配地位的行为规定得比较简单、抽象，很多的具体表现形式缺乏足够的、权威的行政解释依据。究竟企业的哪些行为是滥用支配地位的违法行为，监管部门不能完全准确把握。对此，可以建立企业和政府部门对裁量基准法律解释的探讨机制，从而形成共识。政府部门作为执法主体，企业作为被处罚主体，使用的是同一条法律，所以当某条法律含义不明确时有必要共同进行探讨，结合属地的具体情况进行落实。行政法法律解释与国务院的行政解释都很少，所以行政执法的裁量权的具体标准在于地方政府。地方政府通过建立政府、企业对裁量基准法律解释的联合探讨机制并形成规范性文件，可以避免法律的模糊不清。

企业合规建设是中国法治进程中国家、政府与市场主体结构调整的必然表现,也是值得深入开垦的理论和实践“沃土”。王朝勇主任及其团队在这方面具有丰富的实践经验和长远的眼光,我就从行政合规方面谈以上初步看法,并期待他的新书出版,为中国法治实践和法学理论研究注入新的活力。

王　旭　中国人民大学法学院教授

于中国人民大学法学院明德法学楼

2022 年 3 月 29 日

序言二

涉案企业合规改革呼唤法律制度革新

近年来,随着认罪认罚从宽制度等一系列司法体制改革的深入推进,协商性刑事司法理念正在逐渐为我国司法机关尤其是检察机关所接纳,效果有目共睹。作为这种协商性刑事司法理念的最新发展,最高人民检察院部署推动的涉案企业合规改革的本质就是通过释放现有检察权能所蕴含的从宽处理空间(不批准逮捕、不起诉、变更强制措施、提出轻缓量刑建议等),激励组织体进行"以合规为中心"的结构修正类处理举措。既避免了起诉定罪给涉案企业贴上"犯罪标签"所引发的"水波效应",也比单一的经济类制裁措施更有助于预防犯罪的再次发生。

一般认为,这场改革最为原始的效仿对象和灵感来源是域外的"审前转处"程序。自2007年美国金融危机时起,司法制度的设计者们开始认识到给企业定罪会带来巨大的负效应、损害社会公共利益,他们的前车之鉴就是2002年的安达信案件。安达信公司曾是美国最大和最成功的会计咨询公司之一,共有85000名员工,年收入超过93亿美元。2002年,安达信公司因其对安然公司的财务报告未尽到审计责任被美国得克萨斯州南部地区法院刑事定罪。虽然安达信公司提起了上诉,但是依据初审判决,其从事注册会计业务的资格被暂停,这致使该公司几乎失去了所有的客户。2005年,美国最高法院将初审判决推翻,但是,安达信公司所遭受的损害已经无法弥补。在此期间,该企业失去了所有客户,商业信誉严重受损,在美国的28000名员工全部失业,非美国地区的业务也被其他竞争对手接管,企业剩余财产被合伙人瓜分,曾经的行业巨头在短期内彻底消失。这类案件使以美国为代表的域外国家开始考虑企业避免定罪的问题,于是发展出了在审前阶段与企业达成暂缓起诉协议(Deferred Prosecution Agreement)或不起诉协议(Non-Prosecution Agreement)的程序模式,对那些在协议约定的期限内履行缴纳罚款、进行合规整改、配合调查等义务的企业,即使该企业确实构成犯罪,检察机关最终也将作出不起诉决定。

从2020年3月在深圳市宝安区等六家检察院的第一期企业合规改革试点,到2021年4月扩大至包括北京在内的第二期试点,再到2022年4月全面推开企业合规改革试点,两年以来,试点检察机关勇于担当作为,不仅协调相关部门制订出了较为可行的改革实施方案,还通过延伸办案职能,将"严管"和"厚爱"相结合,办理了一批企业合规案件。在百余家试点检察院的大力推动下,如最高人民检察院发布的相关典型案例所示:一些"情有可原"的企业通过合规考察实现了"去犯罪化"经营,摆脱了被起诉、被定罪的命运,避免了因此造成商业机会丧失、员工失业、科技创新流失、地区经济受损等连锁后果;一些高风险企业在企业合规检察建议的指导下,进行了有针对性合规整改,弥补了企业管理上的制度漏洞,消除了潜在的违法犯罪隐患,助力构建守法合规的营商环境。

从实践效果和发展前景来看,涉案企业合规改革注定不仅是一场司法改革,而且将成为一场影响深远的社会综合治理改革。司法主体的全面参与能够增强改革的权威性和推动力,充分调动其他监管主体的积极性,推动企业通过建立合规管理体系,对风险行为在构成行业违规、行政违法、刑事犯罪三个阶段进行层递式阻断,整体提升我国营商环境法治化水平。

但是,最高人民检察院部署启动这场改革,并未获得全国人大常委会的授权,公安机关、人民法院、行政监管机关参与办理企业合规案件的积极性能否保障,在一定程度上取决于试点检察机关的沟通协调能力,这可能会制约改革试验的效果。由于未获得立法机关的授权,检察机关通常只能在现行刑事诉讼法律的框架和范围内,将一些犯罪情节轻微、符合相对不起诉适用范围的企业涉罪案件作为试验对象,这也可能会在一定程度上影响试验效果。一些试点检察院尝试探索扩大适用案件范围、延长合规考察周期,又面临着改革实践突破现行法律的质疑。

可见，涉案企业合规改革的最终走向必然是法律制度革新，不仅企业合规作为单位犯罪刑事责任的减免事由需要刑事实体法的确认，公、检、法三机关对企业涉罪案件从宽处理、监督企业合规整改，也需要刑事程序法的赋权。因此，随着此项改革的深入推进，需要对刑法、刑事诉讼法进行及时的修改，并在吸收和借鉴企业合规相关理论研究成果的基础上，将司法推动企业合规建设的制度创新和成功做法加以固定和确认，以促进中国特色的企业行为规制制度的发展完善。

此项改革的推行，特别是包括合规附条件不起诉制度在内的"以提供合规从宽机会为激励、以确认落实合规整改为归宿"的新型法律规则的确立，将为律师业务的拓展带来难得的机遇。例如，作为交涉性辩护的新发展，企业合规背景下的刑事辩护将更多地体现为在涉案企业承认涉嫌犯罪的事实、积极配合侦查或者调查、承诺进行合规整改的前提下，辩护律师通过与检察机关积极地沟通、协商和对话，说服后者在充分考量起诉和定罪的社会负效应的基础上，将涉案企业纳入合规考察的适用对象，从而为涉案企业争取"出罪"的机会。这是涉企刑事案件中律师辩护的最为关键的一步。再如，律师可以接受涉案企业的聘请担任合规顾问，帮助其围绕内部治理结构、规章制度、人员管理等方面存在的问题设计、改进和执行合规整改方案，弥补企业制度建设和监督管理漏洞，以有效防止再次发生相同或者类似的违法犯罪。又如，一些合规经验较为丰富的律师还可以担任合规监管人（第三方监督评估人员），按照第三方评估组织的要求，通过实地走访、对员工抽查访谈等方式，积极履行监督评估职责，帮助涉案企业识别存在的合规管控漏洞，就其合规整改方案提出专业意见，监督其按照要求实施整改，参与判定其合规整改是否合格，出具合规监督考察报告，并参加检察机关组织的听证程序。

当然，此项改革在为律师带来新型业务的同时，也对律师的专业能力提出了更高的要求。不少律师已经看到了这一改革对律师业务发展的影响，并开始积极关注和研究这一个重大改革。有些律师除了努力做好自身业务以外,还力求承担更多的社会责任,不仅时常举办与这一改革相关的研讨会、论坛和培训,还撰写文章、著作以让更多的律师掌握从事合规工作所需要的专业知识和技能。《企业行政合规:基础理论与法律实务》一书的主编陆云英、王朝勇、陆一凡等几位律师就是其中的优秀代表。他们组织专业团队将对这一改革的认识和理解加以总结归纳,并结合最高人民检察院发布的企业合规改革试点典型案例就招投标合规、税务合规、反商业贿赂合规等专项合规计划的打造提出了自己的看法,并对涉案企业合规涉及的法律法规进行了汇编整理。笔者希望本书的读者能够从中吸取从事合规业务的知识和技能,从而助力此项改革的持续推进。

是为序。

李奋飞　中国人民大学教授

谨识于中国人民大学明德法学楼

2022 年 4 月 22 日

目录 contents

第一部分 理论篇

第二部分 实务篇

第三部分 企业合规法律法规及其他文件汇编

附　录

第一部分

理 论 篇

第一节

合规的概念

一、企业合规的定义

笔者认为，企业合规就是企业合法的升级版，即企业和员工的行为不仅要遵守法律、法规的规定，还要遵守企业内部规章制度、行业规则、社会道德规范，遵守和他人之间的合同约定等规定和承诺。

企业被行政处罚（如吊销许可证、营业执照）或被追究刑事责任而无法继续经营，将导致企业股东乃至所有供应商、销售商及利益关系人利益损失、员工失业，继而导致重大的社会问题。为此，20 世纪 90 年代的美国形成了企业合规激励制度。该制度是指建有良好合规计划的企业违反行政法时，可以和行政部门达成行政和解，经过合规考验期，行政部门决定减轻或者免除行政制裁；企业触犯刑事法律法规时，与司法机关达成暂缓起诉或不起诉和解，经过合规考验期后，根据考验结果司法机关作出起诉或不起诉决定。后来该制度逐渐被其他西方国家接受。同时，一些国际组织以制定国际公约的方式将该制度向全世界推广。

企业合规最早是配合反商业贿赂的开展而产生的。1977 年美国为严惩美国公司海外贿赂行为而颁布了《反海外腐败法》。1991 年美国联邦量刑委员会制定了《组织量刑指南》，并将其编入《联邦量刑指南》，作为法院对构成犯罪的企业进行量刑的依据，该指南确立了有效企业合规管理体系的一般标准。后“暂缓起诉协议”制度被英国、法国、加拿大、澳大利亚等国家采纳，并通过立法得以确立,如2010年英国通过了《反贿赂法》,2016年法国通过了《萨宾第二法案》。

我国政府对企业合规管理体系的关注从金融企业开始,之后逐渐推广到中央国有企业及反垄断合规。2006年原中国银监会发布的《商业银行合规风险管理指引》;2007年原中国保监会发布《保险公司合规管理指引》,2016年12月30日修订为《保险公司合规管理办法》;2017年国家标准化管理委员会发布《合规管理体系指南》,同年6月中国证监会发布《证券公司和证券投资基金管理公司合规管理办法》并于2020年进行了修正,同年12月国家发展改革委、商务部、中国人民银行、外交部、全国工商联五部门联合发布了《民营企业境外投资经营行为规范》;2018年国务院国有资产管理委员会发布了《中央企业合规管理指引(试行)》,同年5月中国国际贸易促进委员会发起设立全国企业合规委员会,同年12月国家发展改革委同其他六部门发布《企业境外经营合规管理指引》;2020年9月11日国务院反垄断委员会印发《经营者反垄断合规指南》。

2021年3月十三届全国人大四次会议表决通过的《国民经济和社会发展第十四个五年规划和2035年远景目标纲要》中明确提出引导"走出去"企业"加强合规管理",并"推动民营企业守法合规经营",企业合规建设的范围从国有企业扩大到民营企业。

2020年最高人民检察院启动企业合规改革试点在深圳市宝安区人民检察院等六个基层检察院开展,试点检察院对民营企业负责人涉经营类犯罪,依法能不捕的不捕、能不诉的不诉、能不判实刑的提出适用缓刑的量刑建议,同时,探索督促涉案企业合规管理。2021年3月最高人民检察院第二期企业合规改革试点范围进一步扩大,涉及北京、浙江等十个省(直辖市)。2021年6月,最高人民检察院与财政部、国务院国资委、全国工商联等九部门印发了《关于建立涉案企业合规第三方监督评估机制的指导意见(试行)》。2022年1月最高人民检察院涉案企业合规改革在全国推开。

2006年12月26日原中国银监会发布的《商业银行合规风险管理指引》第3条第2款规定,合规是指使商业银行的经营活动与法律、规则和准则相一致。第3条第1款规定，这里所称法律、规则和准则，是指适用于银行业经营活动的法律、行政法规、部门规章及其他规范性文件、经营规则、自律性组织的行业准则、行为守则和职业操守。

原中国保监会发布、2017年7月1日开始实施的《保险公司合规管理办法》第2条第1款规定，“本办法所称的合规是指保险公司及其保险从业人员的保险经营管理行为应当符合法律法规、监管规定、公司内部管理制度以及诚实守信的道德准则”。

中国证监会发布的，2017年10月1日开始实施，后于2020年修正的《证券公司和证券投资基金管理公司合规管理办法》第2条第2款规定：“本办法所称合规，是指证券基金经营机构及其工作人员的经营管理和执业行为符合法律、法规、规章及规范性文件、行业规范和自律规则、公司内部规章制度，以及行业普遍遵守的职业道德和行为准则（以下统称法律法规和准则）。”

2017年12月29日，国家质量监督检验检疫总局、国家标准化管理委员会发布《合规管理体系指南》。该文件所述合规是组织建立合规管理体系的整体要求，要求企业在识别合规义务的基础上建立合规管理体系。合规义务包括合规要求和合规承诺，其中合规要求是指组织有义务遵守的要求，包括法律和法规，许可、执照或其他形式的授权，监管机构发布的命令、条例或指南，法院判决或行政决定，条约、惯例和协议；合规承诺是指组织选择遵守的要求，包括与社会团体或非政府组织签订的协议，与公共权力机构和客户签订的协议，组织要求如方针和程序，自愿原则或规程，自愿性标志或环境承诺，与组织签署合同产生的义务，相关组织的产业标准。

2018年11月2日国务院国资委发布的《中央企业合规管理指引（试行）》第2条第2款规定：“本指引所称合规，是指中央企业及其员工的经营管理行为符合法律法规、监管规定、行业准则和企业章程、规章制度以及国际条约、规则等要求。”

2018年12月26日开始实施的《企业境外经营合规管理指引》第3条“基本概念”规定，“本指引所称合规，是指企业及其员工的经营管理行为符合有关法律法规、国际条约、监管规定、行业准则、商业惯例、道德规范和企业依法制定的章程及规章制度等要求”。

2020年9月11日国务院反垄断委员会印发的《经营者反垄断合规指南》第3条“基本概念”规定,“本指南所称合规,是指经营者及其员工的经营管理行为符合《反垄断法》等法律、法规、规章及其他规范性文件(以下统称反垄断法相关规定)的要求”。

综观上述各种规范对合规的规定,我们不难发现,不同的组织有不同的合规要求。每一个组织的成立都有自己的组织目的,每种组织有不同的发展方向,组织目的和发展方向的不同,就形成了组织行为规则的不同,不同的行为规则决定着每种组织各自的发展方向。

企业是一种组织,不同的企业有不同的制度,企业的员工要遵守企业的制度;企业分属于不同的行业,行业有行业的规则,企业及相关人员要遵守行业规则;企业分属于不同的国家,那么企业及相关人员便要遵守国家的法律、法规、政策。如果企业或企业员工不遵守规定,就要承担不利后果:员工违反企业某种制度,要承担降薪、降职乃至被开除的不利后果;企业违反行业规则被行业处罚;企业或员工违反法律、法规等规定要承担相应的民事、行政或刑事责任;企业违反国际法,相关资格将会被限制或剥夺。

因此,笔者认为,企业及员工的行为符合所在组织的规定,就不会被处罚,不用承担负面的后果,这样会使企业朝着良性的方向发展,从而使企业实现组织目的。

二、企业合规制度——三大合规激励机制

现实中的组织或组织里的人不可能完全按组织行为规则行事,不可避免地会产生不利的行为后果,殃及无辜的相关人员或造成社会的不稳定因素。例如,企业违反行政法规,将面临行政处罚;企业触犯刑法,将被追究刑事责任;企业违反国际组织行为规则,被限制机会和资格。这些行政处罚、刑事处罚、国际组织的制裁都将可能导致企业无法继续经营,企业的股东、供应商、销售商及利益关系人的经济利益将遭受损失,员工失业继而将导致

社会的不稳定。为了避免这些情况的发生,20 世纪 90 年代的美国开始建立企业合规激励制度,并被很多国家和国际组织借鉴采纳。

这些激励机制是行政法、刑法和国际组织制裁处罚的奖励。包括:企业违反行政法时,和行政部门达成行政和解,经过合规考验期,行政部门决定从轻、减轻或者免除行政制裁;企业触犯刑事法律法规时,与司法机关达成暂缓起诉或不起诉和解,经过合规考验期后,司法机关作出起诉或不起诉决定;有关国际组织对建有良好合规管理体系的企业,予以较为宽大的制裁处罚。因此,企业合规有机会获得三方面的合规奖励:一是行政监管合规激励;二是刑事合规激励;三是国际组织反制裁合规激励。

行政监管合规激励,是指行政监管部门对违反行政法律的企业,以企业合规换取宽大行政处理的法律制度。在建立了行政监管合规机制的国家,对已经建立了合规管理体系的违法企业,监管部门可以与其达成行政和解协议,争取免除或者减轻行政处罚。对签署行政和解协议的违规企业,监管部门设置合规考验期,企业采取进一步改进合规计划的措施。考验期结束后,企业满足了和解协议所要求的合规计划改进方案的,监管部门可以根据不同的情况对企业免除或者从轻、减轻行政处罚。

刑事合规激励,是指对涉嫌犯罪的企业,司法机关以企业建立合规管理体系为依据,对其作出宽大刑事处理的法律制度。在建立了刑事合规激励制度的国家,检察机关对于已经建立合规管理体系涉嫌犯罪的企业,可以根据企业建立合规管理体系的情况,作出是否提起公诉的决定;起诉到法院涉案犯罪的企业可以以建立合规管理体系作出无罪的抗辩,说服司法机关作出无罪判决;检察机关对已建立合规管理体系的企业,根据其涉嫌犯罪的情况,与其达成暂缓起诉协议或者不起诉协议,通过设置合规考验期,督促其重建合规计划,并对其重建合规计划的进程进行全面的监管。在考验期结束后,检察机关根据企业履行协议的情况,作出不起诉的决定。

国际组织反制裁合规激励,是指建立合规管理制度的国际组织对违反该组织所确立规则的企业,通过与其达成和解,督促其建立有效合规管理体系,换取国际组织对其撤销制裁和处罚的国际法律制度。下面以湖南建工集团有限公司建立诚信合规体系后被世界银行撤销制裁为例说明世界银行的合规激励制度。

大型国有企业湖南建工集团有限公司参加由世界银行资助的道路翻修竞标,提供了证明其具有施工经验和竞争实力的证据材料。后世界银行审查发现其提交的业务经验文件是不真实的。湖南建工集团有限公司予以承认并配合了世界银行的调查。2013 年 10 月世界银行对其作出了“附解除条件的取消资格”两年的制裁决定。湖南建工集团有限公司(包括其关联企业)在两年内不得参与世界银行资助的项目,也不得因世界银行贷款而获得收益。两年期满后,该企业满足以下两个条件,就可以申请恢复资格:一是针对被制裁的违规行为采取了适当的补救措施;二是建立并执行了符合世界银行要求的、有效的诚信合规计划。湖南建工集团有限公司在世界银行的监控和指导下开始了建立有效合规计划的行动。2017 年 6 月 29 日,湖南建工集团有限公司实施的诚信合规体系得到了世界银行的认可,收到了世界银行的解除制裁通知书。世界银行的制裁具有连带制裁和联合制裁的性质。连带制裁,是指企业一旦受到制裁,与该企业相关联的企业,包括母公司、子公司、兄弟公司等,无论其是否实施违规行为,都一律受到世界银行的制裁。联合制裁,是指根据世界银行与亚洲发展银行、非洲发展银行、欧洲复兴开发银行、美洲开发银行共同签署的《共同实施制裁决议的协议》,企业只要被上述任何一家银行作出取消资格达 1 年以上的制裁,其他缔约银行也会对该企业采取相同的制裁措施。

目前我国的合规激励制度主要包括企业合规刑事激励制度和企业合规行政监管激励制度两种。

我国的企业合规刑事激励制度起始于 2020 年 3 月,最高人民检察院在上海浦东、金山,江苏张家港,山东郯城,广东深圳南山、宝安等六家基层检察院开展企业合规改革第一期试点工作。试点检察院对民营企业负责人涉经营类犯罪,依法能不捕的不捕、能不诉的不诉、能不判实刑的提出适用缓刑的量刑建议。同时,探索督促涉案企业合规管理,促进“严管”制度化,防范“厚爱”被滥用。2021 年 3 月最高人民检察院启动了第二期企业合规改革试点工作。根据试点工作方案,第二期改革试点范围较第一期有所扩大,涉及北京、辽宁、上海、江苏、浙江、福建、山东、湖北、湖南、广东十个省(直辖市)。上述省级检察院可根据本地情况,自行确定1至2个设区的市级检察院及其所辖基层院作为试点单位。

2021年6月3日,最高人民检察院、司法部、财政部、生态环境部、国务院国有资产监督管理委员会、国家税务总局、国家市场监督管理总局、中华全国工商业联合会、中国国际贸易促进委员会研究制定了《关于建立涉案企业合规第三方监督评估机制的指导意见(试行)》。涉案企业合规第三方监督评估机制,是指人民检察院在办理涉企犯罪案件时,对符合企业合规改革试点适用条件的,交由第三方监督评估机制管理委员会选任组成的第三方监督评估组织,对涉案企业的合规承诺进行调查、评估、监督和考察。考察结果作为人民检察院依法处理案件的重要参考。

《关于建立涉案企业合规第三方监督评估机制的指导意见(试行)》规定了我国企业合规激励制度的适用范围、适用条件及不适用的情况。该指导意见第3条规定,第三方机制适用于公司、企业等市场主体在生产经营活动中涉及的经济犯罪、职务犯罪等案件,既包括公司、企业等实施的单位犯罪案件,也包括公司、企业实际控制人、经营管理人员、关键技术人员等实施的与生产经营活动密切相关的犯罪案件。由此可见,我国企业合规刑事激励制度适用的涉嫌犯罪的主体不仅包括公司、企业,还包括公司、企业的实际控制人、经营管理人员、关键技术人员的涉嫌犯罪行为。该指导意见第4条规定,对于同时符合下列条件的涉企犯罪案件,试点地区人民检察院可以根据案件情况适用本指导意见:(1)涉案企业、个人认罪认罚;(2)涉案企业能够正常生产经营,承诺建立或者完善企业合规制度,具备启动第三方机制的基本条件;(3)涉案企业自愿适用第三方机制。该指导意见第5条规定,对于具有下列情形之一的涉企犯罪案件,不适用企业合规试点以及第三方机制,包括:(1)个人为进行违法犯罪活动而设立公司、企业的;(2)公司、企业设立后以实施犯罪为主要活动的;(3)公司、企业人员盗用单位名义实施犯罪的;(4)涉嫌危害国家安全犯罪、恐怖活动犯罪的;(5)其他不宜适用的情形。

我国的企业合规行政监管激励制度已经在特殊领域、个别地区试行、实施。在反垄断领域,2019 年 1 月 4 日国务院反垄断委员会印发《横向垄断协议案件宽大制度适用指南》,建立了对企业减轻或者免除处罚的宽大制度。2019 年 6 月 26 日国家市场监督管理总局为了预防和制止垄断协议,发布《禁止垄断协议暂行规定》,共 36 条,自 2019 年 9 月 1 日起施行,后于 2022 年 3 月 24 日修改。2020 年 9 月 11 日国务院反垄断委员会印发《经营者反垄断合规指南》,各地方政府纷纷出台针对反垄断和不正当竞争的企业合规指引,如《浙江省平台企业竞争合规指引》《天津市经营者反垄断合规指引》《湖南省企业竞争合规指引》等。

2021 年,深圳市宝安区试行企业合规全面行政从宽处罚激励制度。宝安区司法局联合市场监督管理局宝安监管局、区应急管理局、区城市管理和综合执法局、市生态环境局宝安管理局、市交通运输局宝安管理局、宝安税务局等 16 个部门,按照各自职责权限,依法制定并实施轻微行政违法行为从轻、减轻、不予处罚“三个清单”,确保行政合规稳步推进。

企业合规行政监管激励制度的法律依据在《行政处罚法》中。笔者认为,该法第 33 条第 2 款“当事人有证据足以证明没有主观过错的,不予行政处罚。法律、行政法规另有规定的,从其规定”,是建立企业合规管理体系的企业触犯行政法,可以向行政机关提供企业合规的文件作为证据,进行其主观无过错的抗辩,进而不适用行政处罚的法律依据。

三、合规的价值和意义

1. 促进法治社会的实现

企业作为社会主体合规合法经营,是实现法治社会的必然需要;企业合法合规经营自然朝着健康良性的方向发展,从而解决国家的税收、就业和创新。

随着我国经济发展进入新时代,社会的发展更加需要规则。2015 年 12 月中共中央、国务院印发的《法治政府建设实施纲要(2015 - 2020 年)》,政府的职能从事前审批到事中事后监管。2018 年政府机构改革将原来的食药局、质监局、工商局合并，把商务部、发改委很多职能划转到市场监管部门。打造综合执法机构，据梳理其有 900 项行政处罚职能。政府的职能转变了，企业的合法合规的意识并没有及时转变。政府事后监管对企业的处罚，将会导致大量的企业因被处罚而丧失信誉和各种经营机会，这必将困住企业的手脚，甚至撤销企业被许可的资格最终导致其无法经营而破产。企业主一人被追究刑事责任，也就有可能倒闭一家企业。

2020 年 12 月，中共中央印发了《法治社会建设实施纲要（2020 – 2025 年）》。2021 年 9 月 6 日，中共中央政治局委员、国务院副总理刘鹤在中国国际数字经济博览会上强调，民营经济为我国贡献了 50% 以上的税收、60% 以上的 GDP、70% 以上的技术创新、80% 以上的城镇就业、90% 以上的市场主体数量。民营企业作为 90% 以上的市场主体，是社会的细胞，其合法合规经营是实现法治社会的需要。

企业既要解决税收、就业、创新的社会问题，又要应对不合法合规经营可能面临的风险，因此，企业要认识到合法合规经营的重要性，并建立合法合规经营的管理体系。我国在推行法治政府、法治国家、法治社会的治理体系过程中，建立柔性执法机制，倒逼企业合法合规经营的同时给予企业改过自新的机会，使企业朝着合法合规的良性方向发展，从而实现法治社会，解决国家的税收、就业和创新。

2. 有利于建立企业风险防范体系

企业合规是企业管理的有机组成部分，是一种风险防范体系，具体指的是企业在运营过程中应当遵守法律法规、商业行为守则和企业伦理规范、规章制度等，企业及员工的行为符合所在组织的规定，就不会被处罚，不用承担负面的后果，这样会使企业朝着良性的方向发展，从而使企业实现组织目的。企业合规的激励作用在于给予企业改正的机会，有利于企业的可持续发展与营商环境的优化。企业一旦建立良好的合规管理体系，会获得更多机会与检察机关、行政机关达成和解协议，取得免予处罚、暂缓处罚或宽大处理的结果。即便行政机关或检察机关与企业没有达成和解协议，合规计划的建立也可以成为行政机关对企业减轻、免除罚款或作出宽大处罚的重要依据。企业合规作为世界通用的公司治理手段，带给企业的好处主要有以下几方面：

（1）企业合规是防范企业刑事法律风险和获取刑事激励的重要手段。作为一种新的刑事治理模式，企业合规不再由国家单向度地对企业刑事犯罪进行规制，而是更多地引入企业管理进行自身规制，是企业为了保证所有员工行为合法的整体性组织措施。同时，国家治理范围进一步延伸，不再局限于事后的惩罚性，而是参与企业相关刑事犯罪萌芽及其经营风险的预防与控制之中。

对于涉嫌刑事犯罪的企业，若满足特定条件，企业进行合规整改并评估合格后，检察院将作出不予起诉的处理。刑事合规作为企业合规的一部分，作为一种犯罪预防机制，相对于事后惩罚模式，更符合善治的刑事策略和刑事政策发展趋势，是完善合规管理机制与合规管理制度的重要环节。

（2）企业合规制度的构建帮助企业规避行政处罚风险。随着企业合规机制的应用，我国行政法律逐步确立了行政执法和解制度以及合规抗辩制度。行政执法和解制度是指企业建立合规机制可以成为达成行政和解的依据；合规抗辩制度是指企业可以形成合规计划为由，将企业责任和员工责任有效区分。各地政府积极探索企业针对特定行政违法行为进行合规整改并评估合格，行政机关将作出免除处罚、从轻减轻处罚的处理的相关制度。未来企业合规可以作为行政处罚从轻、减轻或免除处罚的抗辩事由，避免了经济、交易资格及声誉损失。

（3）企业合规可以从内部瓦解组织体与员工的利益共同体关系，实现员工与企业、第三方与企业的责任切割。企业合规可以有效提升企业管理能力。企业合规在公司治理中引入了专门的风险防控机制，实现了自上而下的合规管理体系，有效地将企业责任与高管、员工、第三方责任进行切割。若企业内部个别员工或第三方实施违法犯罪行为，企业合规制度的构建可以有效切割企业和涉案员工或第三方的责任，将企业从刑事程序中解救出来。该种切割，不仅使全体员工、企业合作伙伴明晰自己的工作职责，而且较好地区分了企业责任和企业家责任，从而全面带动企业提高管理能力，降低企业管理成本。例如，雀巢员工侵犯公民个人信息案中，雀巢公司员工为了推销奶粉，通过给医院妇产科医生好处的方式获取公民个人信息，涉嫌侵犯公民个人信息罪被起诉。雀巢公司员工以是单位犯罪为由进行抗辩。法院认为，雀巢公司提供手册、员工行为规范（合规准则）等证据证实，雀巢公司禁止员工从事侵犯公民个人信息的违法犯罪行为，员工违反公司管理规定的行为为个人行为。因此雀巢公司通过建立合规管理体系，切断了员工给企业带来的风险。

3. 有助于企业实现可持续发展

企业合规是一种软实力，它既是国家法律层面的要求，也是企业自身发展内在的需要，还是企业现代管理、现代治理体系和能力的具体表现。在很多拥有完善合规体系的企业看来，企业合规是企业经营的前提和底线，可以确保企业在安全经营的前提下实现可持续发展，更好地守护企业的商业利益。企业合规是企业保障自身权益，降低风险成本的重要武器。企业合规机制是一种具有“合规风险控制”职能的治理体系，是企业内控制度的最大应用。

因此，企业若要做大做强，就需要进行规范化治理，通过合规制度让企业自行高效有序运转，实现企业的可持续化发展。

4. 有利于树立良好的行业和社会诚信典范，创造社会价值

首先，企业在合规体系建设中形成的依法依规经营的合规文化，会促使企业在追求商业利益的同时，更加注重社会责任的承担，更加珍视良好社会形象的树立。其次，企业合规在树立企业合规文化的同时，也能在相关行业树立相应的价值观。例如，通过建立反商业贿赂合规计划，企业可以在整个行业树立廉洁、公平竞争的价值观。最后，企业合规文化具有传递效应。企业在经营活动中会将自己的合规文化推及第三方商业伙伴，第三方商业伙伴按照相关监管要求会再次选择依法依规经营的伙伴，以此带动更多交易相对方依法依规经营，在整个行业乃至社会形成良好合规的文化传递。

当代企业的影响力较大，建立企业合规管理体系能够促进企业承担更

多的社会责任，使其更具公共性，从而促进企业更遵守法律法规。建立企业合规制度，实际上使“预防违法”和“发现违法行为”的公共责任从国家转移到企业内部，企业合规机制赋予内部的合规部门服务社会的属性，即使他们的日常工作不符合企业对利益追求的价值观，企业也应支持他们的工作。这体现了企业对社会责任的承担。

5. 使企业更具竞争优势，获取更多交易机会

企业合规可以减少企业违法行为发生的次数从而创造商业价值，吸引更多客户和投资者，为企业带来了更多的业务和商业机会。从短期效果来看，企业违法违规开展经营活动，也许能够获得暂时的经济利益，但“百年老店”的商业信誉才最是难能可贵。

尤其是当前全球化进入新阶段，企业竞争进入全球价值链竞争的时代，企业合规可以为我国企业开展对外贸易、境外投资、对外承包工程等“走出国门”的相关业务保驾护航，帮助企业持续性合规经营，保护我国公司之合法权益。企业合规问题是中国企业海外经营中要面对的问题，中国企业要走出去，必须提高自身合规能力。

四、合规管理体系

企业合规管理，需要建立一整套制度并落实，下面简要地罗列合规管理体系框架。

1. 合规义务的识别（包含要求和承诺）

外部：遵守法律（国际、国内、所在地国）、法规、规章及规范性文件，行业准则、行政许可和授权、强制性标准、法院判例和行政决定、商业惯例、道德规范。

内部：企业的价值观（伦理规范），企业规章制度，章程、股东会决议、董事会决议、管理层决议，对外签订的合同，行业自律性规则，企业选择适用的非强制性国家标准、行业标准和企业标准，企业自愿性对外承诺。

2. 在合规义务识别的基础上进行风险评估

合规评估是指针对企业的合规风险点和重点合规领域，展开有针对性

的合规风险调查和评价，对不合规严重程度、风险发生概率、风险承受能力、控制范围和初步应对措施等因素进行分析评估，确定风险等级，以确定采取的相对应管控流程和管控措施。

3. 合规组织

确立董事会、监事会、合规委员会、合规官、合规管理部门、各部门和员工的合规职责。

4. 合规制度和流程管控

内外部的合规需求整合在组织业务流程、管理流程和作业规则之中，并形成全面、合理有效的企业合规管理制度和管控流程。

5. 合规培训及内部政策沟通

（1）合规培训：针对企业员工、第三方合作伙伴、各部门和分支机构展开的合规管理培训活动。培训可分为定期全员培训和不定期专门培训，对培训情况做好书面和电子记录。

（2）内部政策沟通：企业高层和合规部门应将合规政策和程序传达到每一位员工、合作伙伴、各部门和分支机构，要求后者作出合规承诺，也可以定期传达企业合规政策和合规进展的动向，推广“合规经营”的理念和文化。

6. 对合规管理体系的监控

（1）全流程合规监控：日常对合规管理体系的运行和风险进行监测、识别和评价。要求对企业每个部门、开展的每一项业务，在产品制造、销售、服务的每一个环节，都要由合规部门把关，对存在违规行为的环节实行合规一票否决制。

（2）举报制度：举报是指企业员工或第三方对企业经营管理活动中存在的违法违规行为和现象，通过指定的途径进行报告的行为。例如：企业实行24小时举报机制，开放电话举报、网络举报等途径，搭建专门的举报平台，并对举报人进行严格保护和奖励。

（3）合规审计：合规审计是指内外部审计部门或专业人员对合规管理体系从设计到实施的全过程进行合规风险评估，并提出合规优化改进建议并监督落实。

(4)合规报告:在合规组织体系内自下而上地将合规计划运行情况、合规的风险、违规行为的发生进行定期报告和专项报告,报告给最高管理层。

7. 违规事件的应对体系

违规事件的应对体系,即事后处理机制,包括:当违规行为发生或被发现后,及时进行合规内部调查;尽快处理违规的员工和第三方;尽快发现合规体系漏洞并进行整改;积极配合调查,必要时进行报告披露,配合监管部门的调查,争取获得可能的合作奖励,尽量获得宽大的行政处理或刑事处理,将惩罚、损失和不利影响降到最低限度。

8. 持续改进

通过上述合规管理体系的建设,实现企业依法依规经营,应对行政监管、行政处罚,化解刑事风险,避免由企业承担因员工和第三方违规行为造成的风险。

第二节

在行政监管中全面引入企业合规激励机制初探

一、企业合规作为企业自我管理、防范合规风险的治理方式，已经成为社会发展的必然

1. 企业合规是社会发展必然需要遵守规则的结果

自改革开放以来，我国以经济发展为主要目标，如今随着经济与社会的不断发展，企业也在不断成长与发展。社会的发展需要规则，法律是规则最重要的表现形式。企业作为社会的成员，自然也要遵守规则。

2. 政府治理方式从事前监管转变为事中事后监管，强有力的执法机构和处罚职能及全国统一信用体系的建设，倒逼企业合规

2015 年 12 月，中共中央、国务院印发的《法治政府建设实施纲要(2015 - 2020 年)》规定依法全面履行政府职能的措施包括：深化行政审批制度改革，加强市场监管，清理工商登记前置审批，加强事中事后监管；创新市场监管方式，完善市场监管体系，实行综合监管，推广随机抽查，探索“智能”监管；加强社会信用体系建设，建立健全全国统一的社会信用代码制度和信用信息共享交换平台，推进企业信用信息公示“全国一张网”建设。

因此，2018 年政府机构改革将原来的食药局、质监局、工商局合并，把商务部、发改委很多职能划转到市场监管部门。打造综合执法机构，梳理其有 900 项行政处罚职能。政府的职能转变，若企业没有随之进行转变，则不合

规经营的企业将可能面临多种行政处罚。为了避免陷入困境，企业必须建立合规管理体系防范风险，使自身可持续发展。

3. 企业合规是建设法治社会的需要

2020年12月，中共中央印发了《法治社会建设实施纲要（2020－2025年）》指出“全民守法是法治社会的基础工程”。2021年3月十三届全国人大四次会议表决通过的《国民经济和社会发展第十四个五年规划和2035年远景目标纲要》指出“推动民营企业守法合规经营”。2021年9月6日，中共中央政治局委员、国务院副总理刘鹤在中国国际数字经济博览会上强调民营经济为我国贡献了50%以上的税收、60%以上的GDP、70%以上的技术创新、80%以上的城镇就业、90%以上的市场主体数量。民营企业作为90%以上的市场主体，是社会的细胞，其合法合规经营是实现法治社会的需要。

4. 企业合规是企业“走出去”所必须具备的国际竞争力

中国企业走出国门进行投资、经营或者上市，不仅要严格遵守所在国的法律法规，还要按照所在国的法律要求建立有效的合规管理机制。在国内的中国企业，只要成为西方企业的代理商、分销商、供货商等，就有可能作为“第三方”接受欧美国家法律的管辖，受到越来越严格的法律监管。尤其是在反海外贿赂、反洗钱、知识产权保护、产品出口管制、投资并购以及数据隐私保护等诸多领域，欧美国家的立法越来越复杂，监管力度急剧加强。在此背景下，中国企业面临着越来越大的法律风险。为避免越来越严厉的行政处罚和刑事处罚，[①]合规是企业“走出去”行稳致远的前提，合规管理能力是企业国际竞争力的重要方面。

二、政府介入企业合规管理模式概述

为了促使企业建立合规管理体系，在实践中，我国政府已形成三种介入企业合规管理的模式：一是以行政监管主体身份设定企业合规管理职责，以强制性监管措施保障履职；二是作为政府出资人设定企业合规管理职责，以科层式行政管理机制促使履职；三是通过行政指导提出企业合规管理职责，

---

① 参见陈瑞华：《企业合规基本理论》（第2版），法律出版社2021年版，第70页。

仅供企业参考运用。第一、二种模式可称为“刚性”模式，第三种模式可称为“柔性”模式。①

1. 以行政监管主体身份介入的刚性模式

2006 年原中国银监会发布的《商业银行合规风险管理指引》第 8 条第 1 款作了“商业银行应建立与其经营范围、组织结构和业务规模相适应的合规风险管理体系”的强制性规定。原中国银监会在该指引第四章“合规风险监管”中对商业银行的职责进行了规定，商业银行向银监会备案合规管理文件，向银监会报告合规计划、合规风险、合规重大事项、合规负责人，银监会对商业银行进行合规风险有效性的评价及对商业银行如下领域进行检查，包括：(1)合规风险管理体系的适当性和有效性；(2)董事会和高级管理层在合规风险管理中的作用；(3)绩效考核制度、问责制度和诚信举报制度的适当性和有效性；(4)合规管理职能的适当性和有效性。

《保险法》第 85 条、第 86 条规定要求保险公司建立合规报告制度。2007 年原中国保监会发布的《保险公司合规管理指引》，于 2016 年 12 月 30 日修改为《保险公司合规管理办法》，其中第 3 条第 2 款规定，“保险公司应当按照本办法的规定，建立健全合规管理制度，完善合规管理组织架构，明确合规管理责任，构建合规管理体系，推动合规文化建设，有效识别并积极主动防范、化解合规风险，确保公司稳健运营”，即强制要求建立合规管理体系。该办法第五章规定了中国保监会对保险公司监督和采取监督措施的职权。

《证券公司监督管理条例》第 12 条将合规制度规定为公司设立的条件。中国证监会 2017 年 6 月发布、2020 年 3 月修正的《证券公司和证券投资基金管理公司合规管理办法》第 2 条第 1 款作出了“在中华人民共和国境内设立的证券公司和证券投资基金管理公司(以下统称证券基金经营机构)应当按照本办法实施合规管理”的强制性规定。该办法第四章规定了中国证监会对证券基金经营机构监督管理的职责和可以采取的监管措施。

2. 以政府出资人身份介入的刚性模式

国务院国有资产监督管理委员会具有国有资产出资人的法律地位，为

① 参见郑雅方：《论政府介入企业合规管理的风险及其防范》，载《法商研究》2021 年第 3 期。

推动中央企业全面加强合规管理，其于 2018 年发布《中央企业合规管理指引（试行）》设定了中央企业的合规管理职责，要求中央企业“遵照执行”，并确定由其“负责指导监督中央企业合规管理工作”，以科层行政管理机制直接要求企业“加强合规考核评价”“建立合规报告制度”。

3. 以行政指导为手段介入的柔性模式

2017 年国家标准化管理委员会发布《合规管理体系指南》，2018 年国家发展改革委等七部门共同印发的《企业境外经营合规管理指引》，2020 年 9 月 11 日国务院反垄断委员会印发了《经营者反垄断合规指南》，都是通过柔性的行政方式，指导、鼓励、调动企业自主开展合规管理，但无强制性的履职要求。

企业合规是社会发展的必然要求，而政府的处罚可能使企业面临丧失声誉、经营机会或破产的风险。在推进法治政府、法治国家、法治社会治理体系和治理模式建设的背景下及经济发展全球化我国企业“走出去”国际环境的严格要求下，政府为了促使企业建立合规管理体系，通过立法、建立规章、发布指引等强制性的监管和鼓励、引导企业建立合规管理体系，但如此种种还远远不足以激发企业建立合规管理体系的积极性。

我国从自给自足的自然经济，到以“不管白猫黑猫，能捉老鼠的就是好猫”作为基本理念促使经济高速发展起来，企业没有天然的依法合规经营的文化基础；企业和资本追逐利润最大化的天然属性，决定了大多数企业舍不得花费资金、时间、人力成本去建立合规管理体系，有的企业即使已经建立合规管理体系，但在实践中也是流于形式。例如，2006 年原中国银监会发布《商业银行合规风险管理指引》第 8 条就规定“商业银行应建立与其经营范围、组织结构和业务规模相适应的合规风险管理体系”，该指引是我国最早的合规法律文件。2020 年 12 月，上海银监局对上海市 39 家银行调研发现，银行合规管理普遍缺乏有效的合规信息交流机制与传达机制。有的企业甚至认为合规相关工作损害了效率，即伤害了企业有可能获得的机会。

由上可知，政府以监管主体的身份介入企业合规，但除《合规管理体系指南》适用于所有组织外，其他形式的介入也只是在特殊行业（如银行、保险、证券)和特殊领域(中央企业和境外经营的企业),介入也是有限的。政府职能转变之后,政府设立了强大的执法机构和执法队伍,仅靠单一的行政处罚模式显然不能收获最好的社会效果,因此,《法治政府建设实施纲要(2015-2020年)》指出“创新行政执法方式……推广运用说服教育、劝导示范、行政指导、行政奖励等非强制性执法手段。健全公民和组织守法信用记录,完善守法诚信褒奖机制和违法失信行为惩戒机制”。2020年1月1日起施行的《优化营商环境条例》第59条第1-2款规定“行政执法中应当推广运用说服教育、劝导示范、行政指导等非强制性手段,依法慎重实施行政强制。采用非强制性手段能够达到行政管理目的的,不得实施行政强制;违法行为情节轻微或者社会危害较小的,可以不实施行政强制;确需实施行政强制的,应当尽可能减少对市场主体正常生产经营活动的影响。开展清理整顿、专项整治等活动,应当严格依法进行,除涉及人民群众生命安全、发生重特大事故或者举办国家重大活动,并报经有权机关批准外,不得在相关区域采取要求相关行业、领域的市场主体普遍停产、停业的措施”。

笔者认为,建立企业合规行政激励机制,以激发企业建立合规管理体系的内生动力,政府通过行政奖励的非强制手段形式进行监管,创建柔性执法环境,也是改善营商环境最好的举措。

三、建立企业合规行政监管激励机制具有适时性

企业合规行政监管激励制度,是指行政监管部门对违反行政法律的企业,以企业合规换取宽大行政处理的法律制度,即对已经建立了合规管理体系的违法企业,监管部门可以与其达成行政和解协议或者免除行政处罚,或者减轻行政处罚。对签署行政和解协议的违规企业,监管部门设置合规考验期,企业采取进一步改进合规管理体系的措施。考验期结束后,企业满足了和解协议所要求的改进合规计划方案的,监管部门可以根据不同的情况对企业免除行政处罚,或者从轻、减轻行政处罚。

1. 政府介入企业合规管理的正当性

在现代社会,自治是企业经营自主权的核心,对于发挥企业的积极性、

充分维护股东利益至关重要。但企业的经营自由并非没有法律界限,企业对市场经营秩序负有保障责任。企业不独立于社会单独存在,而是社会重要的组成部分,因此它承载着一定的社会责任。《公司法》第 5 条第 1 款规定:“公司从事经营活动,必须遵守法律、行政法规,遵守社会公德、商业道德,诚实守信,接受政府和社会公众的监督,承担社会责任。”

企业违规将造成对自身和社会的双重危害,导致内部风险并引发系统性社会危害风险。企业自身风险,包括商誉受损,生产经营受挫、破产、企业及其管理者承担民事、行政处罚甚至刑事责任等;社会危害,包括企业超标排放造成环境损害、建造公共设施存在质量隐患造成公共安全损害等。企业违规可以由损害特定的个人利益集合转化为危害社会公共利益,如集资诈骗。企业违规也会引发工人维权、消费者维权、债权人维权等群体性事件,事件过程充斥着对抗、争执、紧张、暴力,有引发社会动荡的风险。

对于企业违规可能造成的社会危害和社会风险,政府基于维护社会公共利益、国家利益、社会安全、市场秩序所应具有的重要职能,必须适度介入企业的内部治理,并促使企业切实履行社会责任,行政监管过程中施行企业合规行政监管激励机制是具有正当性的。

2. 建立企业合规行政监管激励机制有了一定的法律基础和行政和解实践经验

为了企业能够建立合规管理体系,我国政府已经对专业行业和特殊领域,发布了各种指引、办法指南。2006 年原中国银监会发布、2018 年 7 月修改的《商业银行合规风险管理指引》;2007 年原中国保监会发布《保险公司合规管理指引》,2017 年 7 月 1 日修改为《保险公司合规管理办法》;2017 年国家标准化管理委员会发布《合规管理体系指南》,中国证监会 2017 年 6 月发布、2020 年 3 月修正的《证券公司和证券投资基金管理公司合规管理办法》;2018 年国务院国有资产管理委员会发布的《中央企业合规管理指引(试行)》,同年 12 月国家发展改革委等七部门发布的《企业境外经营合规管理指引》;2020 年 9 月 11 日国务院反垄断委员会印发《经营者反垄断合规指南》。因此很多企业对合规有了一些认识,对如何建立合规管理体系也已经有了一些指引可供参考落实。

2015 年中国证监会发布的《行政和解试点实施办法》(已失效),第二章规定了"行政和解的适用范围与条件",第三章规定了"行政和解的实施程序"。依据该规定,2019 年中国证监会和高盛(亚洲)有限责任公司达成行政和解,高盛(亚洲)有限责任公司缴纳人民币 1.5 亿元行政和解金,并向中国证监会提交书面整改报告,中国证监会终止调查和审理程序。2020 年 1 月中国证监会与上海司度等 5 家证券机构达成行政和解协议,该 5 家公司也向中国证监会提交书面整改报告,中国证监会终止调查和审理程序。这两起行政和解案件,在涉嫌行政违法的企业进行整改合规之后,行政机关终止了调查和审理程序,是企业合规行政激励制度实施的实践经验。

3. 企业合规刑事激励机制的试行,有助于行政监管激励制度的建设发展

自 2020 年 3 月开始,最高人民检察院已逐步在全国开展企业合规改革试点工作,如深圳宝安区已经推行"不起诉从宽处理" + "行政从宽处罚"双重激励机制,将刑事合规向行政合规领域延伸。笔者在金华市人民检察院参加研讨会时,检察官提出企业合规刑事激励制度推出过程中,如何与行政机关衔接,是否需要建立行政合规等问题。笔者到永康市人民检察院调研时,发现检察院作为企业合规刑事激励制度试行单位遇到以下情况:在企业建立合规管理体系时遇到专业问题,如涉及虚开增值税发票,就需要和税务机关联动;在企业的合规计划内容中是否要求包含建立防范行政风险的内容;企业免除了刑事处罚,是否能够同时免除行政处罚,不免除的如何衔接等。上述的这些情况说明企业合规刑事激励制度的推行,需要行政机关的衔接与配合。

四、企业合规行政监管激励制度的法律依据

1. 行政监管激励措施的原则性法律依据

《行政处罚法》第 6 条规定:"实施行政处罚,纠正违法行为,应当坚持处罚与教育相结合,教育公民、法人或者其他组织自觉守法。"第 28 条第 1 款

规定:“行政机关实施行政处罚时,应当责令当事人改正或者限期改正违法行为。”因此,当企业违反《行政处罚法》时,行政机关要求企业建立合规管理体系改正违法行为并防止以后再犯是《行政处罚法》的基本法律原则。

2. 一般行政处罚减轻处罚的法律依据

《行政处罚法》第 32 条规定:“当事人有下列情形之一,应当从轻或者减轻行政处罚:(一)主动消除或者减轻违法行为危害后果的……(三)主动供述行政机关尚未掌握的违法行为的;(四)配合行政机关查处违法行为有立功表现的……”第 33 条规定:“违法行为轻微并及时改正,没有造成危害后果的,不予行政处罚。初次违法且危害后果轻微并及时改正的,可以不予行政处罚。当事人有证据足以证明没有主观过错的,不予行政处罚。法律、行政法规另有规定的,从其规定。对当事人的违法行为依法不予行政处罚的,行政机关应当对当事人进行教育。”因此,企业违反《行政处罚法》时,对于符合上述条件的企业免予处罚、不予行政处罚或减轻处罚完全合法。

3. 重行政处罚减轻处罚的法律依据

《产品质量监督抽查管理暂行办法》第 46 条规定:“负责结果处理的市场监督管理部门应当责令不合格产品的被抽样生产者、销售者自责令之日起六十日内予以改正。”第 47 条规定:“负责结果处理的市场监督管理部门应当自责令之日起七十五日内按照监督抽查实施细则组织复查。被抽样生产者、销售者经复查不合格的,负责结果处理的市场监督管理部门应当逐级上报至省级市场监督管理部门,由其向社会公告。”第 48 条规定:“负责结果处理的市场监督管理部门应当在公告之日起六十日后九十日前对被抽样生产者、销售者组织复查,经复查仍不合格的,按照《中华人民共和国产品质量法》第十七条规定,责令停业,限期整顿;整顿期满后经复查仍不合格的,吊销营业执照。”在行政机关第一次抽查后,引导企业建立合规管理体系,并给予一定的合规考验期,也是完全符合上述法律规定的。

《行政许可法》第 66 条规定:“被许可人未依法履行开发利用自然资源义务或者未依法履行利用公共资源义务的,行政机关应当责令限期改正;被许可人在规定期限内不改正的,行政机关应当依照有关法律、行政法规的规定予以处理。”第 67 条规定：“取得直接关系公共利益的特定行业的市场准入行政许可的被许可人，应当按照国家规定的服务标准、资费标准和行政机关依法规定的条件，向用户提供安全、方便、稳定和价格合理的服务，并履行普遍服务的义务；未经作出行政许可决定的行政机关批准，不得擅自停业、歇业。被许可人不履行前款规定的义务的，行政机关应当责令限期改正，或者依法采取有效措施督促其履行义务。”第 68 条规定：“对直接关系公共安全、人身健康、生命财产安全的重要设备、设施，行政机关应当督促设计、建造、安装和使用单位建立相应的自检制度。行政机关在监督检查时，发现直接关系公共安全、人身健康、生命财产安全的重要设备、设施存在安全隐患的，应当责令停止建造、安装和使用，并责令设计、建造、安装和使用单位立即改正。”笔者认为，《行政许可法》第 66 条、第 67 条、第 68 条都规定的行政机关有权要求行政相对人对违法行为进行整改，是行政机关要求建立企业专项合规管理体系的法律依据。传统意义上的改正只是行为的改正，建立合规管理体系的改正，是企业设立制度的改正，并同时预防违法行为的再次发生。

社会的发展需要企业进行合规自我管理，企业作为社会的细胞其合规也是建设法治社会的需要，为此政府为了促使企业建立合规管理体系，通过立法、设立规章、发布指引等强制性的监管和鼓励，引导企业建立合规管理体系；因企业没有天然的依法合规经营的文化基础，加上企业和资本追逐利润最大化的天然属性，决定了大多数企业舍不得花费资金、时间、人力成本去建立合规管理体系；政府职能转变建立了综合执法机构，同时要求创新行政执法，政府通过行政奖励的非强制手段形式进行监管，因此建立企业合规行政激励机制，以激发企业建立合规管理体系的内动力，创建柔性执法环境是时代发展必然的要求。

第三节

企业合规管理的历史沿革

近年来,不少知名企业面临合规风险,并被国家监管部门处以高额罚款。2021 年 7 月 7 日,国家市场监督管理总局通报了 22 起违法实施经营者集中的案件,涉及滴滴、腾讯、美团等 5 家互联网公司。滴滴累计被罚 400 万元,阿里巴巴被罚 300 万元,腾讯被罚 250 万元,苏宁易购和美团分别 100 万元和 50 万元。此前,阿里巴巴集团控股有限公司已经因垄断行为被处以 182.28 亿元的天价罚款,并承诺"将强化依法经营,进一步加强合规体系建设,立足创新发展,更好履行社会责任"。无独有偶,我国企业在走出国门的过程中,因为不合规导致其他国家或国际组织的制裁,进而遭受损失、影响日常经营的情况也时有发生。因此,建立完整、全面、有效的企业合规管理体系已成为全球企业发展的共识。企业合规研究已成为企业发展的重要课题,本节将研究企业合规管理的历史沿革。

一、国外企业合规管理的历史沿革

1. 企业合规管理的诞生阶段

合规管理最早起源于美国银行业。20 世纪 30 年代的金融危机导致的大萧条首次让人们认识到合规管理与风险控制的重要性,只有加强银行自身的合规管理以及对银行业的监管才能确保金融系统的稳定。在此之后,合规开始出现在美国商业监管之中。20 世纪 60 年代前不少美国企业开始通过规范员工行为加强内部控制以获取社会信任，部分行业协会通过制定合规指南以规范企业经营。

这一阶段企业合规理念已开始出现、合规管理已开始应用，但正式的合规概念尚未出现，呈现出的特点为政府介入较少，是企业自发进行的合规管理。

2. 企业合规管理的探索发展阶段

20 世纪 60 年代后，随着通用电气、西屋电气等公司的垄断事件爆发，合规风险对于企业和企业家的毁灭性打击震惊美国社会，企业合规管理越发得到重视。在这次垄断事件中，上述公司通过划分市场、操纵价格和控制招标等方式形成垄断地位。事发之后，这些公司接受了美国刑事反垄断部门的调查，最终共计 30 余家公司和 40 多人与检察机关达成认罪协议并被法院判处数百万美元的罚金，7 名公司高级管理人员被判处有期徒刑。至此，合规的重要性警醒世人。一方面，建立合规管理体系是企业可持续发展、健康发展的内在要求；另一方面，建立一套有效的、得到贯彻落实的合规管理体系，是行政部门与司法部门认定违法企业或个人主观无过错的基础，行政部门与司法部门可以据此与违法企业、个人达成和解协议或给予其免责或从轻、减轻处罚。

在金融行业，合规的重要性同样彰显。由于行业的快速发展，频发的合规风险给金融企业带来巨大的打击，严重的合规风险甚至威胁到金融企业的生存。对此，美国监管机构进一步加强对银行业的监管，并首次使用了“监管”一词。

这一阶段的企业合规管理已经出现专有名词，合规的概念与流程相较于上一阶段更为成熟，最大的特点是政府介入企业合规管理增多，对企业合规管理的发展起到了重要的推动作用。

3. 企业合规管理的成熟完善阶段

主流观点认为，正式意义的企业合规起源于 1977 年美国颁布的《反海外腐败法》，该法设定了反腐败条款与会计条款，旨在严惩进行海外贿赂的美国公司，同时对外国公司在美国的贿赂行为，或外国公司在美国的分支机构的海外贿赂行为同样具有法律约束力,美国联邦司法部对上述行为拥有刑事管辖权,美国证券交易委员会对上述行为具有民事管辖权。在此之后,美国对海外贿赂行为和垄断行为的查处与惩罚日趋严格,美国公司开始普遍重视合规化经营,企业合规管理从行业化指南和个别公司的规定转变为美国企业普遍的治理方式。此外,继美国司法部门后,行政部门也开始加强合规监管,企业合规至此分为刑事合规与行政合规两个种类。

1991 年美国联邦量刑委员会制定《组织量刑指南》,该指南对有效的合规管理体系的要点作出指引,列出了有效合规体系的最低标准:一是建立合规政策和标准,合理预防犯罪行为的发生;二是制定高层人员监督企业的合规政策和标准;三是禁止向那些可能有犯罪倾向的个人授予重大自主决定权;四是通过培训等方式向员工普及企业合规的政策和标准;五是建立有效合规的合理监督措施,如利用检测、审计系统发现犯罪行为,建立违规举报制度,确保员工举报可能的违规行为;六是建立惩戒机制,严格执行合规标准;七是在犯罪行为发生后,采取必要措施应对犯罪行为,预防类似行为再次发生。《组织量刑指南》是企业合规管理发展的重要引擎,其产生的意义包括且不限于以下几点:第一,该指南首次将企业合规管理体系标准化,明确了有效的企业合规管理体系的官方标准,企业可以在此基础上加以拓展,但通常不低于该一般标准才会被认定有效。此后美国企业的合规管理体系多依据该指南建立。第二,该指南被编入《联邦量刑指南》第八章,法院具备量刑依据。第三,企业合规激励具备依据,行政机关可以据此对主动建立企业合规管理体系的企业给予适当奖励,对于主动配合调查并主动进行内部惩处的违法企业可以降低处罚幅度。第四,该指南明确鼓励企业配合执法机关的调查并据此给予企业合规激励,该制度在企业的态度上产生较为积极的影响,企业管理者开始从企业内部合规的监管者转变为合规的倡导者。第五,该指南促进了美国刑事合规的发展,美国联邦检察机关此后便依据该指南的标准决定是否提起公诉,决定是否与违法企业达成暂缓起诉或不起诉协议。

该阶段的企业合规管理已经相对成熟,主要呈现以下两个特点:一是企业合规管理被美国企业所接受，并逐渐成为大多数美国企业治理与风险管控的基本方式。二是企业合规治理官方化、标准化。官方给出了合规管理体系的有效标准、匹配合规激励措施、完善合规管理流程，并将上述内容制度化。企业合规管理发生了巨大的进步。

4. 企业合规管理的普遍实施阶段

21 世纪初，包括安然、世通、雷曼兄弟等在内的多个美国巨头公司因不合规经营并实施了一系列欺诈行为卷入欺诈案件。彼时全球第一大会计师事务所安达信公司，因在欺诈事件中向监管部门提交了严重失实的审计报告与内部控制评价报告等材料，严重偏离了公司实际情况，也濒临绝境，失去了证券审计资格与大量客户。该事件造成了美国经济的严重动荡。

对此，美国于 2002 年通过了《萨班斯—奥克斯利法案》。该法案将美国上市公司的管理方法从简单信息披露转变为实质监管，要求上市公司建立内部控制体系，并由公司管理层负责内部控制体系的运行、评估与披露。此后，美国上市公司会计监管委员会据此设定企业内部控制体系基本标准，赋予企业管理层以下责任：一是记录与所有财务报表会计科目和披露事项认定有关的内控设计；二是测试相关的内控体系，并涵盖内部控制的全部要素；三是执行适当程序以获得充分的证据并保留相关记录，以便支持对内控体系有效性的评估；四是内部控制体系评估应由公司管理层负责实施，可取得内部审计师、公司其他人员和第三方的协助，但不可直接委派给外部审计师或其他任何第三方；五是遇有一个或多个严重不合格的情况，管理层就不应认定内控体系的有效性；六是管理层报告应披露所有严重不合格的情况。①

2008 年，德国西门子公司因涉嫌违反美国《反海外腐败法》而遭遇了美国司法部和美国证券交易委员会的双重执法调查，西门子公司最终通过建立合规管理体系获得了美国刑事执法部门与行政执法部门的宽大处理。该事件再一次给世人敲响了合规的警钟，同时也让人发现，美国已经在刑事合规与行政合规上都形成了较为完善的制度。值得一提的是，美国几乎所有

---

① 参见陈瑞华：《安然和安达信事件》，载《中国律师》2020 年第 4 期。

的联邦行政部门都可以从行政监管的角度对企业提出建立合规体系的标准。例如,美国证券交易委员会可以从反海外腐败执法方面确立合规体系的基本标准,商务部与美国财政部海外资产控制办公室(The Office of Foreign Assets Control of the US Department of the Treasury,OFAC)与可以从制裁违反出口管制行为的角度确立合规指引,设立企业合规体系的标准。

2019年5月2日,美国司法部发布《公司合规计划评估》。同年OFAC发布《合规承诺框架》,建议受美国管辖的实体、在美国境内的实体、与美国人开展业务的外国实体以及使用美国原产货物或服务的外国实体,建立行之有效的制裁合规体系,该规定为企业解决在美国政府制裁违反出口管制行为并完善出口管制合规体系有重要的参考价值。此外,OFAC发布《经济制裁执法指南》规定,具有行之有效的合规管理体系,是作为企业违规行为非恶劣、可以从轻处罚以及可以作为行政和解协议中的合规承诺的判断因素。

在美国合规制度的引领下,企业合规这一概念逐渐被一些西方国家和国际组织所采纳,并通过立法得以确立。例如:1997年加拿大出台《合规体系建设指南》。1999年澳大利亚出台《合规体系标准AS3806》。2005年国际商会反腐败、打击敲诈和贿赂委员会出台《国际商会行为准则和建议》;巴塞尔银行监管委员会发布了《合规与银行内部合规部门》,对金融企业合规部门的构建作出了基本规定。2009年经济合作与发展组织出台《关于进一步打击外国公职人员在国际商业交易中的贿赂行为的建议》。2010年世界银行发布了《世界银行集团诚信合规指引》以规制参与投竞标企业的腐败、欺诈、串通等不合规行为,该指引明确规定世界银行对严重违规企业进行制裁,对违规相对较轻的企业则有机会通过建立诚信合规体系以解除制裁。2010年经济合作与发展组织发布的《内部控制、企业道德及合规最佳实践指南》中设立12项合规准则,并要求成员国防范腐败行为。2010年英国通过了《反贿赂法》。2014年国际标准化组织发布《合规管理体系指南》对合规基本标准作出指引。2016年法国通过了《萨宾第二法案》。2021年4月《合规管理体系要求及使用指南》(ISO 37301:2021)国际标准发布实施。

至此,西方国家企业合规管理已经比较完善,主要呈现出以下三个特点:一是企业合规管理适用行业普遍化。发端于金融领域的企业合规在各个领域普遍适用。二是企业合规管理适用领域全面化。企业合规管理起初用于解决反腐败问题,现已扩展至反洗钱、反垄断、数据保护、出口管制等多个领域。三是立法保障化。多数国家的司法部门与行政部门均已开展合规监管工作,并立法或制定相应制度进行保障。

二、我国企业合规管理的历史沿革

1. 我国企业合规管理的提出阶段

我国坚持企业“走出去”,为此引导企业合规。我国企业的合规管理起步相对较晚,较为系统的合规管理发轫于金融行业,之后逐渐推广到中央国有企业及境外投资经营民营企业。自 21 世纪以来,银行业金融机构的经营活动日益综合化和国际化,业务和产品日趋复杂,不合规事件频发,建立合规管理体系逐渐成为银行业的风险管控核心方案。2006 年 10 月原中国银监会颁布了《商业银行合规风险管理指引》,在其中较早地使用了合规的概念,为商业银行合规风险的管理提出了指引。2007 年,原中国保监会发布《保险公司合规管理指引》(已失效)。2008 年中国证监会发布《证券公司合规管理试行规定》(已失效)。合规管理在我国金融行业率先开展起来。我国这一阶段的企业合规管理主要呈现合规领域单一化的特点,仅仅涉及金融领域。

2. 我国企业合规管理的发展完善阶段

随着国际合作的增多、合规监管的加强,中国企业的不合规在国际上暴露出重大问题。例如:中国工商银行马德里支行涉嫌洗钱,6 名高级管理人员被逮捕;华锐风电因侵犯商业秘密罪和电信诈骗案,被处以 1500 万美元罚款;湖南建工集团有限公司因在招投标中提供虚假文件被世界银行制裁;中兴通讯遭受美国商务部的制裁,等等。这些问题迫使我国企业在加快“走出去”的进程中开始反思合规的重要性。同时,国家也从制度层面加强了企业合规建设。

2014 年继国际标准化组织颁布《合规管理体系指南》(ISO 19600:2014)后,国务院国资委《关于推动落实中央企业法制工作新五年规划有关事项的通知》将"大力加强企业合规管理体系建设"列入中央企业新五年规划当中。2016 年 4 月国务院国资委颁布《关于在部分中央企业开展合规管理体系建设试点工作的通知》,确定中国石油、中国移动、东方电气、招商局集团、中国中铁五家企业开展企业合规改革试点工作。

2016 年 12 月,中国标准化研究院牵头组建《合规管理体系指南》国家标准工作组,使用翻译法等同采用国际标准《合规管理体系指南》(ISO 19600:2014),在合规管理体系建设的方法和基本要求方面与国际社会保持统一。2018 年 8 月 1 日,我国标准《合规管理体系指南》(GB/T 35770—2017)正式实施。

2016 年 12 月 30 日,原中国保监会发布《保险公司合规管理办法》。2017 年 6 月中国证监会发布、2020 年修正了《证券公司和证券投资基金管理公司合规管理办法》。同年 12 月国家发展改革委、商务部、中国人民银行、外交部、全国工商联五部门联合发布了《民营企业境外投资经营行为规范》。

2017 年 8 月,五洋建设集团股份有限公司的两只债券"15 五洋债""15 五洋 02"出现违约,两只债券发行规模合计 13.6 亿元,487 名自然人投资者合计债务本息 7.4 亿元。该事件为我国上市公司的合规监管与责任承担敲响警钟。经过一系列司法程序,该案终审宣判五洋建设集团股份有限公司董事长陈某樟、德邦证券股份有限公司、大信会计师事务所对 7.4 亿元债务本息承担连带赔偿责任,上海市锦天城律师事务所与大公国际资信评级有限公司分别在上述 5% 和 10% 范围内承担连带赔偿责任。2021 年 3 月 1 日《刑法修正案(十一)》实施,大幅提高了欺诈发行、信息披露造假、中介机构提供虚假证明文件和操纵市场四类证券期货犯罪的刑事惩戒力度,强化对控股股东与实际控制人"关键少数"的追责,压实中介机构看门人职责。至此,我国对上市公司的合规监管得到进一步重视,通过法律落实了上市公司与中介机构合规建设的责任承担。

2018 年国务院国资委将加强合规管理作为国有企业法治工作的重要着力点，在借鉴前期五家试点合规企业的基础上，发布了《中央企业合规管理指引（试行）》。同年 5 月中国国际贸易促进委员会发起设立全国企业合规委员会。同年 12 月国家发展改革委会同外交部、商务部、中国人民银行、国资委、外汇局、全国工商联发布了《企业境外经营合规管理指引》，对我国企业在境外经营的合规管理提出了全面系统的要求，至此我国企业合规建设之路全面展开。

2020 年 3 月，最高人民检察院在上海浦东等 6 家基层检察院开展企业刑事合规改革试点工作，探索督促涉案企业合规管理；次年 4 月，试点进一步扩大至北京、浙江等 10 个地区，推进企业合规改革试点向纵深发展。通过实践探索，2021 年 6 月 3 日，最高人民检察院、司法部、财政部、生态环境部、国务院国有资产监督管理委员会、国家税务总局、国家市场监督管理总局、中华全国工商业联合会、中国国际贸易促进委员会研究制定了《关于建立涉案企业合规第三方监督评估机制的指导意见（试行）》。在中央的带动下，各地纷纷开始企业合规不起诉、行政合规等各个领域的探索，努力让企业“活下来”“留得住”“经营得好”。

2021 年 3 月，十三届全国人大四次会议表决通过的《国民经济和社会发展第十四个五年规划和 2035 年远景目标纲要》明确提出引导“走出去”企业“加强合规管理”，并“推动民营企业守法合规经营”。

虽然我国企业合规管理起步较晚，但在近几年得到了迅速的发展与相对全面的完善。在这一阶段，我国企业合规管理呈现出以下特点：一是企业合规管理主体的多元化。企业合规管理从金融业扩展到中央企业、国有企业，再逐渐发展至民营企业，我国企业合规建设正有条不紊地全面展开。二是合规监管全面化。我国检察部门与诸多行政部门都针对企业合规出台了相关政策、制度或提出了指导性意见，刑事合规正在全面铺开，行政合规也已逐渐进入视野。三是企业合规管理体系建设的标准化。有关部门通过法律、法规、规章、规范性文件等形式对企业合规管理体系的建设提出了具体的要求。

第四节

企业合规管理体系

一、企业合规管理体系的基本概念

企业合规是企业管理的有机组成部分，是一种风险防范体系，具体指的是企业在运营过程中应当遵守法律法规、商业行为守则和企业伦理规范、规章制度等，企业及员工的行为符合所在组织的规定，就不会被处罚，不用承担负面的后果，这样会使企业朝着良性的方向发展，从而使企业实现组织目的。

管理体系，是指组织建立方针和目标以及实现这些目标的过程的相互关联或相互作用的一组要素，包括组织结构、角色和职责、策划、运行等。

企业合规管理体系是企业合规管理的基本框架、核心内容与主要保障，梳理了企业合规管理的运行脉络，确保了企业合规管理行之有效。

二、国际组织关于企业合规管理体系的相关规定

1.《世界银行集团诚信合规指引》

2010 年世界银行发布了《世界银行集团诚信合规指引》以规制参与投竞标企业存在的腐败、欺诈、串通、强迫、阻碍调查等不合规行为。世界银行集团的制裁引发的是联合制裁，包括亚洲发展银行、非洲开发银行等其他国际银行的联合制裁，会导致违规企业被禁止参与国际银行机构融资的所有建设工程项目，相关联企业也会被要求避免与违规企业发生业务往来，如此将

给违规企业造成经济上、声誉上的巨大损失。其制裁措施包括附条件解除制裁、附条件免除制裁、制裁或永久制裁、谴责信等。

该指引将合规管理体系分为以下几个部分:(1)禁止不当行为;(2)职责;(3)合规计划启动、风险评估及检查;(4)内部政策;(5)针对业务伙伴的政策;(6)内部控制;(7)培训与交流;(8)激励措施;(9)报告制度;(10)不当行为的补救措施;(11)集体行动。

2.《亚太经合组织高效率公司合规项目基本要素》

亚太经合组织发布的《亚太经合组织高效率公司合规项目基本要素》研究了如何通过强化合规体系抵御商业腐败,其中针对企业合规管理体系作出了详细的规定,分为以下几点:(1)开展风险评估;(2)制定和遵守书面的公司行为准则;(3)建立合规管理组织架构;(4)反腐败培训、教育讲座和持续指导;(5)开展基于风险和详尽记录的尽职调查;(6)审计和内部会计控制;(7)合规机制和报告要求;(8)激励;(9)惩处;(10)定期审查和测试。

3. OFAC《合规承诺框架》

《合规承诺框架》规定,企业应当结合自身的规模、经验、产品与服务、交易相对人、供应链和地理位置等因素对合规管理体系至少作出五项规定,包括管理层承诺、风险评估、内部控制、测试和审计、培训。其中,管理层应当参与审阅合规管理体系并设置专门人员管理,同时企业高级管理人员应当对合规部门适当放权、给予资源;风险评估是指全面而具体地考虑企业与被制裁者(包括客户、供应商等交易对象)接触的各个环节;内部控制是指企业应当配套合规相关制度并及时更新风险识别的资料;测试和审计是指企业应当根据审计结果完善合规管理体系;培训包括普通培训和高风险领域的专项培训,应当至少一年一次,培训对象既包括员工,也包括利益相关方。

三、我国关于企业合规管理体系的相关规定

1.《合规管理体系指南》(GB/T 35770—2017)

2017 年 12 月 29 日,国家质量监督检验检疫总局、中国国家标准化管理委员会发布《合规管理体系指南》(GB/T 35770—2017),并于 2018 年 7 月 1

日起实施。该指南在其引言中提到,“组织通过建立有效的合规管理体系,来防范合规风险。组织在对其所面临的合规风险进行识别、分析和评价的基础上,建立并改进合规管理流程,从而达到对风险进行有效的应对和管控”。

该指南将建立合规管理体系分为以下几点:一是建立合规方针;二是识别合规义务、评价合规风险;三是策划、应对合规风险并实现目标;四是运行的策划和合规风险控制;五是绩效评价和合规的报告;六是持续改进。同时,通过领导的承诺、独立的合规团队、确定各管理层职责来保障上述步骤的落实。

2.《中央企业合规管理指引(试行)》

2018 年 11 月 2 日,国务院国有资产监督管理委员会发布《中央企业合规管理指引(试行)》。该指引将企业合规管理体系分为四个方面:一是合规管理职责,包括董事会、监事会、经理层的职责,合规管理委员会、合规管理负责人的职责,合规管理牵头部门与业务部门的职责;二是合规管理重点,分别对合规管理的重点领域、重点环节、重点人员以及海外投资行为进行了详尽的规定;三是合规管理运行,要求建立健全的风险识别预警、审查、问责、评估等制度;四是合规管理保障,包括加强考核、信息化建设培训与宣传教育等。

3.《企业境外经营合规管理指引》

2018 年 12 月 26 日,国家发展改革委等七部委发布《企业境外经营合规管理指引》,将合规管理体系分为合规管理要求、合规管理架构、合规管理制度、合规管理运行机制、合规风险识别评估与处置、合规评审与改进、合规文化建设。相较于《中央企业合规管理指引(试行)》,本指引新增了合规审计的相关内容。

4.《浙江省企业竞争合规指引》

2019 年 7 月 9 日,浙江省市场监督管理局颁布了《浙江省企业竞争合规指引》,将合规管理体系分为:合规管理机构、合规管理职责、合规管理协调、反垄断风险识别、反垄断风险评估与处置机制、合规咨询、合规审查、合规汇报、合规承诺、合规培训、合规考核、合规信息化建设与合规文化培育。

5.《浙江省平台企业竞争合规指引》

2021年8月24日，浙江省市场监督管理局颁布了《浙江省平台企业竞争合规指引》。该指引将合规管理体系分为总则、竞争合规承诺与合规管理、竞争合规风险识别、竞争合规运行、竞争合规保障、附则六个章节。其中，第一章"总则"包括目的和依据、适用范围、基本概念；第二章"竞争合规承诺与合规管理"包括竞争合规承诺、竞争合规管理机构、竞争合规负责人、竞争合规管理制度；第三章"竞争合规风险识别"包括禁止达成、实施垄断协议，禁止滥用市场支配地位，禁止不正当竞争行为，具有平台企业特性的竞争违法行为，具有平台企业特性的高风险敏感行为，需要关注的行为，国际市场反垄断合规风险；第四章"竞争合规运行"包括风险评估、风险提醒、风险处置、合规咨询、合规汇报、合规审核、定期评估；第五章"竞争合规保障"包括合规考核、内部举报、合规培训、倡导竞争合规文化、合规管理数字化改革、合规评估；第六章"附则"包括指引的效力、指引的解释、施行日期。

6.《浙江省省属企业合规管理指引(试行)》

2022年3月8日，浙江省国资委印发了《浙江省省属企业合规管理指引(试行)》。该指引按照"合规是什么？谁负责？做什么？如何做？如何保障？"的逻辑体系，构建了一个完整合规管理架构。

该指引明确了合规、合规风险、合规管理的概念和合规管理体系工作原则。确定合规管理职责，即党委会、董事会、监事会、经理层、合规委员会、合规负责人、合规管理(牵头)部门、其他相关部门合规管理职责。明确了业务部门负责本领域的日常合规管理工作。按照谁做业务、谁负责合规的原则，由业务部门承担日常合规管理工作职责。

该指引规定了双线有效的合规管理汇报制度。遇重大合规风险及事项，省属企业子企业的合规管理部门需向本级企业主管合规工作负责人和集团公司合规管理(牵头)部门报告，确保企业最高管理层及时掌控合规风险情况。

该指引确立了合规风险控制的三道防线：业务部门是防范合规风险的

第一道防线,业务人员及其负责人应当承担首要合规责任;合规管理(牵头)部门是防范合规风险的第二道防线,也是合规管理体系建设的责任单位;内部审计和纪检监察部门是防范合规风险的第三道防线,负责合规审计和监督企业风险防控。

该指引确定了合规管理重点领域、重点环节、重点人员,并对海外投资经营行为的范围进行了规定。重点领域包括公司治理、合同管理、市场交易、商业伙伴、劳动用工等;重点环节包括制度制定环节、经营决策环节、运营管理环节等;重点人员包括管理人员、重要风险岗位人员、海外人员等;海外投资经营行为包括对外贸易、境外投资、海外运营、工程建设、项目合规论证与尽职调查等。

该指引规定了合规管理运行七项机制,即合规审查、合规联席会议、风险监测预警、合规风险应对、强制合规咨询、风险管理评估、合规举报和调查问责机制,保障合规管理体系的持续运行、定期更新和不断优化。

该指引对落实领导责任、加强考核评价、加强信息化建设、完善激励约束机制、培养专业化人才队伍、重视合规培训、建立合规管理报告制度等内容进行了规定。

四、我国企业关于企业合规管理体系的有关规定

我国企业的合规管理起步相对较晚,较为系统的合规管理发轫于金融行业。2006 年 10 月,原中国银监会颁布了《商业银行合规风险管理指引》,在其中较早地使用了合规的概念,为商业银行合规风险的管理提出了指引,合规管理在我国金融企业率先开展起来。2016 年 4 月 18 日国务院国资委印发《关于在部分中央企业开展合规管理体系建设试点工作的通知》,将中国石油、中国移动、东方电气、招商局集团、中国中铁五家企业列为合规管理体系建设试点单位。2018 年,国务院国资委将加强合规管理作为未来一个时期国有企业法治工作的重要着力点,发布了《中央企业合规管理指引(试行)》。经过近年来的发展,国有企业合规管理已相对成熟,部分企业形成了较为典型的企业合规管理体系,值得参考学习,以下选取四个企业进行分析。

1. 湖南建工集团有限公司

湖南建工集团有限公司是位列我国五百强的大型国有企业。该公司曾在由世界银行资助的道路翻修项目的竞标中提供虚假的证据材料以证明自己具有竞争实力和施工经验，后被世界银行廉政局发现并被制裁。为挽回声誉、避免损失，湖南建工集团有限公司在世界银行的指导下开始建立合规管理体系，并于两年后建立了得到世界银行认可的《湖南省建筑工程集团总公司诚信合规政策和程序》，故湖南建工集团有限公司的合规管理体系值得学习。

《湖南省建筑工程集团总公司诚信合规政策和程序》将合规管理体系分为禁止行为、商业伙伴尽职调查、业务活动中的反贿赂和反欺诈防范、合同签署后的监督、特殊支出、人事、准确的记录、合规委员会和首席合规官、评估和审计、培训、合规证书、沟通和报告、奖励和惩罚十三个方面。(1)禁止行为，包括回扣、贿赂及报酬，欺诈、串通及施加压力，涉及政府官员的支付行为。(2)商业伙伴尽职调查，包括适用范围即商业伙伴的定义与范围等、尽职调查的程序及豁免情形。(3)业务活动中的反贿赂和反欺诈防范，包括利益冲突的原则与可能情形，签订合同的必要步骤，合同必须包含反贿赂反欺诈内容，合同的审查，招投标活动以及资料信息的提供都应当真实，聘请外部法律顾问，合同存档规定。(4)合同签署后的监督，包括不合规行为及时报告、商业伙伴的再认证、审查支付、不合规问题的处理结果、尽职调查文件与其他文件的存档。(5)特殊支出，包括礼品、招待和差旅费用，捐款和赞助，便利费。(6)人事，包括人事选拔、与前政府官员的关系、绩效考核。(7)准确的记录，包括账簿记录与其他合规档案的保管。(8)合规委员会和首席合规官，包括合规委员会的成立和组成、合规委员会的职责、首席合规官的职责、合规工作联席会议、子公司的合规负责人、合规工作审查。(9)评估和审计，包括风险评估、审计、政策的修改、年度报告。(10)培训，包括合规文件的公开、年度培训、高风险职位员工的特别培训。(11)合规证书，是指经培训的人、首次合作的所有可能被视为集团代表的人和商业伙伴，以及现有的非作为集团的代理、代表或者合作伙伴的商业伙伴应当签署合规证书。

(12)沟通和报告,包括公开沟通(政策因不能面面俱到,仅提供指导性原则,所有员工可就合规相关问题与首席合规官讨论),疑问和咨询,举报及举报处理,对举报人的保护。(13)奖励和惩罚。

2. 中国石油天然气集团有限公司

中国石油天然气集团有限公司制定的合规管理相关制度为《诚信合规手册》。董事长在手册开篇承诺,"我们秉承奉献能源、创造和谐的企业宗旨,坚持诚实守信、依法合规的价值观……我们将坚持诚信合规优先于经济利益的理念,让诚信合规涵盖经营管理各领域、业务活动各环节、全体员工各岗位"。公司关于合规的价值观为守法合规、忠诚公司、诚信做事、爱岗敬业。公司规定的合规组织包括董事会、监事会、公司管理层、法律事务部、各职能部门、各分公司与各子公司。公司规定的合规管理体系包括公司与员工合规,质量和健康安全环保合规,对外交易合规,与政府与社区交往的合规,财产、资产与信息合规。

3. 招商局集团有限公司

2016年6月招商局集团有限公司审议通过《招商局集团有限公司合规管理体系建设试点工作方案》,确定合规试点项目工作目标为合规管理标准化、重点化、内生化、常态化,正式开启合规试点项目。此后,招商局集团和四家试点企业围绕"3S"实施方案和管控优化方案,全面开展规章制度的修订工作,完善合规制度体系,发布了以下合规管理制度:(1)《招商局集团合规管理办法(试行)》2016年9月1日发布施行;(2)招商蛇口《合规管理办法(试行)》2016年10月27日发布施行;(3)招商港口《合规管理办法(试行)》2016年12月2日发布施行;(4)招商证券2009年《合规管理制度》发布施行,第一次修订后2016年10月7日生效;(5)交进公司《合规管理办法(试行)》2016年8月24日发布施行。

以《招商局集团合规管理办法(试行)》为例,该办法的合规价值观为合规从高层做起、全员主动合规、合规创造价值。该办法将合规管理体系分为合规管理组织体系、合规管理制度体系、合规风险管控机制、合规管理保障机制四个方面:

第一，合规管理组织体系，是指治理层、管理层、执行层开展合规管理工作的责任主体及其职责安排。执行层开展合规管理工作的责任主体又具体分为合规管理的决策机构、领导机构、监督机构、合规负责人、合规工作机构、合规工作人员等设置及其合规管理职责。

第二，合规管理制度体系，是指集团旗下各单位制定的管理制度文件综合形成的企业合规管理活动的制度性、规范化安排，包括章程、经营管理规章制度和流程，合规管理基本制度与流程、合规手册及专项指引。

第三，合规风险管控机制是指对合规风险进行识别、预防、应对和管控，以及追究合规管理相关责任的过程。具体包括重点领域、环节、人员的合规管理，合规风险的识别、预警、应对机制，合规的咨询、审查、检查整改、举报监督、违规问责管理评估机制。

第四，合规管理保障机制包括合规考核评价、合规管理信息化建设、合规管理队伍建设、合规培训、合规文化培育和合规报告等。

4. 中国中铁股份有限公司

中国中铁股份有限公司坚持诚信合规，管理层对此承诺，“诚信为本，合和共赢”，彰显了合规管理的决心。此外，中国中铁股份有限公司制作了《合规政策》，该政策将合规管理体系分为合规理念、合规管理架构、合规管理机制、合规管理的重点领域四个方面：

第一，合规理念为“心中有法、行必依法、决策问法、治理靠法，合规从高层做起，人人、事事、时时合规，合规创造价值”。

第二，合规管理架构为，党委发挥领导作用，纪委发挥监督作用，董事会、监事会、经理层、总法律顾问各司其职、分工合作。

第三，合规管理机制包括了“三位一体”合规部门管理模式、“三防一查”合规风险管理机制、合规联席会议和合规联络员会议、合规管理内容。中国中铁股份有限公司将合规管理部门分为合规综合、专项、参与管理三个部门，对合规进行一体化管理。以合规参与管理部门作为合规管理的第一道防线，以合规综合、专项管理部门作为第二道防线，以党委、董事会、监事会等作为第三道防线，同时由纪委、审计部门查处违规行为。在发现重大合规风险事项以及审计部门在合规评价中发现的规章制度缺陷等情况及时召开合规联席会议，由法律合规部根据工作需要不定期组织召开合规联络员会议。中国中铁形成了独特且细致的合规管理机制。

第四，合规管理的重点领域包括公司治理，招标、投标与采购，质量、安全与环境保护，财务管理，劳动用工，知识产权，商业合作伙伴，反腐败与反商业贿赂，业务招待和礼品赠送，社会捐赠与赞助，国际经营，党的工作。

五、我们关于合规管理体系的认识

在充分借鉴学习企业合规管理体系的国际规定、我国规定以及企业规定的基础上，结合笔者所做的企业合规建设案例的经验，笔者认为企业合规管理体系主要包括以下几项重点内容。

1. 合规目标

合规目标是企业实施合规管理、建设合规管理体系最终要取得的结果，其可以是战略的、战术的或操作层面的，通常来说合规目标由合规组织确定，应当与合规方针保持一致。例如：《中央企业合规管理指引（试行）》的目标为“推动中央企业全面加强合规管理，加快提升依法合规经营管理水平，着力打造法治央企，保障企业持续健康发展”；《浙江省企业竞争合规指引》的目标为“为引导企业加强竞争合规管理，防范反垄断法律风险，进一步优化营商环境，强化竞争政策实施，促进我省经济高质量发展，维护消费者利益和社会公共利益”；招商局集团有限公司的合规目标为“四化”合规管理。

2. 合规方针

合规方针是指由合规最高管理者制定的宗旨、方向和指导思想，开展所有企业合规管理的相关活动以合规方针为依据。《合规管理体系指南》（GB/T 35770—2017）中规定，合规方针宜明确以下内容：合规管理体系的范围；与组织规模、性质、复杂性和运行环境有关的体系运用与体系环境；合规与其他职能，如治理、风险、审计和法务的结合程度；合规融入运行方针、程序、过程的程度；合规团队的独立和自治程度；管理和报告合规事项的责任；管理内部和外部利益相关方关系的原则；所要求的行为和问责的标准；

不合规的后果。

3. 合规原则

合规原则是贯穿企业合规管理体系的基本理念，开展所有企业合规管理的相关活动应当秉持合规原则。合规原则应当与企业文化、价值观、经营战略相依托。

《中央企业合规管理指引（试行）》所规定的合规原则包括全面覆盖、强化责任、协同联动、客观独立。《企业境外经营合规管理指引》所规定的合规原则包括独立性原则、适用性原则、全面性原则。

由此可知，合规管理原则的制定应当考虑以下几方面的内容：一是合规团队与治理机构的关联性与区别。合规团队不宜完全由治理机构兼任，合规团队应当得到治理机构的支持。合规团队的决策既要考虑专业性，也要结合治理机构的意见综合考虑。二是合规团队的独立性。合规团队主导企业合规体系建设，进行事后监管，故要确保合规工作的有效性与公正性，其应当具备足够的独立性。三是合规团队应当具备的权限与资源。合规团队开展工作应当具备一定的权限与资源，注意与其他业务部门的衔接。四是合规管理体系的全面性与有效性。一方面，企业合规管理应当全面覆盖企业的各个部门组织与人员；另一方面，企业合规管理的制度应当时刻反思不足，及时更新、改进。

4. 合规组织

合规组织是实现企业合规的组织保障，其可以是一个人或一组人。合规管理体系中最基本的组织要求是，董事会、监事会、经理层、具有合规义务的业务部门等单位、部门或个人都应当有明确规定的合规职责并履行。在具备条件的情况下，企业可以设立合规委员会、合规负责人、合规管理部门。其中，合规委员会的职责为决定宏观的合规战略目标，审批各项合规制度，指导、监督、评价合规工作。合规负责人即合规首席执行官，其职责为领导合规部门，执行决策层对合规工作的要求，协调企业合规工作与企业其他业务，及时解决合规管理中的重大问题。合规管理部门由企业根据实际情况设定，可以设置专职部门，也可以由有合规管理职能的相关部门兼任。合规管理部门的职责为推行具体的合规管理体系建设工作,如研究起草合规管理计划、制度,开展合规检查与考核工作并督促整改,组织或协助其他部门开展合规培训并向员工提供合规咨询,进行合规资料管理如建立合规报告和记录台账,建立并保持与监管机构日常的工作联系,跟踪和评估监管意见和监管要求的落实情况。

5. 合规制度

合规制度是企业合规的制度保障,包括合规基本制度与流程、合规具体实施制度以及重点领域的特殊合规制度。合规基本制度与流程是适用于合规管理全过程的基本规定。合规具体实施制度是实施合规管理的细节性规定。重点领域的特殊合规制度可以单独设定,也可以融入合规具体实施制度中制定,主要包括合规管理重点领域、合规管理重点环节、合规管理重点人员等。

6. 合规风险管理

企业及其工作人员在生产经营活动中因违反法律、法规、规章、规范性文件、行业规定等规定,而致企业遭受刑事处罚、行政处罚、国际制裁等,最终导致企业个人和环境伤害、经济损失、声誉损失和行政责任的,称为合规风险。对此,企业通过建立有效的合规管理体系,在遇到合规风险时进行识别、分析和评价,建立并改进合规管理流程,从而达到对风险进行有效的应对和管控,称为合规风险管理。合规风险评估是构建合规管理体系的基础,基于此,企业可以合理地分配资源对合规风险进行管控。

合规风险管理的主要环节是合规风险识别、合规风险分析、合规风险评价、合规风险应对。合规风险识别,是指企业结合自身的合规义务与活动、产品、服务和运行等因素,从而识别发生违规的可能性、原因以及后果。合规风险分析,是指企业对违规的原因、来源、危害程度、发生违规并产生危害后果的可能性进行综合分析的过程。合规风险评价,是指企业在合规风险分析过程中发现的合规风险类别、等级,与企业能够并愿意接受的合规风险水平的比较,从而确定控制各个风险的优先性及程度。合规风险应对,是指企业在预先发现合规风险时所做的预防措施,以及企业在面临突发合规风险时所做的应对措施。

需要注意的是，当发生以下情况时应当注重合规风险管理：一是企业的活动、产品、服务和运行发生改变或有新增时；二是企业的组织结构、战略目标、经营模式发生改变时；三是外部发生重大变化时，如政策变化、经济环境变化、市场变化、债务变化以及客户关系变化等。

7. 合规义务

合规义务，是指企业所处行业相关的法律、法规、规章、行业标准与惯例、监管机构的命令或条例等所做的禁止性或应然性规定。企业应当及时学习变更的规定，并更新自身合规义务。

8. 合规审查与内部配合

合规审查是指合规团队对企业的经营管理、重大事项是否符合规定进行审查。合规审查应当是规章制度制定、重大事项决策、重要合同签订、重大项目运营等经营管理行为的必经程序，及时对违规的内容提出修改建议，未经合规审查不得实施。

合规内部配合是指合规团队应当加强与业务部门的合作，加强与审计部门和监察部门等合规监督部门的合作与信息交流。此外，业务部门应当明确自身合规义务、识别业务中的合规要求，加强日常工作中的合规自查，配合合规团队的合规审查、合规风险管理、违规调查以及合规整改等工作。

9. 合规审计

合规审计是指对企业合规管理体系的有效性、全面性、适当性进行分析评估，并深入研究重大和反复出现的合规问题，探究根源，从而完善合规管理体系。合规审计可以由企业内部部门进行，也可以聘请外部专业机构进行。

10. 合规举报与违规问责

企业应当完善合规举报机制，建立畅通的合规举报途径，并对举报人加以保护与保密，防止打击报复。同时，相关部门应当认真对待员工的举报，根据举报和线索积极开展违规调查，并出具调查报告与问责建议书。

制定合规容错机制，对于违规行为不应“一刀切”，应当根据实际情况判断。对于故意或重大过失的违规应当严肃追责,对于因为疏忽大意或过于自信的过失而首次违规的情况,可以容错免责。

关于合规问责,企业应当强化违规问责机制与违规行为处罚机制,明确合规责任范围与处罚标准,对于确认违规人员严肃追究责任。

11. 合规报告

为确保领导层能及时且充分地了解合规管理体系的情况,应当建立合规报告制度。合规报告制度可以通过信息化平台、线下报告等多途径开展,但应当确保信息的准确性、真实性、完整性。合规报告应当确定时间表定期开展,对于新出现以及重大、紧迫的合规问题应当及时报告。

合规报告的内容包括但不限于以下几点:一是合规管理体系现状、不足与改进方案,以及按要求应当报告的其他基本事项;二是当发生"合规风险管理"中所提及的三种变化而导致合规义务变化时,应当报告变化情况以及相应的应对方案;三是合规审计情况、合规审查情况、违规处罚情况等;四是与监管部门的接触情况及关系发展情况等。

12. 合规信息化

合规信息化是企业合规的重要内容,《中央企业合规管理指引(试行)》第24条要求企业进行合规管理信息化建设。企业合规信息化通过优化管理流程、信息集成与共享,有利于风险把控,有利于合规信息记录与保存,有利于合规管理体系的完善,从而提升合规的有效性。

13. 合规培训与宣传

合规培训与宣传的目的在于让员工理解并掌握企业价值观、企业文化、合规方针、合规义务,确保员工遵纪守法。企业应当设立新员工入职培训,当发生"合规风险管理"中所提及的三种变化而导致合规义务变化时,同样应当组织合规培训,对新的合规义务与发生变化的合规义务进行学习,确保合规方针贯彻落实。此外,企业在平时应当加强合规宣传,切实加强员工对企业合规的基本认识。

14. 合规文化

企业通过设立合规组织、建设合规管理体系,明确合规义务、进行合规风险管理等一系列合规活动，最终要达到的目的就是形成合规文化，使合规方针、原则深入人心，故合规文化是企业合规中极为重要的内容。要形成优秀的合规文化，应当从以下几个方面着手：一是发布清晰、积极的合规方针；二是合规从领导做起，企业的治理机构、最高管理者和管理层应当积极实施和遵守企业合规方针；三是在新员工入职培训时学习合规方针，并持续进行合规培训，确保全体员工熟悉、支持并执行企业合规方针；四是建立合规绩效考核体系，并将合规表现与工资挂钩；五是对违规的员工给予适当的处罚。

第五节

浅析第三方组织的法律地位

《关于建立涉案企业合规第三方监督评估机制的指导意见(试行)》(以下简称《指导意见》)是最高人民检察院自启动涉案违法犯罪依法不捕、不诉、不判处实刑的企业合规监管试点工作以来的重要成果,其中引入的第三方监督评估组织(以下简称第三方组织)更是本次试点改革的一大亮点。《指导意见》将第三方组织定性为独立于涉案企业,但处处受制于检察院及第三方监督评估机制管理委员会(以下简称第三方机制管委会)的一个机构,但其究竟是代检察院及第三方机制管委会履行公务,还是仅仅因民事委托关系代为履行职责,尚待进一步论证。但无论如何定位,应当以保证第三方组织"遵纪守法,勤勉尽责,客观中立"为基本的价值导向。

2020 年 3 月,最高人民检察院启动了涉案违法犯罪依法不捕、不诉、不判处实刑的企业合规监管试点工作。试点改革过程中,最高人民检察院会同司法部、财政部等八部门于 2021 年 6 月联合发布了《指导意见》,确立了涉案企业合规第三方监督评估机制(以下简称合规第三方机制),进一步拓展了企业合规试点改革的广度和深度。《指导意见》中引入第三方组织也是我国开展企业合规改革试点的重大突破之一。

第三方组织法律地位的探析,其实质是对第三方组织与合规第三方机制中其他参与主体之间关系的探析。根据《指导意见》的规定,合规第三方机制运行过程中,除了第三方组织,还包括涉案企业、第三方机制管委会以及检察院。为便于说明问题,以下第三方机制管委会及检察院合称合规机关。基于第三方组织法律地位的复杂性,且第三方组织法律地位也没有引起学界的足够重视,笔者拟通过对《指导意见》的研读及对司法实践的考察,对第三方组织的法律地位予以分析。

一、《指导意见》下第三方组织与涉案企业的关系

根据《指导意见》的规定,在合规第三方机制运行过程中,第三方组织负责督促涉案企业提交合规计划,对涉案企业合规计划进行审查,提出意见建议,确定合规考察期限,在合规考察期内对涉案企业合规计划履行情况进行检查和评估,若发现涉案企业或其人员未发现或新发生的犯罪事实及时向人民检察院报告,合规考察期届满后,对涉案企业的合规计划完成情况进行全面检查、评估和考核,并制作合规考察书面报告,报送相应合规机关。显而易见的是,《指导意见》将涉案企业与第三方组织的关系定位为被监督者与监督者,第三方组织完全按照自己的意思参与合规第三方机制的运行,并不受涉案企业的任何干涉,独立发表专业的法律意见,保证第三方组织监督职能的有效实现。

当然,这种制度设计并不是我国首创,如美国《莫福德备忘录》中便写明,美国独立合规监管人(相当于本节所述之第三方组织)是独立的第三方,并不是公司或政府的雇员或者代理人,监管人的定义独立于涉案企业的董事、高级第三方组织成员、雇员以及其他代表,合规监管人不是涉案企业的律师,因此涉案企业不能从合规监管人处获得法律意见。与此同时,合规监管人也不是政府的代理人或者雇员。

笔者认为,涉案企业内部调查,合规计划评估、落实监督和验收工作基本由第三方组织全面负责,最终实现涉案企业的实质合规。但涉案企业作为一个市场经济主体,在合规整改成果没有被完全认可的情况下,涉案企业还是会以经济利益为偏好导向,以期突破第三方组织及检察院的层层核查,以最小的成本获取刑事程序中的宽大处理,但对合规整改的后果却不以为意。因此,基于双方根本立场的对立冲突,为确保涉案企业的实质合规,保

持其与第三方组织的相互独立性是有必要的。

二、《指导意见》下第三方组织与合规机关的关系

相较于涉案企业,《指导意见》对第三方组织与合规机关之间关系的态度截然相反。可以说,第三方组织几乎处处受合规机关的掣肘监督。根据《指导意见》的规定,本地区第三方组织及其成员的日常选任、培训、考核及日常监督和巡回检查,由试点地方人民检察院和国资委、财政部门、工商联共同组建试点地方第三方机制管委会负责。第三方组织组成人员名单需报人民检察院备案审查,涉案企业合规计划、定期书面报告、第三方组织合规考察书面报告的审查及调查核实工作都由检察院负责。若有需要,第三方机制管委会还可以视情况对第三方组织人员名单作出调整。

根据《指导意见》的规定,第三方机制管委会主要负责第三方组织的组织工作,检察院则兼顾第三方组织工作成果的审核。第三方组织受合规机关管制约束,且检察院也是第三方机制管委会的重要成员。合规第三方机制是刑事诉讼的一个环节,是检察院最擅长的职责领域,且涉案企业合规整改的阶段性成果及最终成果都由检察院负责验收并作出最终处理决定,而检察院作为第三方机制管委会的成员之一,在第三方机制管委会中处于主导地位。

需要注意的是,尽管合规机关可以对第三方组织在合规第三方机制运行过程中的所有行为进行全程监管,第三方机制管委会有权根据他人的举报对第三方组织或其组成人员存在行为不当或者涉嫌违法犯罪的情况进行核实,若查证属实则有权将其列入合规第三方机制专业人员名录库黑名单。但是,《指导意见》并没有赋予合规机关直接对第三方组织惩戒的权力,而是要求及时向有关主管机关、协会等提出惩戒建议或向公安司法机关报案或者举报。之所以如此安排,主要是考虑到第三方机制管委会不是一个具体的职能部门,而是由检察院、国资委、财政部门、工商联共同组建而成的组织体,第三方机制管委会的组织成员本身并没有第三方组织成员的主管机关或协会,没有对律师、会计师、税务师等第三方组织成员进行管制惩戒的职

能，也没有因此获得公安机关的侦查权，仅需将情况向相应主管机关反映，由主管机关作出处理，从而实现各个部门各司其职、各尽其职，提高工作效率。

三、第三方组织与合规机关的法律关系探究

根据《指导意见》的规定，第三方组织在合规机关的全程监督下履行职责，但是，关于第三方组织与合规机关之间的法律关系则需要进一步研究探讨，才能回答第三方组织服从于检察院的法律基础为何。对此，笔者提出以下猜想并予以论述。

（一）第三方组织系代合规机关执行公务

根据《指导意见》的规定，涉案企业及其人员应当按照时限要求认真履行合规计划，不得拒绝履行或者变相不履行合规计划、拒不配合第三方组织合规考察或者实施其他严重违反合规计划的行为。合规第三方机制并非普通的民事法律行为，而是刑事诉讼程序中的一个环节。因此，将第三方组织的法律地位视为类似司法机关工作人员，第三方组织形同一个准司法机构，其行为是代检察院执行公务，属于一种职务行为，那么这种关系很显然是公法关系，不具有私法的性质。但是综合上面对第三方组织的描述，面临说明的难点。第三方组织尽管由包括检察院及政府职能部门组成第三方机制管委会选任，这一设定体现了第三方机制的效率和公正追求，在一定程度上过于强调公权力对合规第三方机制案件的介入，但并不能因此而认为第三方组织成员就是国家司法机关或者国家行政机关的公务员，如此一来，第三方组织所谓的“职务行为”的身份就失去了依托。

（二）第三方组织系合规机关的委托代理人

《指导意见》指向的第三方组织成员主要包括律师、注册会计师、税务师（注册税务师）等中介组织人员。这些人员都具备一些共同特征，都是取得专业资格证书，接受委托提供专业服务的从业人员。以律师为例，在传统的诉讼业务中，律师与当事人签署委托代理协议，当事人与律师之间便建立了

委托代理民事法律关系。笔者拟大胆尝试将民法上的代理制度理论引入，定位包括律师在内的第三方组织的法律地位。

首先，根据代理人制度，其代理行为的最终利益归属合规机关，由此形成的法律关系属于委托代理关系。第三方组织代表合规机关参与第三方机制的运行，对涉案企业的合规工作进行监督、指导、评估、验收，如此一来，将第三方组织成员视为合规机关聘请的委托代理人，在合规机关的授权内监督涉案企业合规整改的论证逻辑是可行的。其次，正如前文所述，第三方监督评估机制的根本目的是保证企业合规整改的实现，预防犯罪行为再次发生，优化整体营商环境，而非仅仅为了对涉案企业"网开一面"。前者是后者之因，后者为前者之果，在两者发生矛盾需要作出取舍时，必然舍弃后者。将第三方组织定性为合规机关的代理人，根据我国代理制度，第三方组织必须要与合规机关的立场保持一致，统一战线，以合规机关的价值目的作为其履职行为的基本准则，对涉案企业合规整改的有效性作出客观公正的法律评价和监督。

将第三方组织视为合规机关的代理人，有合理的论证逻辑。但即便如此，该种论证思路仍有无法逻辑自洽之处。第一个需要解决的问题就是合规机关中的第三方机制管委会是否属于《民法典》第 161 条中的适格民事主体，是否有能力签署民事委托代理协议。我国《民法典》将民事主体分为自然人、法人、非法人组织，法人又分为营利法人、非营利法人、特别法人。对于第三方机制管委会的法律定性，目前学界主要有"派出机构说""派出机关说""公务法人说""私人行政主体说""法定机构说"五种学说。[①]

通过对现有司法判例的梳理，由于具体情况不同，对第三方机制管委会法律地位及民事主体资格的认定也迥然不同。若第三方机制管委会已经依法登记，取得的机构代码证和社会信用代码显示系事业单位法人，则该类第三方机制管委会具有民事权利能力和民事行为能力，以自己的名义签署合

① 参见陈建科：《论中国自贸试验区管理委员会的法律地位》，载《法治现代化研究》2020 年第 3 期。

同的法律行为后果应当自行承担;[①]法律将承担行政职能的法定机构纳入机关法人并有资格成为民事主体,[②]若第三方机制管委会的组织机构代码证载为政府的派出机构,则该类第三方机制管委会属于机关法人,可以成为民事主体;也有不少司法案例否认了第三方机制管委会的民事主体资格,将其定性为政府的派出机构[③]或临时机构[④],认为其无法单独对外签署民事合同并承担民事责任。由此可见,第三方机制管委会是否具备民事主体资格,有能力以自己名义签署协议聘请律师,要视其具体登记情况而定。但是,即便第三方机制管委会无法以自身名义签署协议,也可以直接以其成员(如检察院)的名义单独签署。

此外,抛开第三方机制管委会民事法律主体资格的争议,若以检察院为被代理人,根据《民法典》对我国代理制度的规定,代理人可以代为实施的仅限于民事法律行为,代理人在授权范围内所实施法律行为的后果归于被代理人,那么第三方组织在合规第三方机制中所作行为的后果均归于被代理人检察院一方而不归于自己。第三方组织作为检察院的代理人,法律地位来源于检察院的授权,虽然其法律地位具有从属性,但仍然不失其私法上的代理地位,其法律责任的设置受民事代理关系的限制。因此,第三方组织代理实施的只能是民事法律行为,而不应被定性为公务执行行为。作为代理人的第三方组织通过私法领域的民事授权委托获得了参与合规第三方机制的资格,那么相应地就应当受制于民事私法之约束。

四、余论

当前我国企业合规改革正在进行中,尚有较多问题没有找到完善的论证路径和适合的解决方案,第三方组织的法律地位探究也是其中一个重要问题。只有第三方组织的法律地位得到确立,才能有效决定第三方组织的

---

① 参见湖南省高级人民法院民事判决书,(2018)湘民终905号。

② 参见最高人民法院民事判决书,(2018)最高法民终258号。

③ 参见陕西省西安市中级人民法院民事判决书,(2019)陕01民终12497号。

④ 参见河南省社旗县人民法院民事判决书,(2018)豫1327民初1481号;河南省偃师市人民法院民事判决书,(2014)偃民一初字第00138号。

权力来源、第三方组织的权责范围、合规费用承担主体、第三方组织违规责任承担等问题。相较于美国《莫福德备忘录》中将合规监管人定性为与政府组织及涉案企业完全独立的主体,我国《指导意见》中对于第三方组织法律地位的描述显然与这种定位不同。根据《指导意见》的规定,第三方组织与合规机关应保持密切的关系,合规机关对第三方组织形成多层次全方位的监督网。但是,第三方组织究竟应是合规机关体制外的一个部门代合规机关履行公务,还是基于委托关系代为实施法律行为,抑或通过其他论证逻辑对两者关系进行阐述,仍有待进一步探讨研究。

既然通过正向逻辑推导无法论证第三方组织的法律地位,不如尝试以特定的价值目标为导向,向第三方组织直接赋予特定的法律地位。根据《指导意见》第 17 条的规定,第三方组织及其组成人员应当履行遵纪守法、勤勉尽责、客观中立的义务,其背后的用意必然是希望第三方组织可以依照自己独立的专业判断发表客观中立的评估意见。有鉴于此,笔者认为,在对第三方组织法律地位的定性过程中,应当以保证第三方组织"遵纪守法、勤勉尽责、客观中立"为价值导向,并在立法过程中重点体现。

第六节

第三方组织职责定位的质疑与反思

《指导意见》将第三方组织定性为纯粹监督者，不参与企业合规计划的制作及落实，以确保第三方组织地位的中立性，出具意见的客观性。但有观点指出如此一来企业经济负担增大，《指导意见》中对第三方组织的监督严密，涉案企业的合规成果实际也是由检察院而非第三方组织验收，不必对其中立性如此苛责。在明确企业合规与从宽处理的第一性关系，以及第三方监督评估机制只适用于大型企业两个前提下，借鉴域外实践经验，将第三方组织定位为纯粹监督者，从而避免第三方组织陷入双重身份带来的履职困境，确保其尽职尽责，客观中立，保证第三方监督评估机制的顺利运行。

一、问题的提出

2021 年 6 月，最高人民检察院会同司法部、财政部等八部门联合发布了《指导意见》，这是我国在依法推进企业合规改革试点过程中发布的第一个企业刑事合规制度具体操作文件，标志着在未来企业合规第三方监督评估机制将成为明确的刑事政策。[①]《指导意见》中引入的第三方监督评估组织（以下简称第三方组织）制度，也是涉案企业合规第三方监督评估机制（以下简称第三方监督评估机制）的一个亮点。第三方组织是《指导意见》中第一

① 参见庄力文、王晓磊：《企业合规第三方监督评估机制的实务建构》，载人民法治网 2021 年 8 月 24 日，https://www.rmfz.org.cn/contents/838/516256.html。

次使用的概念。根据《指导意见》的规定,人民检察院在办理涉企犯罪案件时,对符合企业合规改革试点适用条件的,交由第三方组织对涉案企业的合规承诺进行调查、评估、监督和考察,考察结果作为人民检察院依法处理案件的重要参考。第三方组织在企业合规第三方监督评估机制运行过程中所承担的职责不可谓不重。

根据《指导意见》的规定,涉案企业合规承诺的调查、评估、监督和考察工作均交由第三方组织负责,合规考察期届满后,需制作合规考察书面报告,报送相应第三方机制管委会和人民检察院。从《指导意见》文字表述的分析中不难看出,第三方组织扮演了直接监督者、评估者的角色,并成为涉案企业与第三方机制管委会、人民检察院的沟通桥梁,为各方高效沟通创造了重要条件。

实践中,第三方组织亦被称为"合规监管人""独立监管人"。陈瑞华老师在《律师如何开展合规业务(五)——律师如何担任合规监管人》一文中指出,独立监管人一般为律师、审计师、会计师等专业人员,这些专业人员接受检察院的聘请协助企业落实合规建设。独立监管人负责企业内部合规尽职调查,协助企业制订合规计划及合规计划的落实执行,并出具书面的监管评估报告供检察院参考。[①]《指导意见》第 13 条则规定,第三方组织应当"要求"涉案企业提交专项或者多项合规计划,对计划进行审查,提出完善意见,但并没有规定第三方组织直接协助并参与涉案企业合规计划的制定与落实。第三方组织的职责范围体现了《指导意见》对第三方组织法律地位的定性。陈瑞华老师笔下的合规监管人既是对涉案企业进行合规监管的主体,又提供合规整改服务;《指导意见》则坚持第三方组织纯粹监管人的法律地位。究竟哪一种制度安排更为合理,则需要进一步探究。

二、第三方组织兼顾双重功能的理由

有观点主张,无论是合规计划的顶层方案设计,还是具体落实,都应当

---

① 参见陈瑞华:《律师如何开展合规业务(五)——律师如何担任合规监管人》,载《中国律师》2021 年第 1 期。

由第三方组织负责主导并实质性参与。[①] 一是可以节约人力资源，降低涉案企业的合规成本；二是第三方监督评估机制中对第三方组织的监督严密，极大压缩了第三方组织的违规操作空间，不必过于担心其履职不当；三是第三方组织的监督权华而不实，检察院才是实质的监督主体，不必对第三方组织的独立性太过苛责。

1. 此举可以减轻涉案企业经济负担

第三方组织参与合规计划的制订落实有利于减轻涉案企业的经济负担。企业合规计划的制订及合规体系的构建是一项专业化的系统性工程。企业合规整改的综合性、复杂性对实施人员的专业素质提出了很高的要求，需要拥有法律、会计、金融、管理等综合性的知识架构，具备丰富的实践经验，熟知刑事法律规范、公司治理等，拥有及时反应的能力，能够确保第三方机制科学高效地运行。《指导意见》规定，第三方组织成员主要包括律师、注册会计师、税务师（注册税务师）等中介组织人员。这些人员都具备一些共同特征，都是取得专业资格证书，接受委托提供专业服务的从业人员。[②] 律师、会计师、税务师，这些主体本身就是要取得专业资质后才能从事相关业务，侧面反映出对第三方组织准入门槛的要求。但是如果仅仅依靠企业自身人员的能力，恐怕无法在满足高标准、严要求的前提下，制作出符合条件的合规计划，更何况还需要组织合规计划的落实工作。

由律师、税务师、注册会计师等第三方专业人员组建而成的第三方组织自然具备帮助涉案企业制订并落实合规计划的专业能力，但若第三方组织不能参与其中，则涉案企业引入其他第三方专业人员就成为必然，涉案企业的合规成本也随之增加。根据当前国内外的实践经验，这部分合规成本将由涉案企业承担，如此便将增加涉案企业的经济负担，浪费人力资源，极大打击涉案企业参与刑事合规整改的积极性。

---

① 参见董晓华：《第三方组织职责定位的内在矛盾及实施困境》，载微信公众号“董法晓律”2021年7月6日，https://mp. weixin. qq. com/s/3eXNc1Q4kXdiRwvIggQ2Xg。

② 《律师法》第2条第1款规定：“本法所称律师，是指依法取得律师执业证书，接受委托或者指定，为当事人提供法律服务的执业人员。”

2. 对第三方组织的多重监督已经能有效防范其违法违规行为发生

根据《指导意见》的规定,第三方组织由地方第三方机制管委会组织筛选,并负责日常培训考核,第三方机制管委会将组建巡回检查小组对第三方组织的履职工作进行抽查监督。第三方监督评估机制启动后,第三方组织的成员名单需报送检察院备案,检察院、涉案企业或任何单位、个人都可以对第三方组成人员提出异议,经由地方第三方机制管委会调查核实后处理。在第三方监督评估机制运行过程中,第三方组织提交的合规计划、定期书面报告等文件均由检察院审查。第三方组织成员若存在违规行为,将通过主管部门或行业协会予以惩戒,并剥夺继续担任第三方组织的资格。

由此可见,对第三方组织的监督之严密,已经能够较好防范第三方组织成员违规的可能性。让第三方组织与涉案企业共同参与合规计划的制订和实施,并不会对第三方组织的客观中立性造成严重影响。

3. 第三方组织的中立性要求没有必要过于苛责

根据《指导意见》第 14 条的规定,第三方组织在合规考察期内的定期报告及合规考察期满提交的书面考察报告等合规材料,是检察院作出处理的“重要参考”而非决定性意见,最终决定权在检察院,且第三方组织在第三方监督考察机制中的一举一动都要受到检察院及第三方机制管委会的领导指挥,因此,对第三方组织并非实质的监督者,而是涉案企业合规成果的“代收人”。检察院以及第三方机制管委会才是真正的监管人。因此,对第三方组织不必太过纠结其客观中立性。既然如此,从经济角度考虑,与其一味片面坚守第三方组织的监督者角色,不如让第三方组织利用其专业性特征助力企业合规建设,实现物尽其用,节约资源。

三、需要厘清的前提问题

笔者认为,立法者在《指导意见》中对第三方组织的职责定位必然有其独特的考量,而上述关于第三方组织的实质性参与合规计划制订、落实的理由和论证过程也无法实现逻辑自洽。在论证坚守第三方组织纯粹监督者身份的必要性之前,笔者认为,以下两个问题应当先行厘清。

1.“企业合规”与“从宽处理”的第一性之争

2021 年 4 月最高人民检察院下发的《关于开展企业合规改革试点工作方案》[①]中强调，通过企业合规改革实现民营经济的平等保护，落实“少捕慎诉慎押”的司法政策，预防涉案企业再次犯罪，以此促进市场主体健康发展，营造良好法治化营商环境。最高人民检察院检察长张军在 2021 年 9 月 3 日举办的第三届民营经济法治建设峰会演讲时指出，督促企业合规整改可以促进涉案企业合规守法经营，同时警示其他存在潜在风险的企业遵纪守法，营造法治化营商环境。

对于中国本土的企业而言，企业合规并不是一种内生性的公司治理方式。中国自改革开放以来，一直坚守以经济效益为目标导向的经济发展模式，有意无意地忽视了企业发展过程中的一些违规之处。中国的合规发展以金融业为开端，随后不断普及和推广。近年来，中兴通讯、华为等中国企业因运营合规问题遭受制裁，合规问题也在一定范围内得到重视。2020 年 3 月，最高人民检察院开启企业合规改革试点，企业合规的讨论和研究引发了广泛关注，并随着试点改革的不断深入，不断推向高潮。即便如此，企业合规在中国发展的广度和深度也都存在局限，很多企业对合规的意义和价值不甚了解。实际上，推行企业合规需要成本，甚至在一定程度上需要以牺牲企业经济效益为代价。

在刑事诉讼中引入合规第三方机制，以对涉案企业从宽处理为激励措施，从外部赋予企业开展合规的动力。对涉案企业从宽处理，是促使企业开展合规工作的重要激励手段，并不是根本目的。敦促企业合规经营，从而达到预防犯罪之目的，保护营商环境，才是企业合规试点改革的核心目标。

2.第三方监督评估机制仅适用于具备一定经济实力的大型规模企业

当前企业合规试点工作还在探索讨论阶段，究竟何种规模的企业能够适用第三方监督评估机制，《指导意见》并没有作出明确回应，但关于这个问题的争议一直没有停止。但若要合规监督评估机制高效顺畅运行，这个问

---

① 参见《最高检下发工作方案　依法有序推进企业合规改革试点纵深发展》，载最高人民检察院网，https://www.spp.gov.cn/xwfbh/wsfbt/202104/t20210408_515148.shtml#1。

题是无法绕开的。

国家发展改革委 2019 年的统计数据[①]显示,我国 50% 以上的税收,60% 以上的国内生产总值,70% 以上的技术创新成果,80% 以上的城镇劳动就业,90% 以上的企业数量,都是民营企业贡献的。民营企业已经成为市场经济中一股不可小觑的力量。但是这些民营企业规模较小,实力有限,缺乏承担高额行政罚款及合规监管成本的经济能力,往往未能建立起“产权明晰、权责明确、结构规范、制度完善、管理科学”的现代公司治理结构,难以建立起行之有效的合规计划,检察机关应当将合规考察制度更多地适用于大型企业尤其上市公司,激励其完善合规管理体系,发挥合规计划减少和预防同类违法犯罪的作用。[②]

《关于开展企业合规改革试点工作方案》中则明确该项试点改革的一个重要目的就是实现对民营经济的平等保护,且在企业合规试点改革实践中,检察机关也确实将很多具有“家族企业”或“个人独立企业”性质的涉案“中小微民营企业”作为试点对象。由此可以窥见我国对这个问题的态度是并不否认中小民营企业是第三方监督评估机制的适用对象。

检察机关将这些涉案的大型企业纳入合规考察的对象,并认为只有在大型企业中推行这一制度,才能充分发挥合规不起诉的制度优势和整改效果。[③] 笔者对此深以为然,即便抛开高昂的罚金不谈,仅就企业合规整改而言,中小民营企业既没有承受合规成本的经济能力,也不具备设计并落实合规整改的专业能力,而且这类企业固守传统公司治理模式,企业合规整改的难度较大,不符合经济效益。因此,以大型企业为第三方监督评估机制的适用对象,才能最大程度发挥该项机制的优势。

作为市场重要组成部分的中小企业,在这场试点改革中也应当有一席之地,但是应当根据具体情况构建真正具备可操作性的、高质量的“合规方案”。有学者提出,检察机关可以通过“酌定不起诉 + 合规检察建议”的方

---

① 参见《国家发改委有关负责人:民营经济贡献了 50% 以上的税收》,载百度网 2019 年 12 月 23 日,https://baijiahao.baidu.com/s?id=1653705070370316614&wfr=spider&for=pc。

② 参见李奋飞:《论企业合规考察的适用条件》,载《法学论坛》2021 年第 6 期。

③ 参见陈瑞华:《企业合规不起诉改革的八大争议问题》,载《中国法律评论》2021 年第 4 期。

式,激励中小民营企业“健全制度、加强管理、堵塞漏洞”,强化企业合规检索,预防企业再次犯罪。笔者认为,这种解决思路值得一试。

四、坚守第三方组织纯粹监督者身份的必要性论证

1. 域外经验的参考——《莫福德备忘录》中的合规监管人

美国作为刑事合规不起诉制度的发源地,一直被誉为企业合规制度的先行者,在这方面积累了丰富的经验,并形成了较为成熟完整的企业合规不起诉制度。在做企业合规的研究时,美国的实践案例必定是不可忽视的研究素材。美国的合规不起诉制度只适用于大型企业,由涉案企业与司法机关达成暂缓起诉或不起诉协议,在协议中会对涉案企业的合规计划进行约定。如 Serious Fraud Office v. Amec Foster Wheeler Energy Limited① 的《暂缓起诉协议》中就包含了合规计划的内容,要求该企业围绕涉案企业的合作伙伴和供应链上下游合作客户所涉及合规风险开展和实施尽职调查流程,聘请第三方机构担任顾问进行反贿赂和反腐败计划审查,针对在某些特定司法领域中已发现的合规缺陷制订特定补救计划等。

2008 年 3 月,时任美国司法部代理副部长的莫福德发表了主题为“企业迟延起诉协议和不起诉协议中监管人的选择和聘用”的《莫福德备忘录》。在《莫福德备忘录》第 3 条中明确说明,独立合规监管人的主要职责是评估涉案企业是否采用并有效实施了道德规范和合规计划,监督涉案公司对迟延起诉或不起诉协议条款的遵守情况。这些协议条款是专门为预防或减少涉案企业实施违法违规行为复发而设计的,在通常情况下包括评估涉案企业的内部控制和公司道德规范及合规计划。具体而言,合规监管人需要与涉案企业保持密切的合作,在其履职过程中定期与涉案企业进行沟通。此外,合规监管人还拥有一项通信自由裁量权,可以在他认为合适的时机与政府就企业合规整改情况进行交流。例如,合规监管人应当根据客观事实和具体情况,与政府自由讨论起草和实施道德和合规计划的进展以及产生的问题。合规监管人应当就下列事项向政府和涉案企业作出书面报告:(1)合

① See Serious Fraud Office v. Amec Foster Wheeler Energy Limited.

规监管人的活动；(2)涉案企业是否履行相关协议条款；(3)为了促进涉案企业遵守协议条款所必需的任何变更。需要注意的是，《莫福德备忘录》指出，涉案企业及其董事、高级第三方组织成员，而非合规监管人，对涉案企业的道德和法律运作负有最终责任。因此，涉案企业需要对合规监管人提出的建议或意见进行评估，并决定是否采纳。涉案企业有权拒绝采纳合规监管人的建议，但需要向政府报告并说明原因，由政府作出最终决定。此外，涉案企业不得向合规监管人寻求法律帮助或获取法律意见。

在美国诉美国汇丰银行、汇丰控股有限公司案①中，美国政府于 2012 年 12 月与美国汇丰银行、汇丰控股有限公司签署了一项为期 5 年的《延期起诉协议》。根据《延期起诉协议》的规定，美国汇丰银行、汇丰控股有限公司同意与政府充分合作，采取(或继续坚持)数十项旨在弥补其合规计划缺陷的措施。为此，汇丰控股有限公司同意保留一名独立合规监管人，以待政府批准。如《延期起诉协议》的附件所述，合规监管人负责“评估汇丰控股有限公司及其子公司的内部控制、政策和程序的有效性……因为它们与汇丰公司持续遵守《银行保密法》《国际紧急经济权力法》《敌对交易法》和其他适用的反洗钱法，以及在《延期起诉协议》中列举的合规补救措施，这些实体内容密切相关……”《延期起诉协议》要求合规监管人定期向汇丰银行和政府提交报告，详细说明他的调查结果并提出建议，以改善汇丰银行对《延期起诉协议》和反洗钱法的总体遵守情况。根据对美国企业合规不起诉的实践考察不难发现，美国司法机关任命的合规监管人其主要职责在于评估监督而并非实际参与企业合规整改。这种模式也可以为我国所借鉴参考。

2. 第三方组织双重身份的赋予将引发内在冲突

第三方监督评估机制中，涉案企业与检察院的核心目的并非完全一致。涉案企业只有按照要求完成合规整改工作并通过相应评估、考察，人民检察院才能作出宽大处理的决定，即企业合规为因，宽大处理为果，这是第三方监督评估机制的运行逻辑。但是站在涉案企业的角度，得到宽大处理才是

---

① See United States of America, v. HSBC BANK USA, N. A. , and HSBC Holdings plc. , 863 F. 3d 125 (2017).

涉案企业最重要的直接目的，而实现企业有效合规是次要的，在合规价值没有被企业充分认可的当下，企业合规甚至不在涉案企业的考虑范围之内，只是争取宽大处理的手段而已。但如前文所述，企业合规改革之目的是督促企业合规经营，这也是检察院所要实现的价值目标。

给第三方组织赋予存在利益冲突的双重身份，必然引发合规工作开展困境。为了获取宽大处理，不排除涉案企业采取弄虚作假等非法手段营造企业合规的假象，以骗取检察院的宽大处理。涉案企业与检察院最终目的的差异性必然会引发立场冲突。第三方组织若是在监督涉案企业的过程中参与企业合规工作，便要对企业合规整改之成败承担责任。如此一来，相当于将第三方组织推向涉案企业一方阵营，与涉案企业产生重大利害关系。作为监督者的第三方组织也就无法客观中立地履行监督评估职责。《指导意见》对第三方组织的职能定位能够切断与涉案企业之间的利害关系，有效保障三方组织的客观中立性。

3. 适用第三方监督评估机制的涉案企业具备合规整改条件

如前文所述，笔者认为，第三方监督评估机制的适用主体应当为具有一定实力规模的大型企业。企业发展到一定规模，为了不断适应新的发展需求，内部治理结构也会日趋完善，企业管理更加制度化、规范化，对法律风险的防控也更加重视，完全有能力处理烦琐复杂的合规体系构建问题。因此，无论是涉案企业合规的经济基础，还是涉案企业自身的专业条件，都能够满足合规整改的要求。即便涉案企业自身无法独立完成，也可以自行聘请第三方中介组织协助涉案企业完成合规整改工作。所谓为了减轻涉案企业经济负担而让第三方组织实质参与企业合规整改也大可不必，合规成本的负担也是涉案企业违法违规行为应当承受的代价和惩罚。

4. 坚守第三方组织独立性的重要意义

立场独立才能保证履职行为的客观中立性。独立性是对第三方组织的组织形式要求，在满足独立性要求的前提下，才有条件讨论第三方组织出具意见行为的客观中立性。

《指导意见》为防范第三方组织与涉案企业之间的利益勾兑，在制度设计上一直力求从根本上切割第三方组织与涉案企业之间的利益联系,确保两者之间能够保持绝对独立的关系,即让第三方组织与涉案企业无论是在形式上还是实质上,都保持绝对的独立性。《指导意见》规定,在第三方监督评估机制运行过程中,第三方组织负责“督促”涉案企业提交合规计划并进行审查,对合规计划落实情况进行监管评估,向检察院出具阶段性报告及最终评估结论。显而易见的是,《指导意见》将涉案企业与第三方组织的关系定位为单纯的被监督者与监督者,第三方组织完全按照自己的意思参与第三方监督评估机制的运行,并不受涉案企业的任何干涉,独立发表专业的法律意见,保证第三方组织监督职能的有效实现。

这种角色定性在美国的司法文件中亦有所体现。《莫福德备忘录》规定,独立合规监管人(相当于本节所述之第三方组织)是独立的第三方,并不是公司或政府的雇员或者代理人,监管人的定义独立于涉案企业的董事、高级第三方组织成员、雇员以及其他代表,合规监管人不是涉案企业的律师,因此涉案企业不能从合规监管人处获得法律意见。与此同时,合规监管人也不是政府的代理人或者雇员。笔者认为,对涉案企业的内部调查,对合规计划评估、落实监督和验收工作基本由第三方组织全面负责,最终实现涉案企业的实质合规。但涉案企业作为一个市场经济主体,在合规整改成果没有被完全认可的情况下,涉案企业还是会以经济利益为偏好导向,以期突破第三方组织及检察院的层层核查,以最小的成本获取刑事程序中的宽大处理,但对合规整改的后果却不以为意。基于双方根本立场的对立冲突,为确保涉案企业的实质合规,保持其与第三方组织的相互独立性是有必要的。

笔者注意到,有的地方让涉案企业以自己名义委托律师事务所参与企业刑事合规第三方监督评估机制,如深圳市宝安区便是如此。笔者认为,此举有不妥之处。若以涉案企业名义委托合规律师作为第三方组织参与第三方监督评估机制,督促企业合规整改,则可能使律师陷入职业伦理冲突的两难境地,有损第三方组织出具意见的客观中立性。此外,当前不少学者及司法机关主张,支付给第三方组织的合规费用应当由涉案企业负担。如此一来,根据《律师法》等相关规定,涉案企业就是合规律师的当事人。根据《律师法》的规定,律师应当维护当事人合法权益。传统的当事人与律师之间保持密切的利益关系,律师以为当事人争取最大利益为目标。但在第三方监督评估机制中,合规律师不是涉案企业利益的代理人,而是监督与被监督的对立方。若要涉案企业以自己名义并且自行承担费用聘请合规律师监督自己,合规律师之独立性便无法保障,其出具的法律意见也会有失客观公允。有鉴于此,笔者认为,涉案企业为第三方组织的代理人明显不妥。

五、余论

目前我国企业合规改革正在试点过程中,每个人对合规的理解都有所不同,各地的试点方案也是五花八门,为寻找适合中国本土的企业刑事合规制度方案不断尝试创新。现行《指导意见》仍存在大量规范空白,有较多尚待明确之处,给司法实践提供了较大的自由发挥空间。在试点阶段只能暂时如此,但是随着改革的广度和深度不断拓展,第三方监督评估机制日趋成熟,这些指引空白都应当通过立法规定予以明确,实现第三方监督评估机制运行程序的法定化。

第三方组织职责定位,这是一个立法选择的问题,也是决定第三方监督评估机制能否正常运行至关重要问题。第三方组织应当具有与其法律地位相匹配的职责范围,以确保第三方组织在企业合规第三方监督评估机制中不受不当因素的干扰,做好第三方监督评估机制中各方沟通协调工作。坚持第三方组织的独立性,使其与涉案企业保持必要的距离,避免双重法律身份带给第三方组织的履职困境,无疑是最合理的选择。

当然,笔者也必须承认,第三方组织并非在真空状态下履行职责,无论程序设计得如何完美,要保证其与涉案企业绝对的独立性,也只能是一种美好的构想。但最起码我们通过立法明确第三方组织的法律地位,表明第三方组织的立场,并尽可能创设更加完善良好的制度,让第三方组织的履职行为无限趋近于完美,保证第三方监督评估机制的健康有序运行。

第七节

企业合规不起诉制度探索的基本问题

近年来,随着最高人民检察院企业合规监管试点工作的不断深入,对企业合规不起诉制度的探索也不断引发热议。企业合规不起诉制度的落地已是大势所趋,但是在制度探索设计阶段,还是要保持谨慎态度,认识到制度可能存在的问题并给予充分回应,如涉及哪些罪名和罪行可以适用该项制度,如何选任合规监督评估主体,如何设置企业合规整改有效性评估标准,企业合规后相关自然人是否能够一并出罪等,这些问题都亟待解决。

一、引言

为了更好地打造合法健全的营商环境,推动经济可持续稳健发展,为企业的成长保驾护航,构建国际对接桥梁,最高人民检察院于2020年3月启动了涉案违法犯罪依法不捕、不诉、不判处实刑的企业合规监管试点工作,在广东、深圳、上海等地选定六个试点单位开展首轮探索,2021年4月第二期企业合规改革启动,试点改革范围也进一步扩大。自企业合规改革启动后,各试点单位都进行了不同程度的探索与尝试,发布了一系列试行文件,并在实践层面做了一些碎片化、个体化的企业合规不起诉尝试,为企业合规改革发展的未来落实方向提供了指引。

在此背景下,不少学者以及司法工作人员都开始呼吁构建企业附条件不起诉制度,并从不同角度和层次提出各种制度设想。通过合规整改来争取涉案企业在定罪量刑上的从宽处理，提升诉讼程序效率，让涉案企业尽快从刑事诉讼的困境中解脱出来，对企业而言是一种全新的并且行之有效的治理路径。这种治理路径可以与企业合规程序分流的激励需求天然契合，其有效性也已经由多个域外国家通过实践案例予以证明。① 对基层探索的碎片化案例进行汇集，助力上层制度规范化设计，结合检察建议及企业合规不起诉制度各自的优势特长，探索“合规检察建议 + 相对不起诉”的具体实施路径，并且在国家层面尽快通过具体的规范性文件，以期能有明确的实施依据以及统一的操作标准。企业合规不起诉制度可以有效化解司法机关与涉案企业直接激烈的对抗性，并通过创设共同利益点为双方的协商合作提供条件，共同实现刑罚特殊预防之目的，其中内含的交涉性刑事司法理念与认罪认罚从宽存在共通之处，可予以借鉴。此外，当前适用未成年人犯罪的附条件不起诉自 2012 年起便正式确立实施，当前已经基本成熟，企业合规不起诉制度同样可以从中吸收经验。企业附条件不起诉的立法时机已经到来。② 从实体到程序，刑事合规都与企业“非罪化”治理高度契合，有必要综合多方因素，对现有制度予以技术调整和功能拓展。③

作为一项充满宽容色彩的制度探索，公平性需要从其普适性中去探求。④ 企业合规不起诉制度毕竟是“舶来品”，该项制度在美国发展得尤其成熟，随后被英国、法国引入并根据自己本土国情予以调整实行。中国当前的情况尤其复杂，各类企业规模迥异，不同行业细分也呈现出各自特点，对制度适应性要求也更高。具体的制度构建是要移植式的“全部拿来”还是参照式的“另起炉灶”，需要在理论层次上对企业合规不起诉制度的内涵外延、价值目标等内容进行明确，通过梳理试点改革中呈现的问题并做出回应，如此才能做出更符合中国本土国情、可落地、可推广的制度设计。

---

① 参见杨帆：《企业合规中附条件不起诉立法研究》，载《中国刑事法杂志》2020 年第 3 期。

② 参见李勇：《检察视角下中国刑事合规之构建》，载《国家检察官学院学报》2020 年第 4 期。

③ 参见陈卫东：《从实体到程序：刑事合规与企业“非罪化”治理》，载《中国刑事法杂志》2021 年第 2 期。

④ 参见刘毅：《“亲清”检企关系：刑事合规探索的坐标轴》，载《检察日报》2021 年 5 月 13 日，第 3 版。

二、企业合规不起诉制度的解读

企业合规不起诉，是指当涉案企业已经构成刑事犯罪，检察机关可以让存在合规体系构建意愿的涉案企业针对涉案企业的犯罪事实，设计专项合规计划，并监督涉案企业根据合规计划进行合规整改，若合规整改符合条件则对涉案企业作出不起诉决定。[①] 该项制度的兴起，与近年来刑事司法理念和功能定位的不断深化更新有着密切联系。

1. 企业合规不起诉制度体现震慑型司法向预防型司法的定位转变

企业合规不起诉制度的兴起，体现了严格的起诉法定主义的震慑型司法向起诉便宜主义的预防型司法的演变。起诉法定主义以报应刑罚观为基础，主要以惩罚犯罪为基本定位目标，确保整个国家和社会制度的有序进行。起诉便宜主义则以目的刑、教育刑的预防性刑罚观为基础，更加侧重对涉案主体的教育感化而非通过严刑峻法进行惩罚威慑消除行为人的危险性，从而实现刑法特殊预防功能。有学者提出，实践表明，传统的"简单威慑"做法不仅难以达到预期的威慑效果，反而容易使企业陷入更加严重的困境之中，乃至最终一蹶不振；理性宽容的法律规定却能够使一个国家的人民享受更加人性化的生活方式，感受来自政府的关怀与理解，[②]企业合规不起诉制度便是一种制度人性化的典范。

2. 企业合规不起诉制度与刑法谦抑性原则契合

企业合规不起诉制度与刑法谦抑性的内在要求有着天然的契合。谦抑性对刑法的适用保持谨慎克制的态度，认为作为最为严厉的惩治手段，对犯罪行为主体施加刑罚固然可以实现其惩罚犯罪保护法益的目的，但同时也在向整个社会释放危险的讯号，导致整个经济社会的主体都处于一种不安的状态。刑事法律是整个法律规范体系中的最后手段，仅在面临严重犯罪行为及危害后果，其他部门法领域下制裁手段的运用不足以震慑行为主体

---

① 参见李小波：《合规不起诉实践中的法益结构研究》，载《法治与社会》2021 年第 15 期。

② 参见陈卫东：《从实体到程序：刑事合规与企业"非罪化"治理》，载《中国刑事法杂志》2021 年第 2 期。

时，为实现“罪责一致”的目的才发动刑事法律，体现了刑罚的补充性、最后性特征。企业合规不起诉制度正是用合规整改替代严厉的刑罚，实现刑法谦抑性非犯罪化、非刑罚化以及刑罚轻缓化的理念，实现刑罚的经济效应最大化。

3. 通过合规出罪为企业“松绑”

我国一直以来通过刑法主导的控制型经济管理模式调整市场经济的法制模式，形形色色的罪名织就了一张严密的“法网”，刑事法律风险已经成为悬在企业家头顶的达摩克利斯之剑。企业合规不起诉制度以涉案企业合规整改为前提，创建企业出罪路径，实现涉案企业的“非罪化”治理，为涉案企业提供补救性的缓冲机制，给企业重整旗鼓的机会，将企业的外部责任由刑事处罚转变为其他性质的法律责任，减少“标签效应”带来的负面影响。①

4. 丰富企业合规制度内涵

对于企业合规的解读，当前相当多的文件都停留在对各种法律规定、行业规章制度、公司内部规章等规范性文件的遵守层面，②但企业合规本身具有非常丰富的内容和多元化的层次内涵，绝不仅仅是让企业依法开展经营这么简单片面。企业合法合规开展商业活动本身就是其经营过程中应有之义，是最基本的要求，否则整个市场经济就会处于混乱的状态。但当前强调的企业合规，已经被赋予了更加丰富深刻的含义，除了各类规范的遵守，还包括企业管理制度的优化，对企业风险事前防控、事中应对、事后总结的机制构建，作为如世界银行等国际机构对企业信誉的认可标志以及解除某类制裁措施的依据。在企业合规不起诉制度语境下的合规就是涉案企业向检察机关换取非罪化处理的必要条件。当前看来，企业合规机制已经超越正式的文本法律制度，作为传统司法、执法方式的替代品，在企业自我监督、自我管理、自我治理的过程中发挥巨大的应用价值，③使企业对法律规范的遵

---

① 参见陈卫东：《从实体到程序：刑事合规与企业“非罪化”治理》，载《中国刑事法杂志》2021年第2期。

② 《商业银行合规风险管理指引》《保险公司合规管理办法》《中央企业合规管理指引（试行）》《企业境外经营合规管理指引》《经营者反垄断合规指南》均对合规性质作了类似规定。

③ 参见陈瑞华：《企业合规基本理论》（第2版），法律出版社2021年版，第107页。

守从偶然向常态化发展。

5. 避免合规过程司法福利的过度释放

当前,域内刑事合规探索呈现出一种有条件的“司法福利”释放,[①]在对涉案主体采取强制性措施时必须将合规意愿和整改情况作为考虑因素,并呼吁在司法过程中将具体优惠内容进行明确。[②][③] 在制度改革试点阶段,为了保证改革的顺利进行,尽可能地创造成功的典型案例,司法机关会主动创设各种激励手段,通过司法福利释放的方式鼓励涉案企业参与合规改革,并在企业刑事合规过程提供充分的弹性空间。但是对中小企业的保护并不意味着漫无目的、毫无底线的福利释放,更不是企业或者单位负责人逃脱刑罚追究的手段,而是要以制度的基本价值目标为导向予以明确化、制度化。既要体现罪责刑相一致原则,让企业接受应有的惩罚,又要兼顾整个企业的客观情况,通过合规整改引导企业实现可持续发展路径的构建。

但值得期待的是,以往制度的构建都是将涉案主体放置在司法机关的对立面,两者是对抗性的立场,因此在制度设计上处处凸显对涉案主体的警惕和防范。近年出台的认罪认罚从宽制度以及企业合规不起诉制度则在涉案主体和司法机关之间找到了利益共同点,并以此为桥梁开展沟通协作。既能让涉案主体通过替代性惩罚方式得到量刑从宽、出罪处理,享受司法裁量的福利,也能让司法机关在涉案主体的配合下提高工作效率,节约司法资源。

三、企业合规不起诉制度的案件适用范围

企业合规不起诉制度到底适用于哪些罪名,适用于哪种刑期下的主体,当前国家并没有给出具体明确的规定。试点单位在实践中则主要是通过“酌定不起诉”的出罪方式进行处理。根据《刑事诉讼法》第 177 条第 2 款的规定,酌定不起诉的适用空间主要取决于案件本身的情节严重程度。酌定

---

① 参见刘毅:《“亲清”检企关系:刑事合规探索的坐标轴》,载《检察日报》2021 年 5 月 13 日,第 3 版。

② 参见李玉华:《我国企业合规的刑事诉讼激励》,载《比较法研究》2020 年第 1 期。

③ 参见陈瑞华:《刑事诉讼的合规激励模式》,载《中国法学》2020 年第 6 期。

不起诉的案件一般已经达到刑事追诉标准,但是在“可诉”与“可不诉”的边缘游离,在此情况下赋予检察机关根据具体情况自由裁量的权力,且对酌定不起诉案件的范围也没有限定。

当前处于制度探索阶段,酌定不起诉虽然发挥了一定积极作用,但其价值空间有限,随着改革的不断深入推进难免会后续乏力。若将企业合规不起诉制度的适用对象禁锢在“酌定不起诉”制度框架内,则无法发挥企业合规不起诉制度应有的价值,且两者之间并不能完全兼容。企业合规不起诉制度旨在规范企业内部合规,实现企业可持续发展的目的,并通过合规整改、巨额罚款等方式实现对企业的“刑罚”。该项制度适用于应当被追究刑事责任的案件,案件性质也比酌定不起诉的案件更为严重,但是涉及的罪名应当与单位犯罪有所关联。在辽宁省人民检察院等十机关联合制定发布的《关于建立涉罪企业合规考察制度的意见》中就指出企业在污染环境犯罪、生产销售伪劣产品罪、税收犯罪、贿赂犯罪等罪名可以适用合规考察制度,但是排除了“判处十年以上有期徒刑、无期徒刑、死刑的”的案件适用空间。在最高人民检察院、司法部、国家市场监督管理总局等九个部门为依法推进企业合规改革试点工作联合发布的《指导意见》则将企业合规的范围规定为“公司、企业等市场主体在生产经营活动中涉及的经济犯罪、职务犯罪等案件”。企业本身没有正常经营活动,公司内部人员盗用单位名义实施犯罪活动以及涉嫌危害国家安全犯罪、恐怖活动犯罪的则不适用。但《指导意见》既没有对涉及的罪名予以明示,也没有对可能判处刑罚的上限作出规定。从《指导意见》中可以一定程度上窥见中央对于企业合规不起诉制度构建的未来方向。

笔者认为,《指导意见》将企业刑事合规限定在经济、职务犯罪中,这种制度构建的方向是正确的,但是应当对于具体可以适用的罪名进行清单化,从而压缩主观评价空间,便于制度的推广。

四、对出罪主体的争议

企业合规不起诉制度内在应有之义就是能实现出罪化治理。若要探究理论层面的出罪依据,则要从单位犯罪相关理论着手。传统单位犯罪理论以及刑事司法领域对单位犯罪的惩处都呈现出严重的“自然人主义”倾向。单位是否具有主观意识,能否独立于自然人做出意思表示,能否独立实施法律行为,如何对单位责任和自然人的刑事责任进行分离等问题是学界一直争议的问题。

根据20世纪末21世纪初兴起的“组织责任理论”,单位作为一个集合体,有独立于个别自然人的主观意识,可以在刑法意义上判断故意或者过失,与自然人一样富有生命活力。因此即便不依赖于自然人的行为和主观过错,也能对单位的行为进行独立性评价。以组织责任理论为基础,学者构建了企业刑事合规的出罪路径:如果企业内部已经构建了行之有效的合规机制,体现出企业对违法犯罪行为的负面评价态度,企业主观上没有犯罪的故意与过失,客观上构建的企业合规体系可以一定程度上预防违法犯罪行为的发生,因此不构成犯罪。企业内部的员工、高级管理人员、股东等主体的犯罪行为不符合企业的合规要求,并不能体现企业的意志和行为,因此产生的危害后果与企业不存在因果关系,因此应当归属于自然人犯罪,而不是由企业承担替代责任。①

需要注意的是,对一些颇具规模实力的大型企业而言,企业合规制度是救命的稻草,对一些中小企业却大不一样。通过观察不难发现,国外一般仅对大中型企业适用企业合规,因此也有人戏称这些企业是“大到不能管”(too big to jail)。以法国为例,法国《萨宾第二法案》强制要求企业构建合规制度,但并非对所有规模类型企业都做这种要求,公司集团或者在法国境内隶属总部的用工人数超过500人的,营业收入在1亿欧元以上的单位,才会被强制要求进行合规。② 美国包括刑事规制在内的制裁体系和合规文化,也是在其经历数十余件以安然案为代表的大规模企业犯罪后逐步构建的。在企业合规不起诉制度的设计中,往往以巨额罚金、高额的赔偿、需要支付巨

---

① 参见陈卫东:《从实体到程序:刑事合规与企业“非罪化”治理》,载《中国刑事法杂志》2021年第2期。

② 参见陈瑞华:《法国〈萨宾第二法案〉与刑事合规问题》,载《中国律师》2019年第5期。

大成本费用的企业整改为前提条件。但在中国本土语境下，作为经济发展的重要生产力主体，中小企业的数量已经达到全国企业总数的99%，还提供了大量就业岗位，创造了全国50%以上的税收、75%以上的技术创新和80%以上的新产品。[①] 这些企业没有雄厚的财力背景，巨额的罚金和合规成本的承担无异于将其推入绝境。

更让人困惑的是，即便单位出罪能够找到理论依据，但涉案自然人也一并出罪却很难寻求到相应的理论支撑。美国等国家的暂缓起诉制度旨在保护企业，防止水波效应扩散，对公司的其他投资者、职员、债权人、上下游合作机构等无辜的第三方造成利益损失，但是对涉案自然人却严惩不贷。我国企业构造多数以中小企业以及家族企业为主，这些企业的一个基本特点是整个企业的正常经营运转对特定实际控制自然人具有严重依赖性，一旦该特定自然人被判处实刑，整个企业的运转都会随之瘫痪，企业合规整改落实便无从谈起。因此，我国个别试点机关将与企业生产经营密切相关的个人犯罪也一并纳入合规考察之中。[②] 这是我国在企业合规不起诉制度构建中不得不加以考虑的重要客观情况，若无法妥善处理涉案企业和涉案特定自然人的司法处遇问题，那么该项制度便无法保持持久的活力和生命力。从2021年6月3日最高人民检察院发布的四个企业合规改革试点典型案例来看，在企业完成合规整改后，检察机关一般都会考虑公司主要经营管理人员被判刑后对整个公司的不利影响，对部分责任人员作出从宽乃至不起诉处理。

五、合规监管考察机关的选任及义务

哪些主体可以胜任合规考察机关，完成对企业合规整改的监督和评估，主要有以下几种设想：

---

① 参见《中小企业行业占比 2021年中小企业市场营销现状分析》，载中研网，https://www.chinairn.com/hyzx/20210528/173928699.shtml。

② 参见辽宁省人民检察院等十机关《关于建立涉罪企业合规考察制度的意见》涉罪企业合规考察制度既适用于单位犯罪案件，也适用于企业经营者、管理者、关键技术人员等重要生产经营人员与企业生产经营相关的个人犯罪案件。

第一，各级人民检察院。由检察机关对企业合规整改进行全程跟进，可以充分保证合规整改评估结果的客观中立性，而且最终案件诉或者不诉，是由检察机关决定，对合规过程的全程跟进，可以让检察机关对涉案企业作出处理决定时有更加直观的认识判断。但是检察机关是否能够调动足够的专业人员来参与完成该项工作令人怀疑。

第二，律师、税务师、会计师等第三方专业机构人员。通过筛选聘请合适的律师、税务师、会计师等专业人员组成监管团队，对企业合规整改进行监督指导，并出具评估意见。该种模式可以有效发挥第三方专业人员的技能优势，帮助企业完成合规计划的构建、落实。但是如何遴选出专业负责的第三方专业团队成员，如何防止其与企业的不正当利益勾连，第三方专业团队的聘任主体是企业还是检察院，相应的费用由谁来承担，在合规过程中的职权边界如何划定，种种问题亟待解决。

第三，政府行政机关。由政府行政机关接受委托督促企业完成合规整改计划，并对结果进行监督评估。政府行政机关不同于第三方盈利主体，其客观中立性可以得到一定程度的保障。作为政府职能部门的行政机关本身也具备一定的专业性，不同类型的单位犯罪罪名涉及的专业类型几乎都可以找到对应的政府职能部门，如涉及污染环境罪、破坏自然资源罪可以由生态环境部负责监督，涉及税收犯罪的整改则请国家税务部门处理。但中间也涉及政府行政机关参与刑事合规耗费人力巨大，内生动力不足，如何与检察机关形成良好的衔接机制等问题，都需要仔细斟酌。

第四，公安机关。公安机关作为刑事侦查机关，对涉案企业及其相关犯罪事实都有充分的了解，在对企业排查风险漏洞时也会更加得心应手。此外，经过多年磨合，公安机关与检察机关已经形成良好的沟通渠道和衔接机制，配合度更高。借助公安机关的力量可以解决检察机关、政府行政机关人手不足的问题。但企业合规整改属于公司治理范畴，公安机关能否胜任该项工作不得而知。

根据《指导意见》的规定，在对涉案企业合规进行监督评估时，由最高人民检察院、国资委、财政部、税务局等国家行政部门组建第三方机制管委会，再由第三方机制管委会选任律师、注册会计师、税务师(注册税务师)等中介组织人员组成的第三方监督评估组织,对涉案企业的合规过程进行考察评估并以评估结果作为检察机关处理案件的参考。由此可见,《指导意见》选择了一种多方参与的混合模式,由检察机关主导,政府行政机关参与、监督,聘请第三方专业机构落实。这种模式固然可以一定程度上保证企业合规计划的有效落实,彼此之间也可以相互制约、相互监督,但是需要耗费大量人力、财力,相关费用如何承担、如何保证各方主体顺畅的沟通、程序衔接等问题仍需进一步明确。

但是无论如何,从企业合规不起诉制度的试点情况来看,检察机关无疑占据了主导地位,不仅获得了更加广泛而独立的不起诉裁量权,且企业合规不起诉制度的启动、运行、评价、案件处理的整个流程中,检察机关的作用和地位都是举足轻重的。检察权的进一步扩张也带来检察权运行失控的风险。因此,有必要进一步构建相应的监督机制防止权力"脱缰"。

六、企业合规有效性的标准

1. 形式合规与实质合规

根据《指导意见》的规定,第三方组织主要围绕与企业涉嫌犯罪有密切联系的企业内部治理结构、规章制度、人员管理等方面存在的问题,制定可行的合规管理规范,构建有效的合规组织体系,健全合规风险防范报告机制,弥补企业制度建设和监督管理漏洞,防止再次发生相同或者类似的违法犯罪。关于合规整改规则、程序、体系的构建的内容,属于形式合规范畴,而能否真正实现实质合规,则要看其是否能让潜在的法律风险丧失成为现实的可能性。

学界有观点将合规视为空洞无物的时髦现象而不屑一顾,认为律师和会计师提供的合规咨询产品因其文学色彩而不具备可检验性。[①] 笔者认为,企业即便完成合规整改,未来是否会再次发生违法犯罪行为,取决于各种不

① 参见[德]弗兰克·萨利格尔:《刑事合规的基本问题》,马寅翔译,载李本灿等编译:《合规与刑法:全球视野的考察》,中国政法大学出版社 2018 年版,第 52 页。

可控的因素影响。对于合规整改的有效性评价,从操作实践角度考量,只能停留在形式合规的层面。但应当对合规内容以清单的形式进行列举,从而统一评价标准,压缩主观评判空间,防止权力外溢。

所谓徒善不足以为政,徒法不足以自行。任何制度即便设计得再完美,若不能被人重视并落实运行也是徒劳。相关合规计划是否真的能够起到特殊犯罪预防的功能,则很大程度上取决于企业负责人是否真正意识到企业合规的内在价值。因此,在合规整改过程中,不仅要完成形式合规,而且要让企业负责人意识到合规与企业内在可持续发展经营的契合点,由被动合规转化为主动合规,将落在纸面的合规在其企业内部顺畅运行。

2. 企业合规有效性评价的误区

笔者在参与实践调研的过程中发现,有部分检察官存在这样一种误解,认为已经落实合规计划的企业便不应当再出现违法犯罪行为,相较于没有做过合规的企业,如果再出现违法犯罪行为,则故意犯罪的意图更加明显,应当遭受更加严厉的刑罚。

需要注意的是,对企业合规计划有效性的评价不能陷入"企业违法犯罪行为永久性地消失"这一误区。这个世界上不存在一个十全十美的合规计划可以永久性地将一个企业与违法犯罪进行隔绝。企业合规的一个重要功能就是在单位犯罪与单位内部个别自然人犯罪之间设置防火墙,有效隔离刑事风险。

不难看出,未来企业合规不起诉制度必将成为整个企业合规改革的落脚点。现有改革试点的尝试在一定程度上已经为企业合规不起诉制度的发展指明了方向。但这项制度的构建,是一项复杂的系统性工程,若要在全国推广该项制度,则必须不断拓展改革深度,加快改革的体系化和制度化发展进程,进一步加强刑事合规在理论层次的学习与研究,对文中涉及的基本问题充分论证并提供适当的解决思路,不断完善刑事合规体系化、制度化构建方案。

第八节

企业刑事合规的中国展望

一、刑事合规的基本内涵

（一）刑事合规的概念

随着企业合规改革试点的启动和不断深化，当前学界也兴起了刑事合规的研究热潮。对任何事物的研究，都是以其基本的概念作为讨论的语言基础和逻辑出发点，对刑事合规的研究，也不外如是。在对刑事合规概念问题加以澄清的基础上，才能不至于偏离基本研究方向。

1. 条文规范层面的刑事合规

当前我国的法律规范中没有对刑事合规作出完整定义。美国《联邦组织量刑指南》规定，企业合规是企业进行预防、发现和制止企业违法犯罪行为的内部管理机制。[①] 笔者拟参考《指导意见》对刑事合规的定义进行描述。根据《指导意见》第 1 条、第 3 条的规定，刑事合规是指人民检察院在办理公司、企业等市场主体在生产经营活动中涉及的经济犯罪、职务犯罪等案件时，对符合企业合规改革试点适用条件的，交由第三方机制管委会选任组成的第三方组织，对涉案企业的合规承诺进行调查、评估、监督和考察，考察结果作为人民检察院依法处理案件的重要参考。由此可见，我国条文规范领域对刑事合规的认知停留在制度化的刑事工具层面，服务于刑事诉讼程序。

① 参见韩轶：《企业刑事合规的风险防控与建构路径》，载《法学杂志》2019 年第 9 期。

2. 学术理论层面的刑事合规(经济学层面的合规)

当前学术界对于刑事合规的讨论激烈,但并未形成统一的基本概念。例如:学者法塔赫·穆加达姆以系统论为解释基础,将刑事合规定义为一个绝对的经济概念,认为刑事合规是从公司利益这一经济学的逻辑出发并重塑,将遵守刑事规则作为他的规则就能稳定发挥这种作用。① 德国学者弗兰克·萨利格尔则将刑事合规定性为法人及没有法人资格的公司希望确保员工遵守现行的刑法规定,并希望确保与刑法有关的违规行为得以揭发,且在可能的情况下受到制裁的实质规则与刑事规则。② 德国学者托马斯·罗什则认为刑事合规包括全部必要以及被法律允许的措施,这些措施旨在避免因企业相关行为而给企业员工带来刑事责任。③ 我国有学者指出,所谓刑事合规,是指为避免因企业或企业员工相关行为给企业带来的刑事责任,国家通过刑事政策上的正向激励和责任归咎,推动企业以刑事法律的标准来识别、评估和预防公司的刑事风险,制定并实施遵守刑事法律的计划和措施。④ 也有学者认为,刑事合规系企业自我监管行为在刑事领域的运用和评价,体现为刑事实体法及程序法中的各种合规模式。⑤ 刑事合规是指企业通过内部控制体系、刑事法政策吸收与影响、刑事责任的"可视化影响"这三个要素将符合企业可持续发展的组织文化、内部管理体系与刑事法政策相结合,建立用以识别、预防、制止和反馈犯罪行为的能动机制并有效贯彻与执行,从而实现刑事责任的减免甚至正当化的目的。⑥ 上述不同学者在学理层面的探讨将刑事合规作为一种防控、减免刑事责任风险的公司治理手段。

---

① 参见[德]弗兰克·萨利格尔:《刑事合规的基本问题》,马寅翔译,载李本灿等编译:《合规与刑法:全球视野的考察》,中国政法大学出版社2018年版。

② 参见[德]弗兰克·萨利格尔:《刑事合规的基本问题》,马寅翔译,载李本灿等编译:《合规与刑法:全球视野的考察》,中国政法大学出版社2018年版。

③ [德]托马斯·罗什、李本灿:《合规与刑法:问题、内涵与展望——对所谓的"刑事合规"理论的介绍》,载《刑法论丛》2016年第4期。

④ 参见孙国祥:《刑事合规的理念、机能和中国的构建》,载《中国刑事法杂志》2019年第2期。

⑤ 参见林静:《刑事合规的模式及合规计划之证明》,载《法学家》2021年第3期。

⑥ 参见张元琦:《刑事合规制度本土化与我国单位犯罪理论兼容性问题研究》,载《上海法学研究》2020年第12卷。

3. 实践层面的刑事合规

当前域内刑事合规实践探索，在总体趋势上呈现出一种有条件的“司法福利”的释放，即通过法律规则的设计，发挥司法机遇对于企业加强合规建设的激励性作用。[①] 其主要表现为企业建立有效的合规计划，当企业涉嫌犯罪时，以合规计划作为寻求不起诉、作出无罪抗辩、获得减免刑罚乃至与监管机构签署暂缓起诉或不起诉协议的依据，企业由此可以最大限度地减少损失。[②] 最高人民检察院在 2021 年 6 月 3 日发布的四起企业合规改革试点典型案例，都对涉案企业及企业负责人给予了定罪量刑上的从宽处理。因此，当前实践层面的刑事合规仅限于“涉案刑事合规”，即被公安机关立案侦查并移送检察院，进入刑事诉讼程序后为了争取刑事宽大处理而被动对与涉案罪名密切相关的企业内部风险进行核查并整改的过程。

（二）刑事合规的价值评价

1. 合规无价值论

尽管合规的价值已经被普遍承认并接受，但合规在发展过程中也面临着一些质疑的声音，如有学者主张合规无价值论。之所以有这种论断，其根本在于这些学者对合规“有效性”的否认。虽然对能够证明“有效”合规内部结构的企业会被美国法律减免责任，但是法律标准是基于内部合规结构会减少企业内部违法行为这一假设，然而，通过论证发现，很少有证据能支持这一假设，而且越来越多的证据表明，内部合规结构并不能阻止企业内犯罪行为的发生，而且它在很大程度上只是表象化，旨在为企业提供市场合法性和减少法律责任。[③]

---

① 参见刘毅：《“亲清”检企关系：刑事合规探索的坐标轴》，载《检察日报》2021 年 5 月 13 日，第 3 版。

② 参见陈瑞华：《企业合规制度的三个维度——比较法视野下的分析》，载《比较法研究》2019 年第 3 期。

③ 参见［美］金伯莉·D. 克拉维克：《表象化的合规与协商治理的失败》，李本灿译，载李本灿等编译：《合规与刑法：全球视野的考察》，中国政法大学出版社 2018 年版。

2. 刑事风险防控论

从近年司法实践案例分析，刑事合规风险是当下中国企业家面临的最严峻风险，企业在日常经营管理的各个环节皆有可能发生刑事合规犯罪，制造业居首。对企业家采用“轻刑”处罚方式呈现出相对普遍的态势，经济越发达的地区，企业家犯罪现象越突出，刑事手段干预经济活动逐渐泛化，背信犯罪高发，企业家精神严重缺失。①

企业刑事合规的基本内涵实际上是一种刑事犯罪风险企业内部防控机制，以降低刑事犯罪风险为基础功能。企业在经营的过程中，不可避免会发生各种刑事风险，主要包括企业内部人员和机构的刑事合规风险（如贪污罪、职务侵占罪、受贿罪、非国家工作人员受贿罪、行贿罪）、企业整体的单位犯罪刑事合规风险（如不正当竞争、垄断、违法招投标、生产安全风险和生产污染、生产销售伪劣产品、逃税、虚开发票、购买发票、出售发票等）、企业被害主体的刑事合规风险（如诈骗罪、侵犯商业秘密罪、外部主体行贿犯罪和内部主体受贿犯罪所形成的对向关系；合同诈骗、签订、履行合同失职被骗罪）等犯罪风险。② 企业内部通过制订相应的合规计划，从而预防企业内的违法行为，明示发生违法行为时的应对方法与报告程序，预防犯罪行为的发生。

3. 刑事“非罪化”治理功能论

当一个企业涉嫌犯罪后，如果建立并实施了有效的合规计划并予以落实，就能以此为由争取从轻、减轻、免除刑事处罚乃至免于起诉等宽大处理，这是企业合规实现企业“非罪化”治理的核心。③ 通过非罪化的治理方式，落实刑事合规在前置领域对刑事实体法的规定，④实现激励企业完善内部治理与风险防控机制，借此落实宽严相济刑事政策，节省司法资源，提高诉讼效

---

① 参见张志军：《中国企业刑事合规风险的基本样态及其防控基准——基于2439份生效裁判文书的实证研究》，载《法治论坛》2019年第4期。

② 参见韩轶：《企业刑事合规的风险防控与建构路径》，载《法学杂志》2019年第9期。

③ 参见陈卫东：《从实体到程序：刑事合规与企业“非罪化”治理》，载《中国刑事法杂志》2021年第2期。

④ 参见［德］弗兰克·萨利格尔：《刑事合规的基本问题》，马寅翔译，载李本灿等编译：《合规与刑法：全球视野的考察》，中国政法大学出版社2018年版。

率。但需要注意的是,刑事合规"非罪化"治理功能的实现,并不意味着国家从打击犯罪中抽身而退,[1]或者弱化刑法惩罚犯罪的功能,刑事司法职能理念的转型与优化。

4. 国家权能扩张论

正如一些学者指出的,企业合规制度已经成为各国进行长臂管辖的主要制度依据和本国法律制度效力外溢的主战场。[2] 法国阿尔斯通公司前高级管理人员弗雷德里克·皮耶鲁齐在《美国陷阱》一书中指出,近十几年来,美国以反腐败为由对欧洲多家大型公司及高级管理人员进行制裁,实际击垮了这些公司。[3] 我国若要抢占制度制高点,争夺国际规则制定话语权,就必须不遗余力地充分发挥企业合规的制度优势,从而扩张国家权能。

5. 社会治理论

有学者指出,根据价值与道德变迁理论,刑事合规涉及的是诸如"商业诚信"等新的价值与道德的强化,或者说是旧的价值与道德的复苏,在某种意义上,合规也被称为商业道德的基本问题。商业道德的塑造过程,就是企业营商环境不断优化的过程,市场秩序也将更加稳定有序。[4] 此外,企业刑事合规同时还兼具推动企业合理承担社会责任的扩张功能。[5]

(三)刑事合规的经济学分析

根据波斯纳构造的基本犯罪行为模型,一个人对犯罪的预期收益超过其预期成本,才会实施犯罪。犯罪的收益来自犯罪行为的各种不同的有形(如金钱获得性犯罪)或无形(如所谓的情欲性犯罪)的满足,而成本包括各种不同的现金支出(购置犯罪工具、交通成本)、犯罪时间的机会成本和刑事

---

① 参见肖沛权:《企业合规不起诉制度的实践流变、价值及其构建》,载《山西大学学报(哲学社会科学版)》2021年第5期。

② 参见刘少军:《企业合规不起诉制度本土化的可能及限度》,载《法学杂志》2021年第1期。

③ 《透视"美国病"之三:霸权病,长臂管辖"合规化"》,载新华网,https://baijiahao.baidu.com/s?id=1701165831603550393&wfr=spider&for=pc。

④ 参见[德]弗兰克·萨利格尔:《刑事合规的基本问题》,马寅翔译,载李本灿等编译:《合规与刑法:全球视野的考察》,中国政法大学出版社2018年版。

⑤ 参见韩轶:《企业刑事合规的风险防控与建构路径》,载《法学杂志》2019年第9期。

处罚的预期成本。[①] 假设引入刑事合规后,犯罪模型中的各种变量因素又会发生什么?

有学者认为,刑罚的目的集中于对犯罪行为的惩罚和预防。刑法理论认为基于预防犯罪目的作出的刑罚宽缓处理或暂缓处理,即通过对刑事惩罚力度的控制,促使或迫使企业进行合规管理,进一步实现对社会整体的一般性预防。在合规不起诉制度推动下,企业通过理性犯罪选择,事实上减少了企业的犯罪行为、削弱了其社会危害性、减轻了对市场整体运行的负面影响,同时有助于实现公正与效率的双重诉讼制度目标的帕累托最优。[②] 但这样的论证过于简单片面,在一定程度上低估了企业对收益最大化愿望追求的强烈程度。从犯罪论角度出发,刑事合规引入后,涉案的企业乃至相关个人都能够享受到从宽处理的优惠,如此一来,刑事处罚的预期成本必然降低,助长犯罪之风。有学者指出,传统的"简单威慑"做法不仅难以达到预期的威慑效果,反而容易使企业面临更大困境,陷入"威慑陷阱"之中,[③]而且当刑罚严厉程度达到一定临界点,刑罚的威慑程度会出现边际递减效应。但不可否认的是,这种简单的威慑的犯罪控制效果也是最直接有效的。那么问题就在于,因合规引入导致犯罪成本降低而导致犯罪增加的影响,与通过刑事合规整改对企业的正面引导效用,究竟谁能更胜一筹。

从长效治理角度考虑,企业合规的引入势在必行。美国心理学家阿伦森将社会对人对社会影响的反应划分为三个层次:第一个层次为依从,即一个人为了获得奖励或者避免惩罚而作出某种行为;第二个层次为认同,即个体希望与影响施加者保持一致而对社会影响产生的某种反应;第三个层次为内化,即将某种价值或信念内化为自己内心主张的信念中,并将其融入自己的价值体现。[④] 单纯的刑事威慑仅能在第一层次对社会个体施加影响,而刑事合规落实过程也是合规理念的塑造过程,将合规的影响力不断扩张内

---

① [美]查理德·波斯纳:《法律的经济分析》,蒋兆康译,法律出版社2012年版。

② 参见刘少军:《企业合规不起诉制度本土化的可能及限度》,载《法学杂志》2021年第1期。

③ 参见陈卫东:《从实体到程序:刑事合规与企业"非罪化"治理》,载《中国刑事法杂志》2021年第2期。

④ 参见[美]E.阿伦森:《社会性动物》,邢占军译,华东师范大学出版社2007年版。

化，从根本上阻断企业犯罪的源头。但这毕竟不是一个一蹴而就的过程，需要一定时间的观念渗透，并且需要付出一定的代价成本。

（四）有效刑事合规的评价标准构想（如何实现有效合规）

通过对当前刑事合规的实践考察出现，刑事合规有效性标准是困扰司法机关的一个棘手难题。美国《联邦组织量刑指南》提出了“有效企业合规”的七个具体标准[①]，包括：（1）建立合规政策和标准；（2）制定高层人员监督企业的合规政策与标准；（3）不得聘用在尽职调查期间了解到具有犯罪前科记录的高级管理人员；（4）向所有员工有效普及企业的合规政策和标准，如进行培训；（5）采取合理措施，以实现企业标准下的合规，如利用监测、审计系统来监测员工的犯罪行为，建立违规举报制度，让员工举报可能的违规行为；（6）通过适当的惩戒机制，严格贯彻执行合规标准；（7）发现犯罪后，采取必要的合理措施来应对犯罪行为，并预防类似行为发生，如修改完善合规计划。

笔者认为，对于刑事合规标准的考察，可以从以下两个层次进行：第一个层次为形式合规，即纸面合规。主要考察涉案企业是否构建相应的制度政策，是否编制具有可操作性且有效的合规计划，形成完整的合规制度体系。这个层面的合规考察具备直观可评价性，可以尽量采用清单列举方式统一评价尺度，压缩主观任意性空间。第二个层次为实质合规，即合规计划及相关制度的具体落实情况评价，严防虚假合规、纸面合规，谨防企业和第三方监管机构串通进行虚假合规以骗取“司法优待”。[②] 对此可以尝试从以下几个方面着手：第一，制度文件的公示，确保涉案企业所有成员都对制度文件的内容知悉并签署相应确认书；第二，获得高级管理人员承诺，压实高级管理人员的违规责任，以此形成心理威慑；第三，确定合规负责人，由合规负责人在确定期限内主动报告合规运行情况，若因合规负责人监管不当导

① 万方：《企业合规刑事化的发展及启示》，载《中国刑事法杂志》2019 年第 2 期。

② 参见刘毅：《“亲清”检企关系：刑事合规探索的坐标轴》，载《检察日报》2021 年 5 月 13 日，第 3 版。

致违法犯罪行为再次发生,则需要承担一定责任;第四,监管部门定期抽查并作出评价,若发现违规行为从严惩治。

二、刑事合规的实践探索

2020 年 3 月,最高人民检察院启动了涉案违法犯罪依法不捕、不诉、不判处实刑的企业合规监管试点工作,确定上海市浦东新区等六个试点单位,次年 4 月最高人民检察院启动第二期企业合规改革试点工作,将改革试点范围进一步扩大。2021 年 6 月,最高人民检察院会同司法部、财政部等八部门联合发布了《指导意见》,这是我国在依法推进企业合规改革试点过程中发布的第一个企业刑事合规制度具体操作文件,标志着在未来企业合规第三方监督评估机制将成为明确的刑事政策。① 自企业合规改革启动后,各试点单位都进行了不同程度的探索与尝试,在实践层面做了一些碎片化、个体化的刑事合规尝试,为企业合规改革的发展未来方向的指引奠定了基础。企业合规理念正在被我国所接纳和吸收。② 涉案企业以合规换取实体和程序的从宽激励,是经过多国实践证明、行之有效的治理路径。但是对于刑事合规的制度化设计,目前还没有形成一致共识,笔者将主要的观点做了梳理。

1. 附条件不起诉模式

不少学者呼吁,从维护市场经济、保护企业利益的政策出发,在刑事法制中构建对犯罪嫌疑单位的附条件不起诉制度是一个必要、积极的制度选择。③ 借鉴域外的企业合规不起诉制度并对其进行本土化改造,具备制度可能和实践可能。构建适合中国本土的企业合规附条件不起诉制度,实现犯罪行为人内源性纠正失范行为动力,达到特殊预防和一般预防的双重效

---

① 参见庄力文、王晓磊:《企业合规第三方监督评估机制的实务建构》,载人民法治网 2021 年 8 月 24 日,https://www.rmfz.org.cn/contents/838/516256.html。

② 参见刘少军:《企业合规不起诉制度本土化的可能及限度》,载《法学杂志》2021 年第 1 期。

③ 参见时延安:《单位刑事案件的附条件不起诉与企业治理理论探讨》,载《中国刑事法杂志》2020 年第 3 期。

果。[①] 可通过程序改造以及刑法中企业犯罪刑事责任的配套调整,完成对企业合规附条件不起诉的具体制度、程序设计。[②] 此外,目前已经广泛适用的认罪认罚从宽制度奠定了司法制度的宽严相济、兼顾公正与效率、实现社会效应、经济效应和司法效应相统一的法律理念基础,在我国对企业合规不起诉制度进行本土化移植和改造就有了运行效果良好的制度范本。[③]

刑法教义学的发展必须立足我国的实体法,在没有刑事实体法的保障下,刑事合规制度只能作为一种理念而存在。[④] 我国现行刑法还没有构建企业合规不起诉制度,当前刑事合规的合法性受制于罪刑法定原则的影响,无法完全施展。但是司法实践中已经开始了个体化尝试,如江苏省张家港市人民检察院制定了《企业犯罪相对不起诉适用办法》,通过对企业的合规承诺监督考察,考验期结束后对承诺完成情况进行评估,评估合格的,对企业作出相对不起诉决定,对直接负责的主管人员和其他直接责任人,视情依法予以相对不起诉或者从宽处理。[⑤] 这种模式实质上是将企业合规整改情况作为企业获得不起诉、从宽处理的前提附加条件。

对于附条件不起诉的制度构造,目前还存在较多争议,如适用附条件不起诉的罪名范围、适用主体、考察期的设定、制度落实过程中各方主体的权责分配、成本负担等。此外,附条件不起诉制度是否有违我国罪刑一致、法律平等适用等基本原则,是否会异化为企业犯罪后逃避法律责任的“挡箭牌”,这些问题都需要再仔细斟酌研究。

2. 酌定不起诉+检察建议模式

企业合规不起诉,是指当涉案企业已经构成刑事犯罪,检察机关可以让存在合规体系构建意愿的涉案企业,针对涉案企业的犯罪事实,设计专项合

---

① 参见刘少军:《企业合规不起诉制度本土化的可能及限度》,载《法学杂志》2021 年第 1 期;刘雨:《企业刑事合规激励机制研究》,载《法制与社会》2021 年第 24 期。

② 参见李本灿:《刑事合规理念的国内法表达——以“中兴通讯事件”为切入点》,载《法律科学》2018 年第 6 期。

③ 参见刘少军:《企业合规不起诉制度本土化的可能及限度》,载《法学杂志》2021 年第 1 期。

④ 参见秦长森:《以“刑事合规”破解单位犯罪归责难题》,载《检察日报》2020 年 8 月 25 日,第 3 版。

⑤ 参见邓根保:《“六个一”积极探索企业合规建设》,载《检察日报》2021 年 8 月 11 日,第 11 版。

规计划,并监督涉案企业根据合规计划进行合规整改,若合规整改符合条件则对涉案企业作出不起诉决定。① 鉴于当前企业合规改革还在试点阶段,尚未形成正式实体法作为合规不起诉的司法依据,目前司法实践中司法机关主要通过传统的酌定不起诉+检察建议模式,先对企业进行背景调查确定其是否符合酌定不起诉及开展企业合规整改条件,若符合则先行出具不起诉决定书,同时向涉案企业发送检察建议要求企业按照要求在考察期内开展合规整改,通过听证会的形式验收整改效果。

酌定不起诉模式与附条件不起诉模式两者存在明显区别。首先,酌定不起诉适用于犯罪情节轻微,依照刑法规定不需要判处刑罚或者免除刑罚的案件,案件处于可诉可不诉的临界点,检察机关掌握自由裁量的权限;而附条件不起诉则适用于已经符合立案追诉条件,依法应当追究刑事责任的严重犯罪,检察机关必须提起公诉。其次,在程序上,附条件不起诉中,企业合规整改是获得不起诉、从宽处理的前提条件,有明显的先后次序;酌定不起诉模式中则是先宣告不起诉决定,而后另行通过检察建议进行合规整改。此外,与探索中的"企业犯罪附条件不起诉"相比,企业合规检察建议具有制发时间、对象较为灵活的独特优势。②

3. 无罪抗辩模式

2017 年,兰州市中级人民法院判决的雀巢(中国)公司员工非法出售公民个人信息案被称为"我国企业刑事合规抗辩第一案"。该案开创性地采纳了雀巢(中国)公司以建立企业合规管理体系、员工个人违法行为并不代表单位意志的抗辩事由,切割了员工个人责任与单位责任,认定单位不构成犯罪。③ 以企业内部合规作为其出罪的事由,切割个别员工与企业的联系,搭建刑事"防火墙",也是企业合规改革的一种重要思路。

4. 中小企业合规模式的争议

民营企业是市场经济中一股不可小觑的力量,但是,对于中小企业是否

---

① 参见李小波:《合规不起诉实践中的法益结构研究》,载《法治与社会》2021 年第 15 期。

② 参见李奋飞:《论企业合规检察建议》,载《中国刑事法杂志》2021 年第 1 期。

③ 参见兰州市中级人民法院刑事判决书,(2017)甘 01 刑终 89 号。

适用刑事合规、适合何种合规模式,尚存在争议。有学者指出,刑事合规很多时候是专属于大中型企业的抗辩手段,规模较小的企业中,企业与企业家有着较强的依附关系,以刑事合规来分割企业守法意志和成员(尤其是高级管理人员)不法意志的期待值偏低,企业独立责任在学理上难以有效证成。①

之所以对中小企业适用刑事合规不起诉模式存在质疑,主要是考虑到中小民营企业规模较小,实力有限,缺乏承担高额行政罚款及合规监管成本的经济能力,而且往往未能建立起"产权明晰、权责明确、结构规范、制度完善、管理科学"的现代公司治理结构,难以建立起行之有效的合规计划,检察机关应当将合规考察制度更多地适用于大型企业尤其上市公司,激励其完善合规管理体系,发挥合规计划减少和预防同类违法犯罪的作用。对于涉嫌犯罪的中小微企业,检察机关则应更多地通过"酌定不起诉+合规检察建议"的方式激励其"健全制度、加强管理、堵塞漏洞",从而降低再次违法犯罪的可能性。②

也有学者提出,可以探索构建繁简分流的合规模式,刑事合规过程应当保障实质的公平,通过"因企而异"的规则制定,实现对大型企业和中小微企业的平等司法保护,过高的刑事合规政策门槛和合规成本不仅难以激发企业的合规动力,反而会倒逼他们放弃合规。作为一项充满宽容色彩的制度探索,公平性需要从其普适性中去探求。③

三、刑事合规实现"出罪"的理论证成

要解决"出罪"问题,必先厘清"归责"问题。④ 笔者梳理几种主流单位归责理论,以此为基础尝试论证通过刑事合规实现企业及涉案自然人出罪

---

① 参见陈卫东:《从实体到程序:刑事合规与企业"非罪化"治理》,载《中国刑事法杂志》2021年第2期。

② 参见李奋飞:《论企业合规考察的适用条件》,载《法学论坛》2021年第6期。

③ 参见刘毅:《"亲清"检企关系:刑事合规探索的坐标轴》,载《检察日报》2021年5月13日,第3版。

④ 参见陈卫东:《从实体到程序:刑事合规与企业"非罪化"治理》,载《中国刑事法杂志》2021年第2期。

的理论依据。

(一)域外主要单位犯罪归责理论

1.刑事替代责任理论

刑事替代责任理论从民事侵权法中引入,从严格责任论的立场出发,在客观上不求诸罪过。企业是主人,从业人员是仆人,仆人在业务活动中出现违法行为时,企业必须无条件地为其承担责任。[①] 法人在自身无任何过错的情况下,将所有成员在其职务范围内为了法人利益的行为和主观要素都归咎于法人本身。这俨然已经突破了责任主义原则和行为自负原则。[②]

2.同一视理论

同一视理论认为,公司中的一些董事、法定代表人、经理等主体能够代表公司的行为和意志并掌控公司的行为,相当于法人的大脑和神经中枢,公司的普通雇员或代理人类似根据中枢指示而实施行为的手。实质性参与法人代理人犯罪行为的法人董事会成员及其他高级管理人员的罪行和犯意可以归于法人。[③]

3.法人反应责任论

法人反应责任论认为,法人存在自身的犯罪意思并可以通过明示、暗示的方式展现这种意图,法人对犯罪的态度是对法人进行非难的基础。但这种意图不可逆向还原为独立的法定代表人、相关责任人个人的意思,而是法人自身精神状态的表现。[④]

4.结构性的法人责任论

法人的刑事责任的承担必须同时满足两个条件:第一,存在法人的结构性的违法行为,即法人成员依法人授权而实施的、其效果应当归于法人自身的行为,以企业的规模结构、组织构造、意思决定程序等作为判断的依据;第

---

① 参见黎宏:《单位刑事责任论》,清华大学出版社2001年版,第150页。

② 参见赖佳文:《刑事替代责任的理论现状、制度引进与现实选择》,载《中国刑事法杂志》2013年第2期。

③ 参见聂立泽:《单位犯罪新论》,法律出版社2018年版,第143页。

④ 参见黎宏:《美国近年来的法人刑事责任理论述评》,载《法商研究》1999年第1期。

二，存在结构性的违法意思，即一般的具有理性的，在规模、构造、组织方面均一致的法人，是否认识到了行为的社会危害性，是否具有目的、认识等精神状态，是构筑法人刑事责任的中心问题。①

5. 企业组织体责任论

该观点认为，在追究法人的责任时，不能单独追究法定代表人、中层管理者及最底层的从业人员的行为责任或监督责任，而应将从法定代表人到最底层的所有行为人的行为作为一个整体，并按此来把握法人的行为责任。企业等法人组织中的自然人的行为，同时是企业组织体活动中的一环，是该企业自身的活动或行为的基本要素之一。依地位不同认定标准也有一定差异，法定代表人的行为无条件的是企业组织体的行为，中层管理人员的行为符合法定代表人所表现出来的法人意思的就是法人行为，下级法人从业人员的行为客观上只要是企业体组织活动的一环即可认定为企业组织体自身的行为。②

（二）我国主要单位犯罪归责理论

1. 人格化社会系统责任论

法人是作为一个有机的不可分割的整体进行犯罪活动和承担刑事责任的。它具有自己的整体意志和行为，从而也具有自己的犯罪能力和刑事责任能力，是作为一个有机整体实施犯罪和负刑事责任的。但法人犯罪又是通过其系统内部的自然人的自觉活动实现的，因此在法人整体犯罪中起重要作用和负有重大责任的法人成员，也应负刑事责任。在法人犯罪中，实际上是一个犯罪（法人整体犯罪），两个犯罪主体（法人和作为其构成要素的自然人）和两个刑罚主体（两罚制）或一个刑罚主体（单罚制），这是由法人系统整体结构的特殊性和复杂性决定的。③

---

① 参见王良顺：《单位犯罪论》，中国人民公安大学出版社2008年版，第50页。

② 参见聂立泽：《单位犯罪新论》，法律出版社2018年版，第143页。

③ 参见何秉松：《人格化社会系统责任论——论法人刑事责任的理论基础》，载《中国法学》1992年第6期。

2. 组织体刑事责任论

现代社会中的单位已不是传统意义上人或物的集合,而是有其内在运营机制,并通过业务范围、政策规定、防范措施、利润目标以及组织结构等要素,让作为其组成人员的自然人丧失个性而仅仅成为单位运转过程中一个微不足道的组成部分的组织体。在组织体中,单位成员和单位之间呈现出一种互动关系:一方面,单位成员可以将单位作为工具,操纵、支配或者影响其业务活动,以实现自己的个人目的(包括犯罪目的);另一方面,身处单位之内的成员在行动和思考时,不得不受单位整体的目标、政策等的支配。因此,单位犯罪就是单位组织体的制度、宗旨以及组成机构成员综合导致的犯罪。①

3. 连带刑事责任理论

法人犯罪是法人有机体的整体犯罪,法人的法定代表人、其他法定人员的行为是法人犯罪行为的有机组成部分,不能脱离法人的意志、行为独立存在。因此法人犯罪不是法人与法人成员的共同犯罪。法人与法人成员的犯罪行为相互关联,这是追究法人刑事责任的根据;同时惩罚法定代表人和其他责任人员,是因为他们对法人犯罪负有重大责任,即因法人犯罪而引起的连带刑事责任。②

4. 规范的双重证明理论

冯军教授提出的规范的双重证明理论从法规范证明的角度论证规定处罚单位犯罪的必要性,主张将单位代表人违反单位章程、违反法律为单位谋取利益的行为宣布为单位犯罪并被判处刑罚。其理论基础在于"单位是现代社会中对社会发展与进步起着重要推动作用的社会组织,必须证明单位忠诚于法规范的人格同一性,否则一切重要的社会生活都会陷入混乱"③。

(三)刑事合规视角下的单位犯罪归责理论重塑

根据对我国单位犯罪的司法实践考察可知,当前单位犯罪的刑事归责

---

① 参见黎宏:《组织体刑事责任论及其应用》,载《法学研究》2020 年第 2 期。

② 参见张文、刘凤桢、秦博勇:《法人犯罪若干问题再研究》,载《中国法学》1994 年第 1 期。

③ 王良顺:《单位犯罪论》,中国人民公安大学出版社 2008 年版,第 70 页。

路径呈现出“自然人中心”主义。单位犯罪的认定以自然人犯罪的认定为基础，在通过该犯罪行为是否属于单位整体意志、是否以单位名义、是否为单位谋取福利将自然人犯罪与单位建立联系并要求单位承担责任，且实践中为了给涉案行为人争取尽可能低的刑罚，一般会主动辩称其行为为单位犯罪。

但是在现代社会飞速发展的今天，这种论证思路也遇到了无法突破的障碍。尤其是在涉及一些大型企业的犯罪中，企业的组织架构极其复杂，分工繁复，存在多重交叉，决策机制复杂，决策主体难以界定，是否属于单位犯罪也出现认定障碍。通说认为，单位决策机构或者单位负责人以单位名义实施犯罪，违法所得归单位所有的，是单位犯罪。[①] 如果简单粗暴地以涉案自然人为涉案企业决策人员，因犯罪行为为自己间接牟取私利的同时致使涉案企业被动直接获得利益等因素就判断构成单位犯罪，以此为由让大型企业为此承担责任有违罪责自负原则，难免失之偏颇。

正如一些学者所言，消除导致企业成员违法犯罪外在环境因素的做法就是企业合规制度，合规是企业自身刑事责任论的必然归结。[②] 刑事合规通过刑事立法促进企业内部建立有效的预防犯罪机制，通过考量企业有没有建立有效的合规机制来判断单位犯罪的主观方面，不仅可以有效地回答单位犯罪与自然人犯罪的关系，也能有效地解决单位犯罪刑事归责的独立性问题。[③] 如何通过刑事责任理论的探究妥善平衡犯罪预防与惩治之间的关系，关乎刑事合规的持久性。笔者拟引入刑事合规这一要素对单位犯罪归责理论进行重塑，充分说明单位犯罪与自然人犯罪相互独立，单位如何通过刑事合规切割与个别自然人犯罪之间的关系。

（四）刑事合规制度为自然人出罪的质疑

现有司法实践中的观点认为，企业合规不单纯是公司治理的一种方式，

---

① 参见《全国法院审理金融犯罪案件工作座谈会纪要》（法〔2001〕8 号）。

② 参见黎宏：《企业合规不起诉：误解及纠正》，载《中国法律评论》2021 年第 3 期。

③ 参见秦长森：《以“刑事合规”破解单位犯罪归责难题》，载《检察日报》2020 年 8 月 25 日，第 3 版。

更是一种刑法激励机制。这种刑法激励机制的效力范围不仅包括涉案企业,而且包括就企业犯罪承担刑事责任的企业负责人、高级管理人员。现实的司法实践中也是这样操作的,在放过企业的同时,也给涉案自然人从宽处理。之所以如此处理,主要是从我国中小企业在市场经济中的特殊地位出发,考虑到在具体案件中,中小企业与涉案自然人直接责任切割难度大,且这些企业的经营对涉案自然人都具有强烈的依赖性,两者可谓一荣俱荣、一损俱损,合规激励若将自然人排除在外,企业合规改革的效用就会大打折扣。

但是这种做法因缺乏理论上的正当性而遭到诸多质疑。如果面向自然人也开放适用合规不起诉制度,那么"以罚代刑""罚不当罪"将为人诟病,也颠覆了刑事实体法和程序法的立法根基。[①] 即便在一些合规制度相对成熟的西方国家在适用暂缓起诉时也秉持着"放过企业,严惩自然人"的理念。[②] 笔者认为,通过刑事合规贸然将涉案自然人犯罪也一并纳入出罪、从宽范围,既没有法理上的根据,也缺乏实践可操作性,稍有不慎更会让一些不法犯罪分子钻了法律空子,逃避责任,甚至引发更为严重的司法腐败。如何以现有制度为基础,探索更加符合中国本土的合规模式,值得我们深思。

四、刑事合规的中国展望

企业合规改革试点自 2020 年 3 月启动至今,无论是实务界还是理论界都围绕着刑事合规及衍生内容展开了激烈的讨论和积极的探索,共同为企业合规改革探寻属于中国的道路制度。企业合规改革究竟走向何方,一时众说纷纭。但是无论将来制度如何构造,必定需要考量以下问题。

---

① 参见刘少军:《企业合规不起诉制度本土化的可能及限度》,载《法学杂志》2021 年第 1 期。

② 参见刘毅:《"亲清"检企关系:刑事合规探索的坐标轴》,载《检察日报》2021 年 5 月 13 日,第 3 版。

（一）刑事合规制度构建的基本原则

1. 中小企业也是刑事合规改革的重要参与主体

鉴于我国中小民营企业在市场经济中占有重要地位，企业合规试点改革必然不能将其排除在外，但是具体如何落实，如何做好顶层设计让这些中小民营企业通过企业合规焕发活力、合规经营，需要慎重考虑。

2. 真正实现刑事合规价值而非浮于表面

我国之所以耗费大量的人力、财力、物力开启此次试点改革，不是为了“合规”而合规，而是真正为打造新型合规生态圈，让合规成为经济市场运行的基本价值理念，将整个市场向合规经营的方向引导。

3. 合规不等于不再犯罪

企业合规在一定程度上能够实现刑事犯罪预防之功能，但它绝不是“万金油”，不能“包治百病”。从境外实操经验观察，企业即便构建完整合规体系，仍然不能避免再次涉及刑事犯罪的可能。因此，在对刑事合规讨论、评价乃至顶层设计时，应当摆脱“合规 = 不再犯罪”的错误思维，若对刑事合规之效果过于苛责，反而不能平心静气对其作出客观公允的评价。

（二）刑事合规的未来展望

中小企业也是企业刑事合规改革的重要组成部分，制度设计应当考虑如何真正发挥合规内在价值，需要明确企业基本已经形成完整的合规体系也不能完全避免发生犯罪违法行为。以此为基础，在明确合规原则的基础上，需要继续探索中国企业刑事合规的未来发展出路。

第九节

企业合规的审计思维[①]

企业通过建立合规管理体系防范合规风险,而企业建立的合规管理体系是否真正能够防范合规风险,需要对合规管理体系是否具有适用性、充分性和有效性进行审计评估,因此企业合规的专业人员必须具有审计思维,才能为企业提供更加专业的合规服务。本节拟就审计规范思维、审计辩证逻辑思维、审计的系统思维、审计的方法思维进行介绍。

审计规范思维包括职业道德思维、准则—标准化思维、审计责任思维、证据思维、质量思维;审计辩证逻辑思维包括辩证思维、质疑思维、类比思维、归纳思维;审计的系统思维包括整体思维、结构思维、循环思维、杠杆思维、应用思维、风险思维;审计的方法思维包括抽样思维、测试思维。

一、审计规范思维

1. 职业道德思维

职业道德是人们从事职业活动符合职业特点所要求的道德准则、道德情操和道德品质,是一种内在的、非强制性的约束机制。审计职业道德是指审计人员从事审计工作时所遵循的行为规范,包括职业道德、职业纪律、专业胜任能力及职业责任等行为准则。审计职业准则包括诚信、客观公正、独

---

① 为了便于合规专业人员了解中国企业评价协会企业合规专业委员会主办的首届企业合规师考试内容,本节对合规考试指定教材进行了归纳与梳理,供读者参考。

立性、专业胜任能力和勤勉尽职、保密、良好职业行为。职业道德思维的运用路径包括以下三种：第一，通过自身利益、自我评价、过度推介、密切关系和外在压力等方面识别对职业道德基本原则的不利影响；第二，评价不利影响的严重程度；第三，采取措施消除不利影响或将其降至可接受程度。

2. 准则—标准化思维

准则—标准化思维是指做人做事要有标准、守准则、讲原则、依规则，不能随心所欲。该思维要求包括规则意识、法律意识和法规思维、标准化思维。若要顺畅运用该思维，则需要熟练运用简化原理、统一化原理（如概念、标志、符号，产品品种规格和特性，产品零部件，数值和参数，程序和方法的统一）、通用化思维、系列化思维、组合化思维、模块化思维、最优化思维。

3. 审计责任思维

审计责任分内部审计、外部审计和经济责任审计责任。内部审计主要对企业内部重大事项合规合法性审查，并对企业内部运行的效率效果进行评价；外部审计是财务报告是否按适用的会计准则和相关会计制度编制，是否在所有重大方面公允反映被审计单位的财务状况、经营成果和现金流量；经济责任审计的职责重点是领导人任期效果的评价。审计责任思维要求审计人员提高执业能力和建立风险意识。

4. 证据思维

审计证据是指审计师为得出审计结论和形成审计意见而使用的信息，即帮助审计人员还原过去的交易和事项，从而为审计师作出职业判断和发表审计意见提供依据。证据思维主要体现在以下三方面：第一，树立证据意识，习惯保留证据；第二，善于收集证据，掌握基本方法；第三，充分运用证据，证明相关事实。常见的证据形式有实物证据、书面证据、口头证据、环境证据。证据的收集方法通常有七种：检查、观察、询问、函证、重新计算、重新执行、分析程序。收集证据的思路有正向和逆向思维。收集证据既要满足充分性（数量），也要满足适当性（质量）。

5. 质量思维

审计质量是审计工作的生命线，审计人员需要对审计对象的合法性、合规性和有效性等方面进行评价。该思维要求:审计人员要严控审计程序质量、取证质量,要建立科学质量评价标准,并要科技助力提升审计效率和效果。

二、审计辩证逻辑思维

1. 辩证思维

唯物辩证法认为事物是普遍联系和永恒发展的。该思维的要求有:审计工作中用好底线思维(包括风险意识、质量意识、原则意识),审计工作中坚持系统思维(全局意识、合作协调意识、联系意识),审计工作中坚持重要性思维(抓住主要矛盾、实践意识)。

2. 质疑思维

质疑思维就是要求审计人员具备审计职业怀疑态度和习惯。该思维对识别和评估重大错报风险,评估审计证据是否充分适当,识别存在由于舞弊导致重大错报可能性都有重要作用。该思维要求秉持一种质疑的理念,要求审计全流程质疑,要求合理质疑。通过对受托经济责任质疑(行为责任和报告责任质疑)和审计风险点提出质疑发现审计疑点。

3. 类比思维

类比思维是指根据两个具有相同或相似特征的事物间的对比,从某一事物的某些已知特征去推测另一事物的相应特征存在的思维活动。类比思维在归纳与演绎无能为力,事物个案太少或缺乏足够的研究的领域发挥独特的作用。它具有激活想象力、启示性和提高猜想可靠度等功能。类比思维要求要有推测联想的能力和类比的能力。推测联系可划分为相似、接近、对比、仿生、仿形等联想的方式。类比主要包括具体类比、情感类比、抽象类比、非现实类比。训练类比思维把握三个要点:首先,思考问题本质;其次,培养关联思考能力;最后,积累思维模型。

4. 归纳思维

从个别事实中概况出一般原理的思维就是归纳思维。该思维可分为完全归纳推理和不完全归纳推理。不完全归纳推理分为简单枚举归纳推理和科学归纳推理。简单枚举归纳推理要求枚举的数量要足够多,考察范围足够广和考察有无反例。科学归纳推理,也称判断因果关系的归纳法,有求同法(从不同场合中找出相同因素)、差异法(从两种场合之间的差异中找出因果关系)、共用法(求同法和差异法并用)、共变法(某一现象变化另一现象随之相应变化,找出两个现象之间的因果关系)、残余法(在一组复杂的现象中,把已知因果联系的现象减去,探求其他现象的原因)。归纳思维有其独特价值:可以帮助扩充和深化原有认知,把握对象总体特征;总结经验;提高认知效率;有知识创新功能,推动现有理论的发展。归纳思维要求做到三点:培养归纳思维;熟练运用科学归纳思维五种方法,发现因果关系,找到现象的本质;经验归纳与创新归纳并重,提高工作效率。运用归纳思维要做好四步工作,包括叙述、分类、整理和归纳。

三、审计的系统思维

1. 整体思维

整体思维就是把所要研究的对象看成一个完整的整体,把注意力和着眼点放在问题的整体结构上面,从整体上把握大局、全局和终局。该思维要求从整体出发,进行系统分析,以系统论为指导,树立全局观念。应用审计整体思维要求:有全局意识,联系思维;有整体思维、循环审计;主动、自觉地训练自己的思维技能。

思维的四大特征包括:第一,思维的深刻性,看问题看本质,看变化,看发展;第二,思维的整体性,看事物看整体,看全面,看联系;第三,思维的创新性,想问题想差异,想点子,想突破;第四,思维的灵活性,干事情会适应,会变通,会成事,如此一来,便可整体上提升思维品质。

2. 结构思维

结构思维是指一个人思考、分析和解决问题的方式和流程。结构思维要求审计人员增强结构意识,接受审计任务后,不要忙于具体细节,首先要根据对象的业务特点深入研究,合理分类。审计人员实施审计程序和出具审计意见,都要有结构思维;结构思维是将零散的思维用一个框架合起来,让复杂问题简单化,隐藏问题显性化,看透问题也就是有了解决问题的方案。该思维要求做到:学会逆向思维,学会目的、原则、流程原理;掌握结构思维的三种定位,即时间维度的过去、现在和未来。应用该思维要求:熟练运用目的、原则、流程思维指导日常工作;用结构思维解决问题;要自觉运用确定目标、资源分析、制订计划结构思维三部曲;不仅要训练结构思维,还要掌握结构化表达能力和结构化展示能力。

3. 循环思维

循环法是财务报表审计的一种重要组织方式,即将财务报表分成几个业务循环进行审计,将交易和账户余额划分为销售与应收款循环、采购与付款循环、生产与存货循环、人力资源与工薪循环、投资与筹资循环。循环体现在业务循环内部的交易和账户中,要深挖各个业务循环之间的关系(见表1)。

表1 业务循环内部交易及账户的应用

业务循环	资产负债表项目	利润表项目
销售与应收款循环	应收票据、应收账款、长期应收款、预收款项、应交税费	营业收入、营业税金及附加、销售费用
采购与付款循环	预付款项、固定资产、在建工程、工程物资、固定资产清理、无形资产、开发支出、商誉、长期待摊费用、应付票据、应付账款、长期应付款	管理费用
生产与存货循环	存货(包括材料采购或在途物资、原材料、材料成本差异、库存商品、发出商品、商品进销差价、委托加工物资、委托供销商品、受托代销商品、周转材料、生产成本、制造费用、劳务成本、存货跌价准备、受托代销商品款等)	营业成本
人力资源与工薪循环	应付职工薪酬	

续表

业务循环	资产负债表项目	利润表项目
投资与筹资循环	交易性金融资产、应收利息、其他应收款、其他流动资产、可供出售金融资产、持有至到期投资、长期股权投资、投资性房地产、递延所得税资产、其他非流动资产、短期借款、交易性金融负债、应付利息、应付股利、其他应付款、其他流动负债、长期借款、应付债券、专项应付款、预计负债、递延所得税负债、其他非流动负债、实收资本（或股本）、资本公积、盈余公积、未分配利润	财务费用、资产减值损失、公允价值变动收益、投资收益、营业外收入、营业外支出、所得税费用

4. 杠杆思维

杠杆思维是指一个人在思考、行动时善于借助外部的力量，以小博大，巧妙地用有限资源完成更多任务的思路。杠杆思维是审计工作人员必备思维之一。杠杆思维的应有路径主要包括以下几点：第一，将内部审计工作成果和专家的工作作为可利用的杠杆，有效提供整体工作效率；第二，构建效率杠杆，把各项要完成的工作赋予重要性序数，然后专攻最重要的工作，达到四两拨千斤的效果；第三，在管理沟通中应用同理心沟通杠杆，让他人感受到被深度尊重，化解人际矛盾，消除逆反情绪，增加专业风范并展现人格魅力，从而消除沟通障碍，快速达成共识解决问题；第四，运用杠杆调动人力工作，不必事事亲力亲为，而是通过系统思考以点带面，启动他人的能动性，撬动公司整体运行的良性效果；第五，用杠杆思维获取业务流量，如淘宝商家用差异化低价爆款为店铺引流，再将流量转化成营收；第六，杠杆思维在金融投资领域中的应用非常丰富，期货就是其中的典型；第七，杠杆营销，即借力打力，以小博大，实现营销增长。

5. 风险思维

风险思维就是建立起全过程的风险管理方式，主要通过风险识别、风险评估和风险应对三阶段的管理和控制，即发现风险、分析风险和采取措施降低风险。该思维的要求及应用具体如下：

第一，风险识别。其包括以下几点：(1)了解企业及相关环境宏观风险识别。例如，行业状况、法律环境和监管环境及其他外部因素（如宏观经济、金融环境等),企业的性质(如所有权结构、治理结构、组织结构),企业对会计政策的选择和运用(重大和异常交易、政策变更),企业的目标、战略以及相关经营风险,企业财务业绩的衡量和评价。(2)建立主要包括授权、业绩评价、信息处理、实物控制和职责分离等内部控制的风险识别。例如:通过授权,了解业务交易的权限,可以帮助识别重大交易风险;通过业绩评价,了解预算执行、各部门人员的业绩情况,可以帮助识别潜在的舞弊风险;通过信息处理,了解业务、财务等交易信息的处理和加工,可以帮助识别交易中的操作风险;通过实物控制,了解实物资产的控制,可以帮助识别财产被盗等风险;通过职责分离,了解业务流程岗位职责的分工和牵制,可以帮助识别错报风险和潜在的舞弊风险。第二,风险评估。采用定性和定量、整体和局部思维相结合的方法评估风险。第三,风险应对,包括风险规避、风险转移和风险降低。

四、审计的方法思维

1. 抽样思维

抽样思维是指审计师对具体审计相关性的总体中低于百分之百的项目实施审计程序,使所有抽样单元都有被选取的机会,为审计师针对总体得出结论提供合理基础。该思维要求和应用包括:第一,抽样之前,需要明确“总体/个体”,并合理选择样本。选取样本通常采用随机选样、系统选样、随意选样这三种方式。第二,需要归纳和推理。

2. 测试思维

审计是不断进行各种测试的过程,尤其是针对认定层次重大报错等内容,可选用的测试类型包括控制测试和实质性程序。控制测试是指用于评价内部控制在防止或发现并纠正层次重大错报的有效性而实施的测试。实质性程序是针对评估的重大错报风险,实施的直接用于发现认定层次重大错报的审计程序,包括实质性分析程序和细节测试。控制测试是通过测试内部控制程序的有效性,来判定企业出现风险可能性的大小。实质性程序是通过检查交易、账户余额和披露具体层面发现重大错报。测试的应用可通过如下思维实现：(1)正向思维，由控制测试到实质性程序；(2)效率思维，双重目的测试；(3)逆向思维，由重大错报到完善内控。表2是内控测试对实质性程序的影响。

表2 内控测试对实质性程序的影响

内控测试三种结果	三种结果的说明	对实质性程序的影响
高信赖程序	企业内控健全合理，能有效发挥作用，业务和会计记录发生错误的可能性很小	可以信赖内控，相应减少实质性程序的数量和范围
中信赖程序	企业内控较好，但存在一些缺陷或薄弱环节，在一定程度上可能影响业务和会计记录真实性和可靠性	夸大内控测试范围，增加抽样本数量，或增加财务报表项目实质性程序的数量和范围
低信赖程序	内控明显失效，大部分业务和会计记录失控，各项资料和数据经常出现差错，内控系统难以信赖和利用	夸大对业务和财务报表项目实施实质性程序的数量和范围，以获取足够的审计证据，编写审计报告。情况严重的，可以考虑取消审计约定

第十节

企业合规的财务思维①

企业是由人、资本(资产)、产品三种要素组成、以营利为目的经营组织。其因社会需要而产生,具有很强的社会属性,企业还承担纳税、就业等社会责任。企业合规是企业及员工的行为符合所在组织(企业、国家、国际组织)的规定,就不被处罚,不用承担负面的后果。这样会使企业朝着良性的方向发展,从而使企业实现组织目的。因此企业合规是企业经营的手段,不是企业存在和经营的目的。

企业采取怎样的合规治理模式适应企业的生存和发展,从而实现企业的经营目的,不仅是企业的选择,更是企业合规专业人员应当具备的能力。

企业作为组织由各种生产要素组成,具有庞杂的关系,因此仅靠单个领域或单个层次进行合规是难以奏效的,企业合规必须进行整体谋划,增强企业业务管理、财务管理的关联性、系统性和协同性的顶层设计和执行落实,合规才具有适用性、充分性和有效性。

"兵马未动,粮草先行",财务是企业的前线,因此企业合规专业人员必须具备财务思维,其提供的合规服务才能和企业财务管理融合,才能制定出真正适合企业发展的企业合规管理体系,本节拟就如下财务思维进行介绍(见表3)。

① 为了便于合规专业人员了解中国企业评价协会企业合规专业委员会主办的首届企业合规师考试内容,本节对合规考试指定教材进行了归纳和梳理,供读者参考。

表 3 财务思维的体系

战略思维	价值思维、趋势思维、周期思维、战略地图、轻化资产、固定资产、无形资产、风控思维
运营思维	流程优化、客户至上、采购议价、投资报酬、融资成本、激励约束、人力资源、节税思维
结构思维	资产结构、资本结构、收入结构、比率思维、表间关系、归因思维、平衡思维、系统思维
成本战略思维	成本管理、预算思维、目标成本、标准成本
财务报表思维	合并报表、或有事项、公允价值、资产减值、谨慎思维、流量思维、现金为王、表外资源、行业识别、假账甄别、定量分析

一、战略思维

1. 价值思维

价值思维的本质是价值创造和价值管理的财务思维，其核心是资本价值，是企业的采购、研究与开发、生产、销售、后勤服务、人事、财务、合规等活动创造价值和对各项活动管理形成的价值构成企业的价值链，各项活动对企业自身、对客户、对社会的价值。

2. 趋势思维

趋势思维基于历史会重复出现和由历史的表现可以推测未来这两个前提，通过对企业三年以上的财务报表的分析查找企业经营的短板、评估企业的经营风险、预测企业未来发展潜力，根据行业及国家政策的分析制定企业未来的战略规划。

3. 周期思维

周期思维是指经济活动沿着经济发展所经历的繁荣、衰退、萧条和复苏交替的周期变化。企业利用经济复苏和繁荣期经营状况好，经济萧条和衰退期产品滞销企业经营状况不好的周期规律，在经济复苏和繁荣期扩大生产，在经济萧条和衰退期“低成本”进行战略投资、并购、广纳人才、新产品研发的扩张。

4. 战略地图

战略地图以企业最重要的四个层面,即财务、客户、内部流程、学习与成长为核心,通过分析这四个层面目标的相互影响和相互作用的关系而绘制的企业战略因果关系图。战略地图思维核心是要求合规专业人员有整体的综合性思维分析企业的问题。

5. 轻化资产思维

轻化资产思维将企业的厂房、设备、原材料、产品等需要占用大量资金的资产称为重资产,将占用资金较少的资产称为轻资产,如企业的管理流程、品牌、文化、研发能力、营销渠道和人力资源等。轻化资产思维是指企业在运营过程中减少对存货与固定资产的资金投入,凭借其长期积累的供应链能力、客户资源、品牌文化、技术研发、人力资源等“轻资产”,撬动并整合企业内外各种资源尤其是非财务资源,创造独特的竞争优势与企业财务绩效。从财务报表数据看,轻资产企业固定资产和存货在总资产中的占比较低。

轻化资产思维可以通过以下途径实现:一是降低企业固定资产以及存货等实物资产在企业资产中的占比,提高流动资产尤其是现金及现金等价物在资产中的占比;二是聚焦软实力资产的打造,着眼于产品研发和设计、品牌建设、市场推广、客户管理、人力资源管理等软实力资产的构建,形成核心竞争力,并把自身不具备优势或难以管理的业务环节运营交给合作伙伴,减少自身投资和管理成本。其经营的价值在于减少资金投入,以小博大,降低企业生产成本和经营风险,专注企业核心竞争力的业务。

6. 固定资产思维

固定资产具有占用资金量大、投资次数相对较少、回收周期长、变现能力较差,其实物形态与价值形态可以分离的特点,如企业的厂房、土地、机器设备等,因此对固定资产的投资要考虑:是否有必要(能否带来净现金流)取得某项固定资产;用何种方式以最小成本、最少的现金流出量取得所需的固定资产;取得固定资产后,如何使用才能尽快收回投资,并带来最大现金净流量。

7. 无形资产思维

无形资产是企业拥有或者控制的没有实物形态的可辨认的非货币性资产，包括专利权、非专利技术、商标权、著作权、土地使用权、特许权等。无形资产可以成为企业核心竞争力，为企业带来超额的利润。

8. 风控思维

企业的风险是广泛的、无法确定的、和收益共同客观存在的。企业必须建立风险防控体系，健全风险评估机制，加强风险监督，树立风险意识，从而避免企业风险发生，或将风险转移，或保留风险将损失控制在最小范围之内。

二、运营思维

企业对其有限的财务资源、人力资源、技术资源进行整合与配置达到资源利用的最理想状态，对人、财、物进行重新组合达到优势互补，建立高效的业务流程从而实现以最低的成本达到产品价值的最大化与利润的最大化。运营思维要求企业建立完善企业信息化系统、各部门之间信息共享与合作、整合核心资源。

1. 流程优化思维

流程优化思维就是供应链的优化思维。现在市场的竞争是企业供应链的竞争，是指企业从生产产品到产品或服务交付给最终客户，上游到下游的原材料获取、产品加工并将产品送到用户手中这一过程所涉及的企业和企业部门进行的计划、组织、协调与控制的过程。流程优化企业要求建立共享的信息化管理系统，强化供应商及采购管理，优化企业生产经营管理，优化分销商与销售管理。

2. 客户至上思维

客户至上思维是企业销售与收款的管理，企业想要在市场上获得竞争优势，做到开源节流。客户至上思维要求企业提高产品的市场竞争力，分析企业的风险承受能力，做好客户管理。

3. 采购议价思维

采购议价思维是企业采购与付款的管理，也是预付账款和应付账款的管理。企业获取的预付账款比例小，应付账款比例高，企业产生的现金流量大，获取更多的货币时间价值。该思维要求提高在供应链中的地位及供应商管理。

4. 投资报酬思维

投资报酬思维可以系统指导企业在面临不同的投资机会时，选择何种投资及何时进行或撤回投资可以获得收益的最大化。企业通过投资可以实现经济增值，改善资本结构，提高闲置资金利用率，增强资产的流动性。企业投资的形式有对内的购买和建造固定资产、流动资产，对外的股票、债权投资等。投资报酬思维要求企业建立健全投资调研及风险评估机制，完善信息化投资管理体系，健全内部控制机制。

5. 融资成本思维

企业融资包括内源融资（如留存收益、折旧或向员工集资）和外源融资（如银行借贷、发行股票或债券等）。该思维要求企业增强企业自身“造血”功能，做好全面预算管理，做好融资筹划，强化内部控制制度建设。

6. 激励约束思维

激励约束思维是对企业人力资源进行激励和约束管理。企业的激励包括物质激励和精神激励。物质激励主要包括薪酬、福利、津贴、奖金、公积金、限制性股票、股票期权等。精神激励主要有给予晋升空间、学习机会、荣誉激励等。约束包括内部的制度、章程等的约束和外部的法律、市场约束、道德约束、媒体约束等。激励和约束相辅相成、缺一不可。该思维要求企业建立以业绩考核的绩效管理制度，建立健全责、权、利对等的激励约束机制。

7. 人力资源思维

人力资源是企业实现战略和发展目标的首要资源，企业产品与服务的竞争在一定程度上表现为人力资源素质的竞争。人力资源是指企业通过招聘、甄选、培训、报酬等管理形式组织企业人力资源有效运行，满足企业当前和未来发展的需要，保证企业目标实现与员工发展的最大化的一系列活动的总称。该思维要求：企业优化人才培养和激励机制；创新人才培训机制，促进员工素养提升；完善用人机制，推动内部轮岗；降低人力资源成本。

8. 节税思维

节税思维是指在法律规定许可的范围内,通过对经营、投资、理财活动的事先筹划和安排,尽可能取得节税的经济利益,如节约税款、延期纳税和降低税务风险等。该思维主要包括合法思维、目标思维、事前筹划思维、全局性思维、创新思维、效率思维等内容。节税思维可以降低企业的涉税风险,降低企业税务成本,有助于企业规范经营、提高企业的财务管理水平,有助于企业找准投资发展方向。

三、结构思维

结构思维是指通过各部分在整体中所占的比例了解各部分之间、各部分和整体之间的关系,并通过动态调整结构达到预期效果。结构分析往往借助结构百分比来进行。该百分比反映项目内各组成部分的比例关系,代表了企业某一方面的特征、属性或能力。

结构思维可以排除规模的影响,使不同比较对象建立起可比性,可以用于本企业历史比较、与其他企业比较和预算的比较。不同行业的企业往往具有不同的资产结构和负债结构。对这两个要素进行分析,可以审视企业的资产配置是否恰当,资本结构是否合理,是否充分使用了财务杠杆而又不至于举债过度的危险境地;对利润结构分析,有助于企业找出最盈利的产品和业务,为经营决策提供参考;对成本结构分析,能帮助企业检测生产流程是否合理,费用控制是否到位,帮助企业压缩不必要的开销,提升盈利能力;对现金结构进行分析,可以清晰地对现金流的源头进行溯源,及时发现现金管理和流动性风险,增强现金获取能力,降低财务风险。

1. 资产结构思维

资产结构和资本结构是企业财务结构的核心指标,资产负债表的左边是资产,右边是资本。资产是企业过去的交易或者事项形成的,由企业拥有或控制的、预期会给企业带来经营利益的资源。资产可以分为流动性资产和非流动性资产、有形资产和无形资产、经营性资产和非经营性资产。企业的资产结构类型有保守型、中庸型、扩张型。资产结构的常见指标是各类资产占总资产的比率、优化资产的流动性相关比率、各类周转率。学习资产结构的价值是理解资产结构的自然差异,提高企业资产使用效率,优化企业资产结构。

2. 资本结构思维

资本是投资者投入企业的资本金,资本结构主要是指负债与股东权益比例。资本按照来源可分为债务资本和股权资本,按时间期限可分为短期资本和长期资本,按投资者的身份和性质不同分为国家投入资本、法人投入资本、个人投入资本和外商投入资本。传统的财务分析指标通常是基于资本来源进行分析,包括资产负债比率、股东权益比率、有息负债比率等。常见的资本优化方法为每股收益无差别点法、资本成本比较法和公司价值分析法。

3. 收入结构思维

收入从企业日常经营中产生,不是从偶发的交易或事项中产生。收入可能会表现为资产的增加,或负债的减少,或二者兼而有之。收入必然导致所有者权益增加。收入包括企业经济利益的流入,不包括为第三方或客户代收的款项。收入可分为销售商品收入、提供劳务收入和让渡资产使用权收入,也可分主营业务收入和其他业务收入。收入的分析有趋势分析、结构分析、营业收入变动与应收账款收入变动内在联系分析。收入和资金周转之间存在一定关系,可以通过流动资金周转率反映流动资金周转速度,其计算公式如下:

流动资金周转率(次数)=销售收入净值/流动资金

流动资金平均占用额=(期初流动资金平均占用额+期末流动资金平均占用额)/2

流动资金周转率(天数)=计算期天数/流动资金周转次数

4. 比率思维

比率思维是通过构建和计算财务比率对企业经营状况进行分析和判断的一种思维方式。财务比率反映各会计要素的相互关系和内在关系,代表企业某方面的特征、属性和能力。财务比率可分为短期偿债能力比率、长期偿债能力比率、运营能力比率、盈利能力比率四类。比率思维的价值及相应比例指标的计算公式如下：

表 4　比率思维的相关公式

比率价值	比例指标及计算公式
分析短期偿债能力	流动比率 = 流动资产/流动负债 速动比率 = 速动资产/流动负债 现金比率 = 现金类资产/流动负债
分析长期偿债能力	资产负债率 = 负债总额/资产总额 产权比率 = 负债总额/所有者权益总额 利息保障倍数 =（税前利润 + 利息费用）/利息费用
分析企业资产运营能力	存货周转率 = 主营业务成本/存货平均余额 存货平均余额 =（期初存货余额 + 期末存货余额）/2 应收账款周转率 = 主营业务收入/应收账款平均余额 应收账款平均余额 =（期初应收账款余额 + 期末应收账款余额）/2 总资产周转率 = 主营业务收入/平均总资产 平均总资产 =（期初总资产 + 期末总资产）/2
分析企业盈利能力	销售净利率 = 净利润/营业收入 总资产收益率 = 净利润/总资产平均余额 总资产平均余额 =（期初资产总额 + 期末资产总额）/2 净资产收益率 = 净利润/净资产平均余额 净资产平均余额 =（期初所有者权益 + 期末所有者权益）/2

综上所述，企业生产经营活动错综复杂，把比率分析、趋势分析和结构分析结合起来才能得出更准确的结论。

5. 表间关系思维

表间关系是指财务报表，即资产负债表、利润表、所有者权益变动表、现金流量表和附注之间的关系。这些报表反映企业的生产经营状况和可持续发展能力。资产负债表反映一定会计期间企业资产、负债和所有者权益的规模和构成；利润表反映一定会计期间的收入、成本及利润的金额及构成；现金流量表反映一定会计期间经营活动、投资活动和筹资活动产生的各自现金流量净额，所有者权益变动表反映一定时期所有者权益变动的情况。

现金流量表是连接资产负债表和利润表的桥梁，起着纽带作用。资产负债表的货币资金可以通过企业现金流量表反映现金流的流入和流出明细。资产负债表与现金流量表、利润表之间并非各自为政,而是息息相通。例如,资产负债表中“未分配利润”年末数 = 资产负债表中“未分配利润”的年初数 + 利润表中“净利润”累计数,未分配利润 = 期初未分配利润 + 利润表中累计的净利润 - 本期分配的利润;现金流量表中“销售商品、提供劳务收到的现金”≈利润表中“主营业务收入 + 其他业务收入” + 资产负债表中“预收账款增加额 - 应收账款增加额 - 应收票据增加额”;现金流量表中“采购商品、接受劳务支出现金”≈利润表中“主营业务成本 + 其他业务成本 + 存货增加额” + 资产负债表中“预付账款增加额 - 应付账款增加额 - 应付票据增加额”。

6. 归因思维

归因思维是指将一项综合性的结果分解为若干构成因素,找出形成该结果的各个因素,分析各个因素对结果的影响程度。它是一种由表及里的定性分析方法,其通过数学方法,对客观事物外部特征与联系进行由表及里且去伪存真的处理,从而概括出客观事物的本质特点,找到造成目前结果的各个原因。归因思维的具体实施程序可分为以下五个步骤:第一,通过理论分析和测算,分解某项综合指标的各项构成因素;第二,确定各项因素的排列顺序;第三,按排定的顺序和各项因素的基数进行计算;第四,依次将前面那项因素的基数替换成实际数,计算出替换后的结果,与前一次替换后的计算结果进行比较,计算出影响程度,直至替换完毕;第五,计算出各项因素影响程度之和,与该项综合性指标的差异总额进行对比,核对是否相符。

7. 平衡思维

平衡思维可以在财务报表,即资产负债表、利润表、所有者权益变动表、现金流量表和附注之间找到规律,令所有的企业业务能在稳定的状态下发展,取得预期的效果。其价值在于:有助于各部门明确方向,协同运作,在企业层面实现精细化管理;帮助企业管理层分析企业内部经营效率和决策方向,在管理层面进行有效政策制定;有效预测潜在市场趋势和行业动向,提高企业运营效率,以达到公司效益最大化。专业人员要知道如何利用平衡思维分析应收账款、负债、存货、研发支出和销售费、留存收益和股东分红等会计要素。

8. 系统思维

系统思维是一种逻辑抽象能力，也称为整体观、全局观，就是对事情进行全面思考，把想要达到的结果、实现该结果的过程、过程优化以及对未来的影响等一系列问题作为一个整体进行系统研究。系统思维就是人们运用系统观点，把对象的互相联系的各个方面及其结构和功能进行系统认识的一种思维方法。整体性原则是系统思维方式的核心。系统思维呈现出整体性、结构性、立体性、动态性、综合性等特点。整体性是指对象是由要素构成的，该对象也在其他系统内；结构性是要素不变的情况下创造优化结构；立体性是了解横向与其他客体联系，认识事物纵向发展；动态性是各要素及其各要素的组合方式是在不断变化的；综合性是要素是为特定目的构成，对系统成分、层次、结构、功能、内外联系进行综合考察，才能从多侧面、多因果、多功能、多效益上把握系统。

系统思维的价值在于能帮助企业从战略的高度全面衡量企业发展中的矛盾和冲突，从长远和大局的角度作出正确的取舍，帮助企业经营管理层整合各种资源，创造企业核心竞争力。系统思维是把企业内外部环境看成一个系统，系统中的成员不是环境的单纯适应者，其也会影响环境和改变环境。

四、成本战略思维

成本战略是指企业基于市场环境与其自身实际发展状况，利用战略性成本信息进行战略选择，在不同的竞争战略下正确组织成本管理，从而形成竞争优势和构建成本持续降低环境。其核心是利用成本信息进行战略选择以获取持续竞争优势。成本战略思维以价值链分析、战略定位分析、成本动因分析为主要的分析方法，具有开放性、全局性、长期性、竞争性等特点，是企业实现战略目标的重要途径，有利于实现企业的整体目标，有利于更新成本管理理念。

1. 成本管理思维

成本管理是指企业根据其经营目标和经济效益要求，对各项资金耗费进行事前预测,确定控制的标准或目标,然后进行核算,对实际与标准的差异进行分析、评价、考核,并采取相应措施。成本管理思维的目的是保证企业管理目标的顺利实现,包括成本预测、成本决策、成本计划、成本控制、成本核算、成本分析和成本考核等内容。现代成本管理强调成本管理中体现全员、全面、全过程的"三全性"。成本思维在于作为企业增加盈利的根本途径,是提升企业竞争力的有力保障,是推动企业经营管理得以改善的动力。

2. 目标成本思维

目标成本是指企业在新产品开发设计过程中,以市场为导向,运用价值工程与各种市场研究、产品功能分析及成本分析等方法以达到目标利润的成本管理方法。目标成本思维的核心是以市场为导向,制定目标成本,并且通过各种方法不断地改进产品与工序设计,以最终使产品的设计成本小于或等于其目标成本。目标成本思维可以分为以市场为导向设定目标成本、计算成本差距、在生产阶段运用持续改善成本法以达到设定的目标成本三个步骤。目标成本价值是企业盈利的法宝,是提升企业竞争力的助推器,有利于强化企业管理者的管理水平。

3. 标准成本思维

标准成本思维是围绕标准成本的相关指标(如技术指标、作业指标、计划值等)而设计的,将成本的前馈控制、反馈控制及核算功能有机结合而形成的一种成本管理方法。标准成本思维核心在于预先制定产品成本项目的标准成本。其基本原理是以预先制定的标准成本作为控制生产过程、成本评价、差异分析的依据,实际成本发生时,计算各成本项目的实际成本与标准成本的各种成本差异,并通过差异分析与报告,揭示成本差异产生的原因,供企业经营管理者采取成本控制措施时参考。标准成本的价值是有效地进行成本控制的依据,是企业实现经营目标的重要途径,有利于提高企业的管理效率。

4. 预算思维

预算思维是一种对未来进行量化规划的思维,即借助编制以货币量和其他物理量为单位的未来计划来监控战略目标的实施进度,有助于控制开支,预测企业的现金流量与利润。预算思维在财务分析领域体现为一种管理方法,即全面预算管理包括企业的经营预算、财务预算和资本预算。预算思维具有五大特点:(1)要求企业全员参与;(2)对未来的精确规划;(3)以提高企业整体效益为根本出发点;(4)以市场为导向;(5)以财务管理为核心。

五、财务报表思维

1. 合并报表思维

编制合并报表可帮助会计报表使用者了解企业的盈利能力和偿债能力,通过将企业内部相互交易的利润和成本进行抵销,最终反映集团整体向外部提供服务时所产生的利润。企业在合并过程中,应重新改用核算方式,重新编制,但这样会导致会计信息的准确度下降,报表编制难度增加,财务管理成本上升。

该思维的提升方法如下:(1)需要对合并的财务报表的范围有明确的规定,这样才可按照相关标准来编制财务报表;(2)可以利用先进技术和大数据来帮助财务工作者来优化和改善合并报表的程序;(3)通过建立财务交易平台,企业母公司与子公司之间的内部交易可以简化合并财务报表编制程序,提高企业财务会计核算的准确性和财务管理能力,有效配置财务资源;(4)企业要对财务工作人员专业水平加以重视,通过财务会计人员和企业的共同努力,整体提高企业的财务管理水平。

2. 或有事项

或有事项是指过去的交易或者事项形成的,由未来事件的发生或不发生来决定的不确定事项。其特点是:只能合理估计、不能可靠计量,发生的概率高低不同,金额大小不同;存在财务人员主观判断的情况,可能会导致会计估计判断、计量不客观。或有事项有未决诉讼和裁决、担保债务、产品质量保证、亏损合同、重组义务、环境污染整治。其主要风险为披露标准不明确的风险,计量不客观的风险,被审计单位舞弊的风险,审计人员专业性参差不齐的风险。

3. 公允价值

公允价值是指市场参与者在交易中,出售一项资产能收到或转移一项负债所需支付的价格。双方进行自愿、公平及信息对称下交易是公允价值的基础和保障。公允价值是具有公平性、时效性和估计判断性的特征。因评估增加交易成本,资产没有统一公开的信息平台,评估结果的主观性,资产价值易受市场影响,监管部门的监管力度不够,公允价值计量方法难度较大等是公允价值面临的困境。公允价值会提高会计信息的时效性,改善企业的资本结构和为决策提供有效信息。

4. 资产减值

资产减值是资产的可收回金额低于账面价值。该思维遭遇的困境是没有标准,资产减值信息披露不全面,公司借助资产减值调控利润收益、检查缺乏规范性。

5. 谨慎思维

谨慎思维是财务准则思维中的一个重要思维。其价值是提供正确报表信息,助力企业准确经营。

6. 流量思维

流量思维是指通过广泛获取用户的访问与使用,尽可能使流量转化为销量,实现价值转化,使企业获益。

7. 现金为王

现金是企业流通的血液,通过对现金存量的多少、获利情况、偿债能力等指标分析,能够合理判断企业可持续发展能力。通过对现金相关信息进行采集、整理、存储和利用,实现对企业现金的管理和控制,为企业经营活动提供信息依据。

8. 表外资源

表外资源是指不能在财务报表中反映的,但能够帮助报表使用者更透彻理解财务报表内容,了解企业经营情况的信息。表外信息包括财务报表的编制基础、会计准则、会计政策的说明、估计的说明等。表外信息具有从属性、解释性、灵活性、内容多样性、广泛性、不确定性等特点。表外信息表现形式为旁注、脚注、附表和其他财务报告。

9. 行业识别

企业所处的行业将在很大程度上决定公司财务报表的结构特征以及盈利水平。对于不同行业的公司,财务报表分析的重点往往也存在差异,可以通过不同行业财务报表的特点,判断出企业所处的行业。例如:技术型公司因为直接生产成本低,具有技术溢价能力,有技术定价权,毛利率往往比较高,往往能够给股东带来比较好的回报;存货的周转次数意味着产品更新换代的次数,高的存货周转次数意味着存货价值高,企业发展前景好;由于重工业机器设备金额大,企业往往没有那么大的经济实力来全额付款购买,故应收账款的占比较高。

10. 假账甄别

财务假账对市场经济秩序、广大投资者、企业长期发展等都具有严重危害,假账甄别非常重要。一般而言,假账的甄别可以从以下四个重点领域着手:第一,收入假账,如公司管理层合谋虚构收入、提前确认收入或记录有问题的收入、扩大销售核算范围虚增收入等方式;第二,费用假账,如通过收益性支出资本化、资产减值准备调节等;第三,利润假账,如通过虚构资产泡沫掩盖利润舞弊;第四,对相同的交易或事项进行会计政策的改变从而制造假账。

11. 定量分析

定量分析是指用"数字"来描述两个因素之间相互影响的大小,通过分析财务报表所包含成分的数量关系,从财务指标特征上进行比较分析,从而考察企业各项指标的大小及各方面能力的强弱,判断企业的发展状态。定量分析可以利用五种分析方法,包括比率分析法、趋势分析法、结构分析法、相互对比法、数学模型法。

第二部分

实 务 篇

第一节

专项合规之招投标合规

一、案例引入

(一)案例核心提示

浙江某建设施工企业(以下简称涉案公司)因涉嫌串通投标罪被刑事追诉。该地因建设施工企业汇集,被誉为“中国8大建筑之乡”[①]之一。除了涉案公司以外,另有5家建设施工公司因相同罪名面临刑事处罚。

检察院为坚持和落实能不判实刑的提出判缓刑的量刑建议等司法政策,对本案依法审查后,最终作出不予起诉的决定。但检察院没有简单地“一放了之”,而是向6家公司出具了检察建议,督促6家公司作出合规承诺并开展合规建设,不仅努力让企业“活下来”,还要“经营得好”,以取得更好的司法办案效果。

此外,检察院还主动对本案企业合规经营进行梳理总结,力求将案件做成典型,以此为契机将企业合规理念不断向当地企业灌输,敦促企业合规守法经营,营造良好的法治营商环境。

(二)案情简介

涉案公司因涉嫌串通投标罪一案(以下简称本案)被公安立案侦查,随

① 参见《中国8大建筑之乡,看看都长什么样?这些企业你认识几个?》,载搜狐网2020年2月1日,https://www.sohu.com/a/369936752_100283143。

后移送当地人民检察院(以下简称检察院)审查起诉。在检察院审查起诉过程中,恰逢“涉案企业合规检察改革”。检察院为落实最高人民检察院“能不捕的不捕、能不诉的不诉、能不判实刑的提出适用缓刑”的指导精神,优化健全企业营商法治环境,通过对本案审慎核查,认为本案属于犯罪情节轻微,依照刑法规定不需要判处刑罚或者免除刑罚的情形,根据《刑事诉讼法》等相关规定,检察院于2020年10月12日以涉案公司涉嫌串通投标但犯罪情节轻微,最终依法作出不起诉决定,并向涉案公司公开送达了刑事合规制度的检察建议,要求涉案公司针对案件开展专项合规整改工作。

2021年12月,检察院收到了涉案公司的回复材料,并组织第三方考察专家组对涉案公司串通招投标专项合规情况进行考察。本次考察历时8个月,考察结束后,第三方考察专家组对涉案公司串通投标的专项合规出具了考察结论。

2021年3月18日,检察院聘请了两名律师,对涉案公司就串通投标案不起诉后的刑事合规考察情况与公司代表及公司法律顾问进行访谈。重点询问了以下几个方面:第一,涉案公司所涉及的传统投标案件情况及造成原因;第二,案发后的合规整改情况,如是否制订专项合规计划,就防控涉案公司再次实施串通招投标行为构建相应的组织体系、风险识别与评估机制、防控串通投标行为的承诺机制、防控串通投标行为的举报机制和应对机制等机制,制作员工手册及培训机制对员工进行定期培训;第三,合规计划及各项机制是否落实相关合规管理制度,当前招投标的运行情况是否合法合规,是否对合规计划持续改进等。

2021年5月8日,检察院及串通投标刑事合规考察专家组向涉案公司出具《刑事合规阶段性考察专家建议书》,建议涉案公司对招投标过程中的风险点进行梳理评估,将专项合规纳入企业规章制度,建立合规承诺制度,设计专门的合规专业,建立常态化的培训机制,畅通企业举报渠道,建立对违规行为的处置机制,并对专项刑事合规计划不断完善修订。随后,第三方组织的专家成员通过对涉案公司进行实地走访、查阅了相关资料等进行考察核实,后对涉案公司出具了《投标专项企业合规考察意见书》。

2021 年 9 月 3 日，检察院为充分检验涉案公司合规建设成果和第三方组织合规考察工作情况，邀请部分本市人大代表、政协委员、人民监督员、公证员、当地律协建筑房地产专业委员会委员等各界人士作为听证员，以视频会议方式，对包括涉案公司在内的 6 家涉案公司不起诉后开展合规建设情况暨第三方组织考察情况进行集中公开“云听证”。听证会上，首先由涉案公司在内的 6 家企业的合规专员依次介绍了企业投标专项合规计划的制定、落实及成效，随后由第三方组织的专家代表分别介绍了对 6 家企业合规计划考察的相关情况，并发表了考察意见。5 名听证员在详细查阅了 6 家企业合规建设的台账资料，针对有关问题向涉案公司进行询问，并进行休会闭门评议后，发表了听证意见，认为 6 家涉案公司在被不起诉后能深刻汲取教训，在第三方组织的监督、指导下制订专项企业合规计划，积极开展整改、落实工作，取得了良好成效，建议检察机关向相关行政主管部门提出行政处罚检察意见，助力企业实现更好地经营发展。

下一步，检察院还将部署计划根据此次听证会形成的意见，及时向行政主管部门制发行政处罚检察意见书，以更好地推动刑事处罚和行政处罚的衔接、融合，确保案件“三个效果”有机统一。

（三）案件分析

为落实好习近平总书记关于民营经济发展的重要指示精神，推动民营企业依法、守规经营，落实最高人民检察院在办理涉民营企业案件时，依法“能不捕的不捕、能不诉的不诉、能不判实刑的就提出适用缓刑的建议”的司法政策，2020 年 3 月，最高人民检察院启动涉案违法犯罪依法不捕、不诉、不判处实刑的企业合规监管试点工作，确定了 6 家试点单位，并于次年 4 月正式启动了第二期企业合规改革试点工作，继续扩大改革试点范围。

2021 年 6 月，最高人民检察院联合司法部等多部门研究制定了《指导意见》并对外公开发布。《指导意见》确立了企业合规第三方监督评估机制（以下简称合规第三方机制），对符合企业合规改革试点适用条件的涉企犯罪案件通过合规第三方机制进行评估考察，若考察结果合格，人民检察院将依法作出宽大处理。《指导意见》中构建了合规第三方机制的基本框架,具体规定了第三方机制的建立和运行程序、合规第三方机制的适用对象、各方主体的职责分工等内容。即便如此,《指导意见》仍留下了大量的空白领域,如以何种标准认定企业合规整改的完成度、检察院宽大处理的标准细则、合规第三方机制的具体适用罪名、适用的主体范围、合规期限的确定等内容,尚待各地检察院通过试点实践,总结经验,不断填补完善。

具体就本案而言,从严格意义上来讲,本案并非直接适用了合规第三方机制来实现对企业的宽大处理。检察院通过"酌定不起诉"路径为涉案公司构建了出罪路径。根据《刑事诉讼法》第177条第2款的规定,若犯罪情节轻微,依照刑法规定不需要判处刑罚或者免除刑罚的,人民检察院可以作出不起诉决定。在酌定不起诉后,又加上了要求企业进行刑事合规整改的检察建议。如前文所述,企业刑事合规还在试点改革阶段,尚有较大争议空间。若对涉案公司处理过重,无法让涉案公司真正享受到国家政策福利;但是若处罚过轻,难免会涉及违反"罪刑法定"原则之嫌。在当前情况下,检察院通过"酌定不起诉+刑事合规检察建议"的方案则可以较好协调两者之间的关系。此外,当前学界有学者主张,合规考察应更多地适用于"大企业","中小微企业"通常既没有缴纳高额行政罚款、承受合规监管成本的经济能力,也往往未能建立起"产权明晰、权责明确、结构规范、制度完善、管理科学"的现代公司治理结构,即使纳入合规考察对象,怕也难以促使其建立起行之有效的合规计划。因此,对于涉嫌犯罪的"中小微企业",检察机关则应更多地通过"酌定不起诉+合规检察建议"的方式,激励其"健全制度、加强管理、堵塞漏洞",从而降低再次违法犯罪的可能性。[①] 笔者对此深以为然。

虽然本案中检察院在对涉案公司的刑事案件本身的认定及处理上依旧遵循传统路径,但在落实合规检察建议过程中,借鉴了《指导意见》等规范指引、最高人民检察院发布典型案例等内容。例如,根据《指导意见》的规定,第三方机制适用于公司、企业等市场主体在生产经营活动中涉及的经济犯罪、职务犯罪等案件,既包括公司、企业等实施的单位犯罪案件,也包括公

① 参见李奋飞:《论企业合规考察的适用条件》,载《法学论坛》2021年第6期。

司、企业实际控制人、经营管理人员、关键技术人员等实施的与生产经营活动密切相关的犯罪案件。本案系涉案公司为了争取订单顺利,稳定营业收入,与其他公司串通投标而引发的刑事风险,属于"与生产经营活动密切相关的犯罪案件"。在落实合规过程中,检察院委托某律师事务所律师组成串通投标刑事合规考察专家组,对涉案公司的合规计划制订落实进行考察,并在合规考察期间持续性监督,出具阶段性的评估报告,合规考察期满后也作出了最终评估意见供检察院参考。

本案中的串通投标刑事合规考察专家组性质职能与《指导意见》中第三方组织如出一辙。合规考察结束后,检察院组织了听证会邀请本市人大代表、政协委员、人民监督员、公证员、当地律协建筑房地产专业委员会委员等各界人士作为听证员,听取涉案公司落实合规计划的情况及成效,并听取多方意见作为最终处理的参考。

值得注意的是,检察院还在总结本案经验的基础上,梳理了建设施工企业在招投标过程中存在的违规违法风险点,制定专项合规指南,进一步引导建设施工企业完善自身招投标管理制度,预防刑事法律风险,切实体现检察机关对于民营企业的"真严管""真厚爱",服务本省"六稳""六保"工作和经济社会发展。

二、招投标合规的重要意义

所谓招标投标,是指采购人(业主)事先就采购的货物、工程或服务等提出条件和要求,邀请众多投标人参加投标并按照规定程序从中选择交易对象的一种市场交易行为。[①] 招标和投标是两种互相关联的活动。在招标的流程中,招标人通过一定途径、方式、邀请不特定主体投标竞争,而投标人则是按照招标人的要求进行投标。

招投标制度作为一种保证公平竞争的规范,具有程序规范公开、竞争公正的特点。招标机构事先将招投标程序、条件确定,双方必须严格执行且无法随意更改,且招标人的招标条件、标准都是对外公开的,不会私下与特定

① 参见欧阳光、肖琦编著:《招投标法律实务》,法律出版社2007年版,第3页。

投标人就招标实质内容进行交流。招投标过程只要招标人具备相应能力和资格均可以参加投标。需要注意的是,一般的商事交易可能会有一轮或多轮的报价谈判,招投标禁止双方谈判且仅有一次报价机会,主动权控制在招标者手上。

对于招标和投标的整个流程,我国通过相关法律法规作了相应的规定和约束,以保证整个招投标过程的公正公平,竞标者能获得平等机会,招标者能实现通过招投标流程在较大范围内筛选出最符合招标人要求的投标者的目的。企业合规,是指企业及其员工的经营管理行为符合有关法律法规、国际条约、监管规定、行业准则、商业惯例、道德规范和企业依法制定的章程及规章制度等要求。招投标合规,则是邀请企业参加招标行为符合有关招投标法律法规、监管规定等,涉及国际招投标的还需要符合国际条约的相关规定。

本案涉案公司更是因投标行为不合规涉嫌刑事犯罪,具体的罪名为串通投标罪。根据《刑法》第 223 条的规定:串通投标罪是指投标人相互串通投标报价,损害招标人或者其他投标人利益,情节严重;或投标人与招标人串通投标,损害国家、集体、公民的合法利益的行为。串通投标报价,是指投标人私下串通联手抬高或者压低标价,以损害招标人的利益或者排挤其他投标者。串通投标不限于对投标报价的串通,还包括就报价以外的其他事项进行串通。[①]

企业若不能依法依规开展招投标活动,不仅可能会承担民事风险,而且可能会涉及行政乃至刑事处罚;但依然有不少企业顶风作案,投机取巧。例如,本案中涉案公司受第三方公司所托参与陪标,并收取了一定的好处费,该笔好处费在案发后即全部退赔。其之所以同意第三方公司的请求参与陪标,主要存在内外两部分原因。从外部原因着手,第三方公司的负责人与涉案公司的负责人私人关系较好,涉案公司负责人碍于双方交情同意了第三方公司的请求;从内部原因上看,涉案公司属于建设施工企业,该类企业的业务辐射范围有限,受到地域限制严重,通过双方相互串标,可以提升业务

---

① 参见张明楷:《刑法学》(第 5 版),法律出版社 2016 年版,第 832 页。

量，实现“双赢”。串通招投标行为高收益低风险，竞争者能够以较低的违法成本获取较高的非法收益。涉案公司即使为了本公司的经营利益考量，也会同意第三方公司的陪标请求。

但是，市场经济的健康发展取决于自由充分的竞争环境、合理配置资源、充分发挥市场价值规律。市场优胜劣汰的资源配置功能可以有效调节社会机制功能，维持总体市场运行稳定。合法合规的招投标的目的正是市场公平竞争的缩影：投标人以自身资质能力报价等获得商业机会，招标者以低时间物质成本挑选最佳合作者。但若投标人通过不正当竞争、限制竞争、商业贿赂等手段达到目的，就个体而言，企业将不再考虑如何提供生产效率、优化企业内部管理制度、合理控制成本、提供优质服务，而是处处投机取巧，不免走上歪路；从宏观环境分析，这种行为是一种非生产性寻求利益的手段，不仅浪费社会资源、降低社会效益、损害市场主体利益，而且使市场价值规律和机制无法有效运行。

企业在招标领域实施违法行为，触发法律风险，会受到相应的法律制裁措施。所以，建立和完善招投标合规体系，有效地排除招投标过程中的串通招投标等违法行为，避免企业因此承担民事、行政乃至刑事法律风险，更是为了维护市场公平公正的竞争环境，意义重大。

三、招投标合规尽职调查的方法与步骤

（一）尽职调查基本原则要求

企业招投标行为作为企业的重要经营行为，应当列入合规审查范围，要求合规团队介入审查。就企业招投标合规开展尽职调查，目的是解决企业在招投标过程中的法律问题，识别法律风险，论证法律风险是否可以防范以及防范的方法，法律上不可行的法律障碍以及该法律障碍不可以克服的理由等。

凡事预则立不预则废，合规尽职调查的工作更是如此。前期的准备工作越充分，后期的尽职调查就会越顺利。因此，在正式开展尽职调查之前，要先对企业的基本背景和公开信息、相关行业的特点进行检索分析，通过公

司的相关负责人就公司的基本情况做一个初步了解,包括企业的组织结构、规模、大小、经营范围、产品介绍等,现有员工的数量、职务分工,是否设置内部授权、财务政策、合规政策等,尤其对于招投标流程方面的规范制度,前期调查的内容越详尽,获取信息越多,对目标公司初步的了解就越全面。

尽职调查过程应当遵循独立性和客观性原则。通过公开信息渠道和公开记录进行多方位查询,搜集目标公司的相关信息。尽职调查遵循一致性和全面性原则,对整个公司实施统一尽职调查。在常规筛查或尽职调查中排除无关信息、筛选关键信息,尤其对与招投标有关的关键信息进行提取并给予特殊关注。

在制订合规尽职调查计划及尽职调查清单时,也需要合理安排法律尽职调查时间和内容,做到有的放矢,突出重点,以期能够按照设定的时间和预期的质量要求达到法律尽职调查目标。后期尽职调查报告的撰写中,也能更加周延完善,具备可操作性。

(二)尽职调查过程中涉及的重要文件

1. 保密承诺函

合规尽职调查过程中会接触到大量公司内部信息,有些涉及商业秘密保护等,为了保证公司的合法权益,尽职调查律师一般会出具相应的保密承诺函。

2. 法律尽职调查清单

合规人员在尽职调查前会对公司进行初步的查询与分析,便于迅速熟悉公司情况,切中要点,并以此为基础制定法律尽职调查清单,明确公司需要提供的具体材料及规范要求,提高工作效率。

3. 文件交接清单

合规尽职调查过程中需要对文件资料进行核查,并通过与原件核对确认其真实性、合法性,文件交接清单会详细记录公司提供的文件名称、页数、来源、原件或复印件、是否核对原件等明细。

4. 文件真实性承诺函

鉴于合规尽职调查很大程度上依赖公司提供的书面文件资料，资料的真实性、完整性及准确性会直接影响到合规尽职调查结论的准确性，继而影响后续合规工作开展的方向。因此要求公司就相关事项出具文件真实性承诺十分必要。

5. 公司股东、董事、监事、高级管理人员、员工访谈提纲

与公司股东、董事、监事、高级管理人员及员工进行访谈，是获取公司信息的重要方式，可以有效弥补书面文件资料静态信息之不足。访谈提纲的制作，要结合访谈对象的身份、职位、隶属部门、工作内容、待核查问题等进行设计。

6. 法律尽职调查报告

尽职调查活动完成后，律师应当形成合规尽职调查报告，对目标公司招投标合规风险进行全面评估，提出初步补救措施，后期将以尽职调查报告中涉及的风险及补救方案制订相应合规计划，避免企业因招投标中的不合规行为承担责任。

（三）招投标合规重点关注内容

1. 招标流程重点关注内容

第一，招投标程序中的保密管理。重点核查招投标相关工作人员没有将相关保密工作做好，导致财政预算、标底、已获取招标文件的潜在投标人的名称、数量以及可能影响公平竞争的有关招标投标的其他情况泄露，导致竞标人恶意串通。

例如，在开标前期的各类会议中，签到信息应该相互独立，不能在同一张纸上签到，否则容易泄露投标人名称，存在串通风险。在合规体系设计中强化招投标人员的保密意识，明确招标人员的岗位职责，发现信息泄露要追究相关人员的责任。

第二，投标资格的合理设定。招标人可以根据招标项目本身的要求，在招标公告或者投标邀请书中，要求潜在投标人提供有关资质证明文件和业

绩情况，不得以不合理的条件限制或者排斥潜在投标人，不得对潜在投标人实行歧视待遇，不得要求或者标明特定的生产供应者以及倾向或者排斥潜在投标人。

第三，招投标过程独立监管。招投标过程必须设立独立的监督部门或者监督人，对整个招投标过程进行监督，尽职调查中需要核查是否就前述事项制定相关制度并严格落实。

2. 投标流程重点关注内容

通过相关文件核查公司与其他投标人是否存在相互串通投标报价、排挤其他投标人的公平竞争、与招标人串通投标、向招标人或者评标委员会成员行贿等违法违规行为，并制定完整投标行为规范制度予以明确。

3. 评标流程重点核查内容

核查公司是否制定相关制度，保证评标专家和小组名单的保密性，有效切断评标过程中评标委员会与外界联系，影响招投标的公正性。

评标人员组成及评标程序合理合法。例如，《招标投标法》规定，依法必须进行招标的项目，其评标委员会由招标人的代表和有关技术、经济等方面的专家组成，成员人数为五人以上单数，其中技术、经济等方面的专家不得少于成员总数的三分之二。评标过程需以相关法规为依据，结合项目的实际要求，由评标小组制订出合理的评标方案并经过审核后实行。

四、行政、刑事招标投标合规清单

（一）行政招标投标合规清单

表 5　行政招标投标合规清单

法律依据	违法行为表现	违法责任
《招标投标法》第 49 条	必须进行招标的项目而不招标的	责令限期改正，可以处项目合同金额千分之五以上千分之十以下的罚款；对全部或者部分使用国有资金的项目，可以暂停项目执行或者暂停资金拨付；对单位直接负责的主管人员和其他直接责任人员依法给予处分
	将必须进行招标的项目化整为零或者以其他任何方式规避招标的	

续表

法律依据	违法行为表现	违法责任
《招标投标法》第50条	招标代理机构违反本法规定，泄露应当保密的与招标投标活动有关的情况和资料的，或者与招标人、投标人串通损害国家利益、社会公共利益或者他人合法权益的	处五万元以上二十五万元以下的罚款；对单位直接负责的主管人员和其他直接责任人员处单位罚款数额百分之五以上百分之十以下的罚款；有违法所得的，并处没收违法所得；情节严重的，禁止其一年至二年内代理依法必须进行招标的项目并予以公告，直至由工商行政管理机关吊销营业执照；构成犯罪的，依法追究刑事责任。给他人造成损失的，依法承担赔偿责任 前款所列行为影响中标结果的，中标无效
《招标投标法》第51条	招标人以不合理的条件限制或者排斥潜在投标人的，对潜在投标人实行歧视待遇的，强制要求投标人组成联合体共同投标的，或者限制投标人之间竞争的	责令改正，可以处一万元以上五万元以下的罚款
《招标投标法》第52条	依法必须进行招标的项目的招标人向他人透露已获取招标文件的潜在投标人的名称、数量或者可能影响公平竞争的有关招标投标的其他情况的，或者泄露标底的	给予警告，可以并处一万元以上十万元以下的罚款；对单位直接负责的主管人员和其他直接责任人员依法给予处分；构成犯罪的，依法追究刑事责任。 前款所列行为影响中标结果的，中标无效
《招标投标法》第53条	投标人相互串通投标或者与招标人串通投标的，投标人以向招标人或者评标委员会成员行贿的手段谋取中标	中标无效，处中标项目金额千分之五以上千分之十以下的罚款，对单位直接负责的主管人员和其他直接责任人员处单位罚款数额百分之五以上百分之十以下的罚款；有违法所得的，并处没收违法所得；情节严重的，取消其一年至二年内参加依法必须进行招标的项目的投标资格并予以公告，直至由工商行政管理机关吊销营业执照；构成犯罪的，依法追究刑事责任。给他人造成损失的，依法承担赔偿责任

续表

法律依据	违法行为表现	违法责任
《招标投标法》第 54 条	投标人以他人名义投标或者以其他方式弄虚作假，骗取中标。 依法必须进行招标的项目的投标人以他人名义投标或者以其他方式弄虚作假，骗取中标，尚未构成犯罪	中标无效，给招标人造成损失的，依法承担赔偿责任；构成犯罪的，依法追究刑事责任。 处中标项目金额千分之五以上千分之十以下的罚款，对单位直接负责的主管人员和其他直接责任人员处单位罚款数额百分之五以上百分之十以下的罚款；有违法所得的，并处没收违法所得；情节严重的，取消其一年至三年内参加依法必须进行招标的项目的投标资格并予以公告，直至由工商行政管理机关吊销营业执照
《招标投标法》第 55 条	依法必须进行招标的项目，招标人违反本法规定，与投标人就投标价格、投标方案等实质性内容进行谈判	给予警告，对单位直接负责的主管人员和其他直接责任人员依法给予处分。 前款所列行为影响中标结果的，中标无效
《招标投标法》第 56 条	评标委员会成员收受投标人的财物或者其他好处的，评标委员会成员或者参加评标的有关工作人员向他人透露对投标文件的评审和比较、中标候选人的推荐以及与评标有关的其他情况	给予警告，没收收受的财物，可以并处三千元以上五万元以下的罚款，对有所列违法行为的评标委员会成员取消担任评标委员会成员的资格，不得再参加任何依法必须进行招标的项目的评标；构成犯罪的，依法追究刑事责任
《招标投标法》第 57 条	招标人在评标委员会依法推荐的中标候选人以外确定中标人的，依法必须进行招标的项目在所有投标被评标委员会否决后自行确定中标人	中标无效，责令改正，可以处中标项目金额千分之五以上千分之十以下的罚款；对单位直接负责的主管人员和其他直接责任人员依法给予处分
《招标投标法》第 58 条	中标人将中标项目转让给他人的，将中标项目肢解后分别转让给他人的，违反本法规定将中标项目的部分主体、关键性工作分包给他人的，或者分包人再次分包	转让、分包无效，处转让、分包项目金额千分之五以上千分之十以下的罚款；有违法所得的，并处没收违法所得；可以责令停业整顿；情节严重的，由工商行政管理机关吊销营业执照

续表

法律依据	违法行为表现	违法责任
《招标投标法》第 59 条	招标人与中标人不按照招标文件和中标人的投标文件订立合同的，或者招标人、中标人订立背离合同实质性内容的协议	责令改正；可以处中标项目金额千分之五以上千分之十以下的罚款
《招标投标法》第 60 条	中标人不履行与招标人订立的合同	履约保证金不予退还，给招标人造成的损失超过履约保证金数额的，还应当对超过部分予以赔偿；没有提交履约保证金的，应当对招标人的损失承担赔偿责任
	中标人不按照与招标人订立的合同履行义务，情节严重的	取消其二年至五年内参加依法必须进行招标的项目的投标资格并予以公告，直至由工商行政管理机关吊销营业执照。 因不可抗力不能履行合同的，不适用前两款规定
《招标投标法》第 62 条	任何单位违反本法规定，限制或者排斥本地区、本系统以外的法人或者其他组织参加投标的，为招标人指定招标代理机构的，强制招标人委托招标代理机构办理招标事宜的，或者以其他方式干涉招标投标活动	责令改正；对单位直接负责的主管人员和其他直接责任人员依法给予警告、记过、记大过的处分，情节较重的，依法给予降级、撤职、开除的处分。 个人利用职权进行前款违法行为的，依照前款规定追究责任。

（二）因违法招投标可能涉及的刑事风险清单

表 6　违法招投标涉及的刑事风险清单

罪名	法律依据	行为及后果
串通投标罪	《刑法》第 223 条	投标人相互串通投标报价，损害招标人或者其他投标人利益，情节严重的，处三年以下有期徒刑或者拘役，并处或者单处罚金。投标人与招标人串通投标，损害国家、集体、公民的合法利益的，依照前款的规定处罚

续表

罪名	法律依据	行为及后果
合同诈骗罪	《刑法》第 224 条	有下列情形之一，以非法占有为目的，在签订、履行合同过程中，骗取对方当事人财物，数额较大的，处三年以下有期徒刑或者拘役，并处或者单处罚金；数额巨大或者有其他严重情节的，处三年以上十年以下有期徒刑，并处罚金；数额特别巨大或者有其他特别严重情节的，处十年以上有期徒刑或者无期徒刑，并处罚金或者没收财产：（一）以虚构的单位或者冒用他人名义签订合同的；（二）以伪造、变造、作废的票据或者其他虚假的产权证明作担保的；（三）没有实际履行能力，以先履行小额合同或者部分履行合同的方法，诱骗对方当事人继续签订和履行合同的；（四）收受对方当事人给付的货物、货款、预付款或者担保财产后逃匿的；（五）以其他方法骗取对方当事人财物的
非法经营罪	《刑法》第 225 条	违反国家规定，有下列非法经营行为之一，扰乱市场秩序，情节严重的，处五年以下有期徒刑或者拘役，并处或者单处违法所得一倍以上五倍以下罚金；情节特别严重的，处五年以上有期徒刑，并处违法所得一倍以上五倍以下罚金或者没收财产：（一）未经许可经营法律、行政法规规定的专营、专卖物品或者其他限制买卖的物品的；（二）买卖进出口许可证、进出口原产地证明以及其他法律、行政法规规定的经营许可证或者批准文件的；（三）未经国家有关主管部门批准非法经营证券、期货、保险业务的，或者非法从事资金支付结算业务的；（四）其他严重扰乱市场秩序的非法经营行为
对单位行贿罪	《刑法》第 391 条	为谋取不正当利益，给予国家机关、国有公司、企业、事业单位、人民团体以财物的，或者在经济往来中，违反国家规定，给予各种名义的回扣、手续费的，处三年以下有期徒刑或者拘役，并处罚金。 单位犯前款罪的，对单位判处罚金，并对其直接负责的主管人员和其他直接责任人员，依照前款的规定处罚
单位行贿罪	《刑法》第 393 条	单位为谋取不正当利益而行贿，或者违反国家规定，给予国家工作人员以回扣、手续费，情节严重的，对单位判处罚金，并对其直接负责的主管人员和其他直接责任人员，处五年以下有期徒刑或者拘役，并处罚金。因行贿取得的违法所得归个人所有的，依照本法第三百八十九条、第三百九十条的规定定罪处罚

续表

罪名	法律依据	行为及后果
受贿罪	《刑法》第 385 条	国家工作人员利用职务上的便利,索取他人财物的,或者非法收受他人财物,为他人谋取利益的,是受贿罪。国家工作人员在经济往来中,违反国家规定,收受各种名义的回扣、手续费,归个人所有的,以受贿论处
侵犯商业秘密罪	《刑法》第 219 条	有下列侵犯商业秘密行为之一,情节严重的,处三年以下有期徒刑,并处或者单处罚金;情节特别严重的,处三年以上十年以下有期徒刑,并处罚金: (一)以盗窃、贿赂、欺诈、胁迫、电子侵入或者其他不正当手段获取权利人的商业秘密的; (二)披露、使用或者允许他人使用以前项手段获取的权利人的商业秘密的; (三)违反保密义务或者违反权利人有关保守商业秘密的要求,披露、使用或者允许他人使用其所掌握的商业秘密的。 明知前款所列行为,获取、披露、使用或者允许他人使用该商业秘密的,以侵犯商业秘密论。 本条所称权利人,是指商业秘密的所有人和经商业秘密所有人许可的商业秘密使用人
工程重大安全事故罪	《刑法》第 137 条	建设单位、设计单位、施工单位、工程监理单位违反国家规定,降低工程质量标准,造成重大安全事故的,对直接责任人员,处五年以下有期徒刑或者拘役,并处罚金;后果特别严重的,处五年以上十年以下有期徒刑,并处罚金
对非国家工作人员行贿罪	《刑法》第 164 条	为谋取不正当利益,给予公司、企业或者其他单位的工作人员以财物,数额较大的,处三年以下有期徒刑或者拘役,并处罚金;数额巨大的,处三年以上十年以下有期徒刑,并处罚金
对外国公职人员、国际公共组织官员行贿罪		为谋取不正当商业利益,给予外国公职人员或者国际公共组织官员以财物的,依照前款的规定处罚。单位犯前两款罪的,对单位判处罚金,并对其直接负责的主管人员和其他直接责任人员,依照第一款的规定处罚。行贿人在被追诉前主动交待行贿行为的,可以减轻处罚或者免除处罚

五、对症下药,制订专项合规计划

本案涉案公司共有员工二十余人,内部架构较为简单,仅在董事长下设工程部、财务部、行政办公室、经营部、预算部,其中,工程部负责所有工程项目,经营部负责业务洽谈,预算部负责标书的制作。标书初稿制作完成后,由工程部结合具体工程项目情况对标书进行审核,审核通过后,预算部负责完善并出具标书定稿,由经营部负责参与投标、定价。

参与合规的律师根据检察院及刑事合规专家组的要求,制订了专项合规计划,以期通过建立健全串通风险合规管理机制,实现对串通风险合规的有效识别和管理,促进全面串通风险管理体系的建设,确保涉案公司依法合规经营。具体如下:

(1)加强员工对招投标流程和制度的学习,争取短时间掌握所有的防控串通投标的相关制度以及招投标部门的相关操作流程,必要时组织人员到其他公司进行学习交流。

(2)加强对各部门特别是参与投标的相关部门的检查力度,制定检查时间计划表及检查的注意事项。

(3)加强对新建的防控串通投标相关管理制度的落实与执行的管理,建立好检查机制。

(4)协助公司高层制定、推动和执行公司的防范串通投标的合规政策和措施,参与招投标流程再造,为各部门提供政策法规支持。

(5)正确处理公司高层提出的防范串通投标合规方案和合规工作要求,每季度对风险合规的有效性作出评价,并向高层提交合规风险评估报告,以确保被认定的合规薄弱环节得到及时有效的解决。

(6)全年持续性倡导合规文化,建立合规风险管理的长效机制。

(7)主动对各部门及分公司违规事项或存在合规风险的相关事项进行定期或不定期的现场、非现场检查,对发现的合规风险或合规问题提出整改意见和相关处理意见。加强对工程建设过程的监控,实行严格的概预算管理,切实做到及时备料,科学施工,保障资金,落实责任,确保工程项目达到设计要求。

(8)建立举报监督机制。在员工中树立依法合规经营和控制合规风险的意识,为员工举报违规、违法行为提供必要的渠道和途径,并建立有效的举报保密和激励机制。

(9)建立风险评估机制。企业应当组织规划、工程、技术、财会、法律等部门的专家对项目建议书和可行性研究报告进行充分论证和评审,出具评审意见,作为项目决策的重要依据。任何个人不得单独决策或者擅自改变集体决策意见。工程项目决策失误应当实行责任追究制度。认真借鉴学习其他公司的先进经验,结合公司实际,建立健全招投标风险的监控、评估和预警系统。

(10)准确理解和把握招投标主管部门下发的管理规则、管理意见和风险提示等政策性文件的要求,并有效执行这些文件的相关意见或建议。

(11)持续性梳理补充公司内各项规章制度,如本案中对串通招投标这一重大刑事风险进行专项合规。由涉案公司聘请专门律师帮助制定协议并落实串通招投标专项合规计划,检察院聘请的串通投标刑事合规考察专家组对专项合规计划进行审查,提出相应修订建议,并对专项合规计划的落实全程监督,实现企业合法合规经营。

六、招投标合规计划的落实及持续性改进

1. 公司实际控制人的合规承诺

本案中的涉案公司是典型的中小型民营企业。这类公司的一个显著特点是公司的实际控制人就是公司的核心与灵魂,公司的所有行为几乎完全取决于该实际控制人的意志主张,从战略的制定到企业的日常经营,实际控制人的决策会创造、保持或减少企业的价值。可以说,公司的生死成败也完全依赖实际控制人的经营能力。因此,若要真正落实企业合规,公司实际控制人的承诺必不可少。只有公司实际控制人愿意配合,积极落实,公司合规管理制度的建设才能顺利推进,确保合规管理工作的执行与落实,保证公司正常安全经营,尤其是防控串通投标的风险。

2. 企业合规的有效落实

在合规考察期内,涉案公司积极配合律师落实专项合规计划,先后制定了投标管理制度及流程、防控串通投标的组织体系、防控串通投标的规则体系、公章使用管理制度、防控串通投标专项培训管理制度、投诉举报管理制度、违规行为的应对机制、违反合规惩戒制度等系列体系、制度。

此外,串通投标刑事合规考察专家组通过实地走访、查阅涉案公司招投标领域合规资料、对公司主要负责人进行访谈,对涉案公司在招投标领域专项刑事合规计划建设及落实情况做了阶段性考察评估,并建议涉案公司:

第一,对涉案公司内部开展风险点的梳理与评估并形成书面文件向公司员工公开;

第二,建立企业合规承诺制度,要求涉案公司所有员工签署承诺书,承诺拒绝参与并抵制违规招投标、围标活动;

第三,设立合规专员,对企业招投标工作进行动态监控;

第四,针对企业已有的风险点建立常态化的培训机制;

第五,畅通企业内部和外部举报监督渠道,并按照相应奖惩机制及时处理;

第六,构建违规行为处理机制,将合规专员设为违规行为处置的第一责任人,发现违规行为及时上报主管机关,涉嫌犯罪的移送公安立案侦查;

第七,根据法律政策的调整变化实时更新合规计划。

3. 将合规内化为一种公司治理长效机制

涉案公司及其实际控制人在刑事激励下,为了让涉案公司及自身摆脱刑事追诉的风险,在合规考察阶段必然会对检察院及合规考察专家组言听计从,但是这种服从若只是浮于表面,涉案公司没有真正理解并认可刑事合规的价值意义,要通过企业合规整改实现犯罪预防的目的终究还是空谈。

目前大多数企业都面临高度竞争的市场环境。从短期看,企业合规的建立和落实不但不能对公司盈利收益产生立竿见影的效果,反而会导致公司运营成本增加,甚至丧失一些看似“唾手可得”的机会。但是,从公司长远发展的角度出发,对现有经营过程中的合规风险点进行识别,并通过有效的合规手段进行风险管理，将企业合规整合到企业的基本经营活动之中，企业就能够避免因不必要风险而产生的工序和成本。若将合规整合到企业日常的经营过程中，帮助公司树立良好的经营形象，也有助于公司抓住发展的新机遇，实现公司的可持续发展。

此外，本案中，因涉案公司涉嫌串通投标罪，而仅就该罪引发的刑事风险制定专项合规机制。笔者认为，一个公司就是完整的系统组织，整个系统组织的运行有其自身的内在逻辑，任何一个环节、流程的崩溃都会导致整个系统的瘫痪。那么，企业合规就不应当仅仅被视为一个事项或环节，而应渗透于企业各项活动的一系列环节和流程中，公司的所有环节和流程都普遍存在于实际控制人对公司的日常管理中，是公司日常管理所固有的。因此，公司应当从全局、从总体层面上考虑公司的整体活动、战略计划和资源分配，包括经营部、市场部等各业务部门的组织活动、公司主要经营模式、内部各业务流程等，如此才能实现企业合规的价值意义，让合规内化为一种公司治理长效机制。

附：相关法律规范梳理

序号	法规名称	发布日期	生效日期	文号
1	招标投标法（2017 年修正）	2017.12.27	2017.12.28	
2	招标投标法实施条例（2019 年修订）	2019.03.02	2019.03.02	国务院令第 709 号
3	关于在招标投标活动中对失信被执行人实施联合惩戒的通知	2016.08.30	2016.08.30	法〔2016〕285 号
4	水利工程建设项目招标投标管理规定	2001.10.29	2002.01.01	水利部令第 14 号
5	民航专业工程建设项目招标投标管理办法	2018.01.08	2018.01.08	
6	铁路建设工程招标投标监管暂行办法	2016.02.25	2016.03.15	国铁工程监〔2016〕8 号
7	经营性公路建设项目投资人招标投标管理规定（2015 年修正）	2015.06.24	2015.06.24	

续表

序号	法规名称	发布日期	生效日期	文号
8	通信工程建设项目招标投标管理办法	2014.05.04	2014.07.01	工业和信息化部令第27号
9	铁路建设工程施工招标投标实施细则	2010.10.31	2010.12.01	铁建设〔2010〕205号
10	民政部重大招标投标项目廉政监督若干规定	2007.12.13	2007.12.13	
11	民政部工程建设项目招标投标管理办法	2007.12.13	2007.12.13	
12	煤炭工业基本建设工程施工招标投标实施办法（试行）	1988.01.16	1988.01.16	

第二节

专项合规之税务合规

一、案例引入[①]

（一）基本案情

被告单位上海A医疗科技股份有限公司（以下简称A公司）、上海B科技有限公司（以下简称B公司），被告人关某某系A、B两家公司实际控制人。

2016年至2018年间，关某某在经营A公司、B公司业务期间，在无真实货物交易的情况下，通过他人介绍，采用支付开票费的方式，让他人为两家公司虚开增值税专用发票共219份，价税合计2887余万元，其中税款419余万元已申报抵扣。2019年10月，关某某到案后如实供述上述犯罪事实并补缴涉案税款。

2020年6月，公安机关以A公司、B公司、关某某涉嫌虚开增值税专用发票罪移送检察机关审查起诉。上海市宝山区人民检察院受理案件后，走访涉案企业及有关方面了解情况，督促企业作出合规承诺并开展合规建设。

---

① 本案参见《最高检发布企业合规改革试点典型案例（第一批）》之案例二，上海市A公司、B公司、关某某虚开增值税专用发票案。

(二)企业合规整改情况及处理结果

检察机关走访涉案企业了解经营情况,并向当地政府了解其纳税及容纳就业情况。经调查,涉案企业系我国某技术领域的领军企业、上海市高新技术企业,科技实力雄厚,对地方经济发展和增进就业有很大贡献。公司管理人员及员工学历普遍较高,对合规管理的接受度高、执行力强,企业合规具有可行性,检察机关遂督促企业作出合规承诺并开展合规建设。同时,检察机关先后赴多地税务机关对企业提供的纳税材料及涉案税额补缴情况进行核实,并针对关某某在审查起诉阶段提出的立功线索自行补充侦查,认为其具有立功情节。

2020 年 11 月,检察机关以 A 公司、B 公司、关某某涉嫌虚开增值税专用发票罪对其提起公诉并适用认罪认罚从宽制度。12 月,上海市宝山区人民法院采纳检察机关全部量刑建议,以虚开增值税专用发票罪分别判处被告单位 A 公司罚金 15 万元,B 公司罚金 6 万元,被告人关某某有期徒刑三年,缓刑五年。

法院判决后,检察机关联合税务机关上门回访,发现涉案企业的合规建设仍需进一步完善,遂向其制发检察建议并公开宣告,建议进一步强化合法合规经营意识,严格业务监督流程,提升税收筹划和控制成本能力。检察机关在收到涉案企业对检察建议的回复后,又及时组织合规建设回头看。经了解,涉案企业已经逐步建立合规审计、内部调查、合规举报等有效合规制度,聘请专业人士进行税收筹划,大幅节约生产经营成本,提高市场占有份额。

(三)典型意义

一是检察机关推动企业合规与适用认罪认罚从宽制度相结合。本案中,检察机关在督促企业作出合规承诺并开展合规建设的同时,通过适用认罪认罚从宽制度,坚持和落实能不判实刑的提出判缓刑的量刑建议等司法政策,努力让企业"活下来""留得住""经营得好",取得更好的司法办案效果。

二是检察机关推动企业合规与检察建议相结合。本案中,检察机关会同税务机关在回访过程中,发现涉案企业在预防违法犯罪方面制度不健全、不落实,管理不完善,存在违法犯罪隐患,需要及时消除的,结合合规整改情况,向涉案企业制发检察建议,推动其深化实化合规建设,避免合规整改走过场、流于形式。

二、税务合规的重要意义

本杰明·富兰克林曾经说过一句名言:"在这个世界上,只有死亡和税是逃不掉的。"对于任何一个企业来说,税务都是企业经营活动中的一个关键环节。纳税对企业而言是一种很大的开支,具有很高的风险和高度的灵活性。企业税务合规是企业管理的重要组成部分,在规范企业行为、降低企业税收成本、提高企业经营效益、规避税务风险、提高企业税务管理水平和效率方面有积极的作用。企业之间的竞争日益加剧,如何强化企业的税收合规就变得十分必要。

第一,税务合规有利于进一步强化税制管理,提升企业效益。税务合规能帮助企业运用各种税制管理手段,减少企业的纳税负担及税务处罚风险,增加利润,实现公司的财政目标。税务合规能够进一步优化企业的资源分配,企业的市场竞争能力自然能不断增强。

第二,税务合规有利于企业依法纳税,规范内部员工行为,形成税务合规文化,帮助企业行稳致远。税务合规的一项重要内容是合规培训,旨在让公司及员工迅速掌握和正确理解国家的各种税制,合理地进行投资、筹资和技术革新,了解税务风险,依法合规缴税纳税。从而帮助企业营造良好的税务依法处理环境。

第三,税务合规可以有效规避相关行政、刑事处罚风险。税务合规是限缩风险社会法律处罚范围的重要手段,旨在帮助企业梳理国家有关财政税收法规、政策,厘清刑事、行政合规清单,以此进行事前控制,规范企业纳税业务、依法纳税节税,堵塞涉税管理漏洞。

第四,税务合规可以作为企业争取行政、刑事处罚减免的重要依据。当前,国家正在大力推行企业刑事合规改革,作为一种新的刑事治理模式,若企业涉及税务类刑事风险,不再由国家单向度地对企业刑事犯罪进行规制,即更多引入企业管理进行自身规制,是企业为了保证自身税务合法、所有职员行为合法的整体性组织措施。如本节援引的案例中,涉案企业经营业务期间,在无真实货物交易的情况下,通过他人介绍,采用支付开票费的方式,让他人为涉案企业虚开增值税专用发票,因涉嫌虚开增值税专用发票罪移送检察机关审查起诉。检察院受理案件后,走访涉案企业及有关方面了解情况,督促企业作出合规承诺并开展合规建设,并在法律允许范围内给予涉案企业及相关责任人从宽处理。

此外,国家对企业纳税监管口径不断收缩,国家执法层面也在严厉打击企业纳税失范行为。在此背景下,税务合规可以帮助企业规避税务行政处罚风险以及因此带来的企业利润损失。不少地方政府已经开始推行企业行政合规,若企业涉及涉税行政处罚,也可以通过税务合规争取从宽处理。所谓税务合规风险,是指不遵守与税务相关的义务所发生的可能性和后果。

三、合规尽职调查——合规风险的识别评估

中国的税法纷繁复杂,需要专业性极强的税务合规人员进行税务合规尽职调查,并就可能存在的税务风险为企业出具专业的法律意见。

(一)相关资料搜集

1. 目标企业基本资料

具体包括:目标企业的经营、许可证照,公司成立的相关文件以及历史沿革资料,历次工商变更资料;目标企业的股权结构图、分支机构名单;目标企业的部门、岗位设置及职责;目标企业的内部控制制度、财务会计制度、税务风险管理制度;目标企业使用的信息系统及相关情况;目标企业内部或外部第三方出具的涉税鉴证、税收策划、审计、咨询、认定报告;目标企业及分支机构的主管税务机关;目标企业的关联企业名单;其他相关基本资料。

2. 涉税资料

涉税资料是企业税务合规风险识别的重要资料，具体包括目标企业的纳税信用等级情况、纳税申报及计算资料、税款缴纳资料、税收优惠文件资料、税务机关对目标单位进行检查的资料等。

3. 业务资料

企业纳税与其业务存在紧密的联系，企业业务状况也是税务合规尽职调查重点关注的领域，需要搜集的资料包括：目标企业生产及销售、提供服务、进行投资的模式及流程；人员数量及构成情况、财务报表、账簿凭证、历年审计报告；重大或特定经济业务合同；目标企业对外投、融资文件及合同；目标企业的重大资产权属证明文件；目标企业的关联交易清单及定价原则等。

4. 外部资料

税务合规尽职调查除了要对企业内部控制进行核查，也要通过外部渠道收集目标企业的资料，包括：目标企业在公开市场交易机构的重大交易、公开信息；目标企业所处行业的税务现状；目标企业适用的税收政策、法规等。

（二）多种调查手段并用

税务合规尽职调查工作可采用以下多种方法，提高风险识别效率，提升工作质量。

（1）观察法。观察法是对目标企业的生产经营状态、资产的管理和使用、内部控制制度的执行等进行观察，验证获取的书面资料或访谈信息是否真实、全面。

（2）审阅法。审阅法是对目标企业的财务报表、账簿凭证、报告、合同等资料的内容进行详细审查，以检查相关涉税处理是否合规，资料是否真实。

（3）询问法。询问法是对目标企业存疑的事项和问题，通过口头或书面方式向管理人员或经办人员进行了解、核实。采取口头询问方式的，应形成询问记录。

(4)核对法。核对法是将目标企业的相关资料中两处以上的同一信息或相关信息相互进行对照,验证内容是否一致、计算是否正确。

(5)复算法。复算法是对目标企业各税种的职业判断和税款计算流程、纳税申报表及计算资料的数据进行复核、验算,通过对特定数据的复算,调查特定事项的涉税处理是否合规、审慎。

(6)访谈法。访谈法是根据业务目标和目标企业的基本情况,选取访谈对象、设计问卷,与相关人员进行访谈,并形成书面访谈记录。访谈问卷应记录访谈双方人员姓名、职务、访谈时间、访谈目的、访谈事项、具体答复内容等。

(三)税务合规重点关注事项

第一,税务合规尽职调查应充分调查目标企业的内控制度是否完善,执行是否到位,包括:

(1)分析目标企业的内部控制制度,包括采购制度、报销制度、存货管理制度、销售管理制度、财务核算制度、合同管理制度、研发制度、纳税申报复核制度等,识别目标企业是否存在内部控制制度缺失导致的涉税风险。

(2)结合账簿凭证、内部及外部报告、经济业务合同等资料,对目标企业的内部控制制度进行测试,调查内控制度执行是否到位,识别目标企业是否存在制度执行不到位导致的涉税风险。

(3)关注目标企业是否接受过或者正在接受税务、财政、审计、证券监督等机关检查,以及检查结果、整改情况。

(4)结合财务账表、经济业务合同、各税种纳税申报表等资料,对目标企业被委托期间的申报数据进行分析;结合历史申报数据对税种之间的纵向及横向比较,核实数据准确性及重大差异原因,调查目标企业纳税申报数据是否存在重大涉税风险。

(5)关注目标企业是否存在补税的情况,了解补税的原因及有关法律文书。

第二,税务合规尽职调查应充分调查目标企业日常生产、经营的涉税处

理的合规性,包括:

(1)梳理目标企业生产流程、销售和提供服务模式,关注不同销售模式或服务种类中的涉税处理是否合规、审慎;

(2)梳理目标企业投融资业务模式,关注不同模式投融资业务中的涉税处理是否合规、审慎;

(3)分析目标企业资产购入、管理、处置等环节,关注各环节的涉税处理是否合规、审慎;

(4)分析目标企业人员和薪酬的构成情况,关注涉税处理是否合规、审慎;

(5)分析目标企业获利的情况,包括收入、成本、费用、接受捐赠、税收返还、诉讼、担保或仲裁等情况,关注涉税处理是否合规、审慎;

(6)重点关注目标企业选择适用的税收优惠政策是否合规、审慎,享受的税收优惠事项是否按规定进行申报或备案(查)。

第三,税务合规尽职调查应充分调查目标企业重大经济事项涉税处理的合规性,包括:

(1)重点关注目标企业的重大并购或重组业务方案和合同,特别是重组业务选择适用特殊性税务处理是否合规、审慎;对商业事务涉及并购的,重点关注并购后目标对象适用税收政策变化,特别是优惠政策。

(2)重点关注目标企业的关联交易类型和业务流程,相关涉税处理是否合规、审慎。

(3)重点关注目标企业的重大资产确认、管理、处置等环节的相关情况,相关涉税处理是否合规、审慎。

(4)重点关注目标企业的重大投资业务初始投资、取得投资收益、投资处置等环节的相关情况,相关涉税处理是否合规、审慎;对商业事务涉及投资的,重点关注商业事务达成对目标企业以前年度重大事项的税务处理影响。

(5)重点关注目标企业的重大经济业务合同,包括影响重大或金额重大的经济业务合同,相关涉税处理是否合规、审慎。

（6）重点关注目标企业境外投资情况、对境外所得及亏损等事项的涉税处理是否合规、审慎。

（7）重点关注目标企业其他尽职调查结果，包括法律尽职调查、财务尽职调查、业务尽职调查等，对相关事项和结论进行对比，分析涉税情况。

（四）税务合规尽职调查报告参考文本

税务合规尽职调查业务报告

我们接受委托，对________（以下简称目标单位）________年____月____日至________年____月____日期间的税务状况进行尽职调查，反映涉税处理的合规性和审慎性风险，并出具税务合规尽职调查报告。

我们的责任是，本着依法、独立、客观的原则，依据国家相关税收法律法规及税务师执业规范的要求，对目标单位的相关资料实施我们认为必要的调查程序，并对实施程序的结果出具尽职调查报告。

报告的专业意见，是在我们对现行的中国税收法律法规及税务实务的理解和目标单位提供的相关资料的基础上形成的。如果这些基础以后发生变化，有可能影响我们的专业意见。在我们正式向委托人递交报告之后，因以上基础的变更导致影响报告专业意见，我们不负主动更新和修正的责任。

调查报告中提出的涉税处理的合规性和审慎性风险，仅是我们在调查中注意到的、有可能产生税务风险的重要事项，作为后续目标单位进行税务合规的重要依据，不得用作他用。

委托人有责任确保报告用于适当的用途。如委托人或其他第三人不当地使用报告，我们对此产生的一切后果不承担任何责任。

开展税务合规尽职调查期间，我们向目标单位索取了所需的各项资料，包括但不限于各税种申报资料及计算资料、账簿凭证、业务合同、公开信息、重大会议纪要、资产相关权证等。我们考虑了相关资料的证明能力，考虑了内部控制制度的存在性和有效性，考虑了相关资料的相关性和可靠性，对目标单位提供的相关资料实施了计算、复核、验证和职业判断等必要的程序，发现以下涉税处理的合规性、审慎性可能存在重大风险。

一、目标单位情况

（一）基本情况

包括但不限于成立日期、注册地址、法定代表人、注册资本、出资情况、企业类型、社会统一信用代码、会计机构负责人、是否设置分支机构、是否属于实行跨地区经营汇总缴纳企业所得税的分支机构、企业所得税主管税务机关、实际经营项目及经营方式等。

（二）财务状况

包括但不限于委托期间各期公司资产总额、净资产额、负债总额及主要资产等。

（三）经营状况 包括但不限于委托期间各期损益表主要数据。 （四）纳税情况及税务处理方法 包括但不限于公司基本的税收政策，主要税种、计税依据、税率（征收率），适用的税收优惠政策等。 二、涉税处理重大风险 （一）事项描述 （二）政策依据 （三）分析结论 三、其他事项 合规人员：（签章） 律师事务所（盖章） 日期：

四、税务合规清单

（一）行政税务合规清单

国务院税务主管部门主管全国税收征收管理工作。各地国家税务局和地方税务局应当按照国务院规定的税收征收管理范围分别进行征收管理。地方各级人民政府应当依法加强对本行政区域内税收征收管理工作的领导或者协调，支持税务机关依法执行职务，依照法定税率计算税额，依法征收税款。各有关部门和单位应当支持、协助税务机关依法执行职务。税务机关依法执行职务，任何单位和个人不得阻挠。

表 7　行政税务合规清单

法律依据	违法行为表现	违法责任
《税收征收管理法》第 60 条	纳税人未按照规定的期限申报办理税务登记、变更或者注销登记的	由税务机关责令限期改正,可以处二千元以下的罚款;情节严重的,处二千元以上一万元以下的罚款
	纳税人未按照规定设置、保管账簿或者保管记账凭证和有关资料的	
	纳税人未按照规定将财务、会计制度或者财务、会计处理办法和会计核算软件报送税务机关备查的	
	纳税人未按照规定将其全部银行账号向税务机关报告的	
	纳税人未按照规定安装、使用税控装置,或者损毁或者擅自改动税控装置的	
	纳税人不办理税务登记	由税务机关责令限期改正;逾期不改正的,经税务机关提请,由工商行政管理机关吊销其营业执照
	纳税人未按照规定使用税务登记证件,或者转借、涂改、损毁、买卖、伪造税务登记证件的	处二千元以上一万元以下的罚款;情节严重的,处一万元以上五万元以下的罚款
《税收征收管理法》第 61 条	扣缴义务人未按照规定设置、保管代扣代缴、代收代缴税款账簿或者保管代扣代缴、代收代缴税款记账凭证及有关资料的	由税务机关责令限期改正,可以处二千元以下的罚款;情节严重的,处二千元以上五千元以下的罚款
《税收征收管理法》第 62 条	纳税人未按照规定的期限办理纳税申报和报送纳税资料的,或者扣缴义务人未按照规定的期限向税务机关报送代扣代缴、代收代缴税款报告表和有关资料的	由税务机关责令限期改正,可以处二千元以下的罚款;情节严重的,可以处二千元以上一万元以下的罚款

续表

法律依据	违法行为表现	违法责任
《税收征收管理法》第63条	纳税人伪造、变造、隐匿、擅自销毁账簿、记账凭证，或者在账簿上多列支出或者不列、少列收入，或者经税务机关通知申报而拒不申报或者进行虚假的纳税申报，不缴或者少缴应纳税款的，是偷税。	税务机关追缴其不缴或者少缴的税款、滞纳金，并处不缴或者少缴的税款百分之五十以上五倍以下的罚款；构成犯罪的，依法追究刑事责任
	纳税人伪造、变造、隐匿、擅自销毁账簿、记账凭证，或者在账簿上多列支出或者不列、少列收入，或者经税务机关通知申报而拒不申报或者进行虚假的纳税申报，不缴或者少缴少缴已扣、已收税款	税务机关追缴其不缴或者少缴的税款、滞纳金，并处不缴或者少缴的税款百分之五十以上五倍以下的罚款；构成犯罪的，依法追究刑事责任
《税收征收管理法》第64条	纳税人、扣缴义务人编造虚假计税依据	税务机关责令限期改正，并处五万元以下的罚款。 税务机关追缴其不缴或者少缴的税款、滞纳金，并处不缴或者少缴的税款百分之五十以上五倍以下的罚款
	纳税人不进行纳税申报，不缴或者少缴应纳税款	
《税收征收管理法》第65条	纳税人欠缴应纳税款，采取转移或者隐匿财产的手段，妨碍税务机关追缴欠缴的税款	税务机关追缴欠缴的税款、滞纳金，并处欠缴税款百分之五十以上五倍以下的罚款；构成犯罪的，依法追究刑事责任
《税收征收管理法》第66条	以假报出口或者其他欺骗手段，骗取国家出口退税款	税务机关追缴其骗取的退税款，并处骗取税款一倍以上五倍以下的罚款；构成犯罪的，依法追究刑事责任。税务机关可以在规定期间内停止为其办理出口退税
《税收征收管理法》第67条	以暴力、威胁方法拒不缴纳税款的，是抗税	由税务机关追缴其拒缴的税款、滞纳金外，依法追究刑事责任。情节轻微，未构成犯罪的，由税务机关追缴其拒缴的税款、滞纳金，并处拒缴税款一倍以上五倍以下的罚款

续表

法律依据	违法行为表现	违法责任
《税收征收管理法》第 68 条	纳税人、扣缴义务人在规定期限内不缴或者少缴应纳或者应解缴的税款，经税务机关责令限期缴纳，逾期仍未缴纳	税务机关除依照本法第四十条的规定采取强制执行措施追缴其不缴或者少缴的税款外，可以处不缴或者少缴的税款百分之五十以上五倍以下的罚款
《税收征收管理法》第 69 条	扣缴义务人应扣未扣、应收而不收税款	由税务机关向纳税人追缴税款，对扣缴义务人处应扣未扣、应收未收税款百分之五十以上三倍以下的罚款
《税收征收管理法》第 70 条	纳税人、扣缴义务人逃避、拒绝或者以其他方式阻挠税务机关检查	税务机关责令改正，可以处一万元以下的罚款；情节严重的，处一万元以上五万元以下的罚款
《税收征收管理法》第 71 条	违反《中华人民共和国税收征收管理法（2015 年修正）》第二十二条规定，非法印制发票的	税务机关销毁非法印制的发票，没收违法所得和作案工具，并处一万元以上五万元以下的罚款；构成犯罪的，依法追究刑事责任
《税收征收管理法》第 72 条	从事生产、经营的纳税人、扣缴义务人有本法规定的税收违法行为，拒不接受税务机关处理	税务机关可以收缴其发票或者停止向其发售发票
《税收征收管理法》第 73 条	纳税人、扣缴义务人的开户银行或者其他金融机构拒绝接受税务机关依法检查纳税人、扣缴义务人存款账户，或者拒绝执行税务机关作出的冻结存款或者扣缴税款的决定，或者在接到税务机关的书面通知后帮助纳税人、扣缴义务人转移存款，造成税款流失	税务机关处十万元以上五十万元以下的罚款，对直接负责的主管人员和其他直接责任人员处一千元以上一万元以下的罚款

(二)刑事税务合规清单

表8 刑事税务合规清单

罪名	法律依据	行为及后果
逃税罪	《刑法》第201条	纳税人采取欺骗、隐瞒手段进行虚假纳税申报或者不申报,逃避缴纳税款数额较大并且占应纳税额百分之十以上的,处三年以下有期徒刑或者拘役,并处罚金;数额巨大并且占应纳税额百分之三十以上的,处三年以上七年以下有期徒刑,并处罚金。 扣缴义务人采取前款所列手段,不缴或者少缴已扣、已收税款,数额较大的,依照前款的规定处罚。 对多次实施前两款行为,未经处理的,按照累计数额计算。 有第一款行为,经税务机关依法下达追缴通知后,补缴应纳税款,缴纳滞纳金,已受行政处罚的,不予追究刑事责任;但是,五年内因逃避缴纳税款受过刑事处罚或者被税务机关给予二次以上行政处罚的除外
抗税罪	《刑法》第202条	以暴力、威胁方法拒不缴纳税款的,处三年以下有期徒刑或者拘役,并处拒缴税款一倍以上五倍以下罚金;情节严重的,处三年以上七年以下有期徒刑,并处拒缴税款一倍以上五倍以下罚金
逃避追缴欠税罪	《刑法》第203条	纳税人欠缴应纳税款,采取转移或者隐匿财产的手段,致使税务机关无法追缴欠缴的税款,数额在一万元以上不满十万元的,处三年以下有期徒刑或者拘役,并处或者单处欠缴税款一倍以上五倍以下罚金;数额在十万元以上的,处三年以上七年以下有期徒刑,并处欠缴税款一倍以上五倍以下罚金
骗取出口退税罪	《刑法》第204条	以假报出口或者其他欺骗手段,骗取国家出口退税款,数额较大的,处五年以下有期徒刑或者拘役,并处骗取税款一倍以上五倍以下罚金;数额巨大或者有其他严重情节的,处五年以上十年以下有期徒刑,并处骗取税款一倍以上五倍以下罚金;数额特别巨大或者有其他特别严重情节的,处十年以上有期徒刑或者无期徒刑,并处骗取税款一倍以上五倍以下罚金或者没收财产。 纳税人缴纳税款后,采取前款规定的欺骗方法,骗取所缴纳的税款的,依照本法第二百零一条的规定定罪处罚;骗取税款超过所缴纳的税款部分,依照前款的规定处罚

续表

罪名	法律依据	行为及后果
虚开增值税专用发票、用于骗取出口退税、抵扣税款发票罪	《刑法》第 205 条	虚开增值税专用发票或者虚开用于骗取出口退税、抵扣税款的其他发票的,处三年以下有期徒刑或者拘役,并处二万元以上二十万元以下罚金;虚开的税款数额较大或者有其他严重情节的,处三年以上十年以下有期徒刑,并处五万元以上五十万元以下罚金;虚开的税款数额巨大或者有其他特别严重情节的,处十年以上有期徒刑或者无期徒刑,并处五万元以上五十万元以下罚金或者没收财产。 单位犯本条规定之罪的,对单位判处罚金,并对其直接负责的主管人员和其他直接责任人员,处三年以下有期徒刑或者拘役;虚开的税款数额较大或者有其他严重情节的,处三年以上十年以下有期徒刑;虚开的税款数额巨大或者有其他特别严重情节的,处十年以上有期徒刑或者无期徒刑。 虚开增值税专用发票或者虚开用于骗取出口退税、抵扣税款的其他发票,是指有为他人虚开、为自己虚开、让他人为自己虚开、介绍他人虚开行为之一的
虚开发票罪	《刑法》第 205 条之一	虚开本法第二百零五条规定以外的其他发票,情节严重的,处二年以下有期徒刑、拘役或者管制,并处罚金;情节特别严重的,处二年以上七年以下有期徒刑,并处罚金。 单位犯前款罪的,对单位判处罚金,并对其直接负责的主管人员和其他直接责任人员,依照前款的规定处罚
伪造、出售伪造的增值税专用发票罪	《刑法》第 206 条	伪造或者出售伪造的增值税专用发票的,处三年以下有期徒刑、拘役或者管制,并处二万元以上二十万元以下罚金;数量较大或者有其他严重情节的,处三年以上十年以下有期徒刑,并处五万元以上五十万元以下罚金;数量巨大或者有其他特别严重情节的,处十年以上有期徒刑或者无期徒刑,并处五万元以上五十万元以下罚金或者没收财产。 单位犯本条规定之罪的,对单位判处罚金,并对其直接负责的主管人员和其他直接责任人员,处三年以下有期徒刑、拘役或者管制;数量较大或者有其他严重情节的,处三年以上十年以下有期徒刑;数量巨大或者有其他特别严重情节的,处十年以上有期徒刑或者无期徒刑
非法出售增值税专用发票罪	《刑法》第 207 条	非法出售增值税专用发票的,处三年以下有期徒刑、拘役或者管制,并处二万元以上二十万元以下罚金;数量较大的,处三年以上十年以下有期徒刑,并处五万元以上五十万元以下罚金;数量巨大的,处十年以上有期徒刑或者无期徒刑,并处五万元以上五十万元以下罚金或者没收财产

续表

罪名	法律依据	行为及后果
非法购买增值税专用发票、购买伪造的增值税专用发票罪	《刑法》第 208 条	非法购买增值税专用发票或者购买伪造的增值税专用发票的,处五年以下有期徒刑或者拘役,并处或者单处二万元以上二十万元以下罚金。 非法购买增值税专用发票或者购买伪造的增值税专用发票又虚开或者出售的,分别依照本法第二百零五条、第二百零六条、第二百零七条的规定定罪处罚
非法制造、出售非法制造的用于骗取出口退税、抵扣税款发票罪	《刑法》第 209 条	伪造、擅自制造或者出售伪造、擅自制造的可以用于骗取出口退税、抵扣税款的其他发票的,处三年以下有期徒刑、拘役或者管制,并处二万元以上二十万元以下罚金;数量巨大的,处三年以上七年以下有期徒刑,并处五万元以上五十万元以下罚金;数量特别巨大的,处七年以上有期徒刑,并处五万元以上五十万元以下罚金或者没收财产
非法制造、出售非法制造的发票罪	《刑法》第 209 条	伪造、擅自制造或者出售伪造、擅自制造的前款规定以外的其他发票的,处二年以下有期徒刑、拘役或者管制,并处或者单处一万元以上五万元以下罚金;情节严重的,处二年以上七年以下有期徒刑,并处五万元以上五十万元以下罚金
非法出售用于骗取出口退税、抵扣税款发票罪		非法出售可以用于骗取出口退税、抵扣税款的其他发票的,依照第一款的规定处罚
非法出售发票罪		非法出售第三款规定以外的其他发票的,依照第二款的规定处罚
盗窃罪	《刑法》第 210 条	盗窃增值税专用发票或者可以用于骗取出口退税、抵扣税款的其他发票的,依照本法第二百六十四条的规定定罪处罚
诈骗罪		使用欺骗手段骗取增值税专用发票或者可以用于骗取出口退税、抵扣税款的其他发票的,依照本法第二百六十六条的规定定罪处罚
持有伪造的发票罪	《刑法》第 210 条之一	明知是伪造的发票而持有,数量较大的,处二年以下有期徒刑、拘役或者管制,并处罚金;数量巨大的,处二年以上七年以下有期徒刑,并处罚金 单位犯前款罪的,对单位判处罚金,并对其直接负责的主管人员和其他直接责任人员,依照前款的规定处罚

续表

罪名	法律依据	行为及后果
单位犯危害税收征管罪的处罚规定	《刑法》第211条	单位犯本节第二百零一条、第二百零三条、第二百零四条、第二百零七条、第二百零八条、第二百零九条规定之罪的，对单位判处罚金，并对其直接负责的主管人员和其他直接责任人员，依照各该条的规定处罚
税收征缴优先原则	《刑法》第212条	犯本节第二百零一条至第二百零五条规定之罪，被判处罚金、没收财产的，在执行前，应当先由税务机关追缴税款和所骗取的出口退税款

五、税务合规体系的构建

税务合规体系的构建主要包括以下内容：

第一，财务、税务员工手册的制定、落实。根据企业自身特点制定完整、系统的员工手册，对于企业内部业务开票、依法申报纳税过程中可能出现的所有风险进行涵盖，并在企业内部完整公示，向每一个员工告知基本内容。

第二，合规治理。企业内部对不同层级的高级管理人员和员工设定适合的税务合规义务履行、监督职能和权限，压实各方责任以督促其履行税务合规义务。

第三，内部税务、财务合规负责人/部门的设立。企业设有专门的合规管理部门或合规负责人，能够及时预防税务风险或者在税务风险发生时作出有效应对，并在事后有针对性地对相关制度进行优化。

第四，税务合规承诺的取得。向企业所有层级的人员传达有效的税务合规管理和遵守管理系统的重要性，并取得所有人员的合规承诺。

第五，税务合规培训制度的构建。企业梳理常见税务合规风险并由专业人员定期对员工进行培训，规范纳税行为，并形成税务合规培训制度。

第六，举报制度的构建。企业构建完整的举报制度，设立有效公开的举报渠道，有专门的举报管理部门就企业税务失范举报信息进行及时处理并反馈，设立完整的举报信息处理流程及奖惩机制。

第七，税务合规调查惩戒制度的构建。企业设立税务违规行为调查惩戒制度，对违规行为的范围、调查惩戒的基本原则和程序、惩戒内容予以明确并有效落实。

第八，税务合规评估报告制度的构建。企业设立完整的企业税务合规评估报告制度，对评估实际、参评人员、评估范围、评估标准作出规定，并能根据评估结论作出有效整改。

第九，税务合规绩效评审制度的构建。企业制定完整化、体系化的合规绩效评审制度，内容基本覆盖企业内部人员常见的偷税、漏税、抗税、违规取得发票、发票违法等违规行为，按照违规行为的性质设置不同程度惩罚措施，定期开展评审并严格落实。

第十，税务合规管理体系动态调整制度的构建。企业设立合规管理体系动态调整制度，定期审查内部管理体系的有效性，根据企业内部环境、外部环境、业务、客户性质等进行完善调整。

第十一，企业税务管理相关制度，包括企业依法申报纳税、税务登记等制度文件、企业账册管理处理制度文件等。

六、税务合规计划的落实

1. 取得高级管理人员承诺，落实主体责任

税务合规要从领导做起，企业的税务治理机构、最高管理者和管理层应当贯彻企业的税务合规方针，才能保障税务合规和监管责任的落实。

2. 强化税务合规培训，取得合规承诺，构建税务合规文化

企业应根据制度规定组织财务人员开展税务合规培训，及时了解和掌握国家最新的财经法规，开阔视野，更新知识，提高工作能力和水平，尤其加强对金税三期征管软件预警评估系统的深入学习，每月对企业各项资料进行数据信息和逻辑关系分析。让企业每一位员工深刻认识到我国税收取之于民、用之于民的根本政策，国家通过税收实现全体人民的根本利益，依法纳税是每一个公民、组织应尽的义务。

3. 税务违规违法行为举报监管机制运行顺畅

设立举报机制，可以对违规者起到警示作用。同时也能通过该机制实现“正向激励、反向倒逼”的目标，有利于企业及时发现和处理出现的税务违

法违规行为,并对举报者作出奖励。

4. 完善相关奖惩制度,将税务合规纳入绩效考核

将税务合规纳入绩效考核体系,并将税务合规表现与工资挂钩,如此才能规范员工日常行为。此外,对违规的员工给予适当的处罚,对积极监督举报的主体予以奖励,有奖有惩,赏罚分明,才能调动每一个员工完成目标的积极性。

七、合规计划的检查与改进

税务合规是一个长期的、动态的过程,企业应当安排专业合规人员持续关注并及时对反馈出来的问题进行处理,根据制度要求定期对企业涉税问题、环节、行为进行税务风险测定,筛选出可疑信息,进行预警评估并持续改进,不断优化改进税务合规体系。当税务合规工作推进到一定程度,合规观念会逐渐渗透到每一个企业员工的思想中,企业会形成税务合规文化,员工也能够自觉地遵守税务合规制度,减少违法违规行为的出现。

附:税务合规涉及相关法规梳理

1. 法律

序号	法规名称	发布日期	生效日期	文号
1	《印花税法》	2021.06.10	2022.07.01	主席令第 89 号
2	《城市维护建设税法》	2020.08.11	2021.09.01	主席令第 51 号
3	《契税法》	2020.08.11	2021.09.01	主席令第 52 号
4	《资源税法》	2019.08.26	2020.09.01	主席令第 33 号
5	《车船税法》(2019 年修订)	2019.04.23	2019.04.23	主席令第 29 号
6	《企业所得税法》(2018 年修正)	2018.12.29	2018.12.29	主席令第 23 号
7	《耕地占用税法》	2018.12.29	2019.09.01	主席令第 18 号
8	《车辆购置税法》	2018.12.29	2019.07.01	主席令第 19 号
9	《船舶吨税法》(2018 年修正)	2018.10.26	2018.10.26	主席令第 16 号
10	《环境保护税法》(2018 年修正)	2018.10.26	2018.10.26	主席令第 16 号

续表

序号	法规名称	发布日期	生效日期	文号
11	《个人所得税法》(2018 年修正)	2018.08.31	2019.01.01	主席令第 9 号
12	《烟叶税法》	2017.12.27	2018.07.01	主席令第 84 号
13	《税收征收管理法》(2015 年修正)	2015.04.24	2015.04.24	主席令第 23 号
14	《全国人民代表大会常务委员会关于〈中华人民共和国刑法〉有关出口退税、抵扣税款的其他发票规定的解释》	2005.12.29	2005.12.29	
15	《全国人民代表大会常务委员会关于惩治虚开、伪造和非法出售增值税专用发票犯罪的决定》	1995.10.30	1995.10.30	主席令第 57 号
16	《全国人民代表大会常务委员会关于外商投资企业和外国企业适用增值税、消费税、营业税等税收暂行条例的决定》	1993.12.29	1993.12.29	主席令第 18 号

2. 行政法规

序号	法规名称	发布日期	生效日期	文号
1	《企业所得税法实施条例》(2019 年修订)	2019.04.23	2019.04.23	国务院令第 714 号
2	《城镇土地使用税暂行条例》(2019 年修订)	2019.03.02	2019.03.02	国务院令第 709 号
3	《车船税法实施条例》(2019 年修订)	2019.03.02	2019.03.02	国务院令第 709 号
4	《个人所得税法实施条例》(2018 年修订)	2018.12.18	2019.01.01	国务院令第 707 号
5	《国务院关于印发〈个人所得税专项附加扣除暂行办法〉的通知》	2018.12.13	2019.01.01	国发〔2018〕41 号
6	《环境保护税法实施条例》	2017.12.25	2018.01.01	国务院令第 693 号

续表

序号	法规名称	发布日期	生效日期	文号
7	《增值税暂行条例》(2017 年修订)	2017.11.19	2017.11.19	国务院令第 691 号
8	《进出口关税条例》(2017 年修订)	2017.03.01	2017.03.01	国务院令第 676 号
9	《税收征收管理法实施细则》(2016 年修订)	2016.02.06	2016.02.06	国务院令第 666 号
10	《土地增值税暂行条例》(2011 年修订)	2011.01.08	2011.01.08	国务院令第 588 号
11	《房产税暂行条例》(2011 年修订)	2011.01.08	2011.01.08	国务院令第 588 号
12	《印花税暂行条例》(2011 年修订)	2011.01.08	2011.01.08	国务院令第 588 号
13	《消费税暂行条例》(2008 年修订)	2008.11.10	2009.01.01	国务院令第 539 号
14	《发票管理办法》(2019 年修订)	2019.03.02	2019.03.02	国务院令第 709 号

3. 司法解释

序号	法规名称	发布日期	生效日期	文号
1	《最高人民法院关于税务机关就破产企业欠缴税款产生的滞纳金提起的债权确认之诉应否受理问题的批复》	2012.06.26	2012.07.12	法释〔2012〕9 号
2	《最高人民检察院、最高人民法院、国家税务局关于印发〈关于办理偷税、抗税案件追缴税款统一由税务机关缴库的规定〉的通知》	1991.10.31	1991.10.31	高检会〔1991〕31 号
3	《最高人民法院关于虚开增值税专用发票定罪量刑标准有关问题的通知》	2018.08.22	2018.08.22	法〔2018〕226 号

续表

序号	法规名称	发布日期	生效日期	文号
4	《最高人民法院研究室关于违反经行政法规授权制定的规范一般纳税人资格的文件应否认定为“违反法律、行政法规的规定”问题的答复》	2012.05.03	2012.05.03	法研〔2012〕59号
5	《最高人民检察院法律政策研究室关于税务机关工作人员通过企业以“高开低征”的方法代开增值税专用发票的行为如何适用法律问题的答复》	2004.03.17	2004.03.17	高检研发〔2004〕6号
6	《最高人民法院关于审理偷税抗税刑事案件具体应用法律若干问题的解释》	2002.11.05	2002.11.07	法释〔2002〕33号
7	《最高人民法院关于审理骗取出口退税刑事案件具体应用法律若干问题的解释》	2002.09.17	2002.09.23	法释〔2002〕30号
8	《最高人民法院司法部关于欠税案件的处理及计算滞纳金的解释的通知》	1954.06.10	1954.06.10	54法行字第6007号
9	《最高人民法院关于适用〈全国人民代表大会常务委员会关于惩治虚开、伪造和非法出售增值税专用发票犯罪的决定〉的若干问题的解释》	1996.10.17	1996.10.17	法发〔1996〕30号
10	《最高人民法院关于对〈审计署关于咨询虚开增值税专用发票罪问题的函〉的复函》	2001.10.17	2001.10.17	法函〔2001〕66号

第三节

专项合规之反商业贿赂合规

一、案例引入[①]

(一)基本案情

深圳Y科技股份有限公司(以下简称Y公司)系深圳H智能技术有限公司(以下简称H公司)的音响设备供货商。Y公司业务员王某某,为了在H公司音响设备选型中获得照顾,向H公司采购员刘某甲陆续支付好处费25万元,并在刘某甲的暗示下向H公司技术总监陈某行贿24万余元。由王某某通过公司采购流程与深圳市A数码科技有限公司(以下简称A公司)签订采购合同,将资金转入至A公司账户,A公司将相关费用扣除后,将剩余的资金转入至陈某指定的账户中。Y公司副总裁刘某乙、财务总监林某某,对相关款项进行审核后,王某某从公司领取行贿款项实施行贿。

2019年10月,H公司向深圳市公安局南山分局报案,王某某、林某某、刘某乙及刘某甲、陈某相继到案。2020年3月,深圳市公安局南山分局以王某某、林某某、刘某乙涉嫌对非国家工作人员行贿罪,刘某甲、陈某涉嫌非国家工作人员受贿罪向深圳市南山区人民检察院移送审查起诉。

2020年4月,检察机关对王某某依据《刑事诉讼法》第一百七十七条第

① 参见《最高检发布企业合规改革试点典型案例(第一批)》之案例三,王某某、林某某、刘某乙对非国家工作人员行贿案。

二款作出不起诉决定，对林某某、刘某乙依据《刑事诉讼法》第一百七十七条第一款作出不起诉决定，以陈某、刘某甲涉嫌非国家工作人员受贿罪向深圳市南山区人民法院提起公诉。同月，深圳市南山区人民法院以非国家工作人员受贿罪判处被告人刘某甲有期徒刑6个月，判处被告人陈某拘役5个月。法院判决后，检察机关于2020年7月与Y公司签署合规监管协议，协助企业开展合规建设。

(二)企业合规整改情况及处理结果

检察机关在司法办案过程中了解到，Y公司属于深圳市南山区拟上市的重点企业，该公司在专业音响领域处于国内领先地位，已经在开展上市前辅导，但本案暴露出Y公司在制度建设和日常管理中存在较大漏洞。检察机关与Y公司签署合规监管协议后，围绕与商业贿赂犯罪有密切联系的企业内部治理结构、规章制度、人员管理等方面存在的问题，制定可行的合规管理规范，构建有效的合规组织体系，健全合规风险防范报告机制，弥补企业制度建设和监督管理漏洞，防止再次发生相同或者类似的违法犯罪。Y公司对内部架构和人员进行了重整，着手制定企业内部反舞弊和防止商业贿赂指引等一系列规章制度，增加企业合规的专门人员。检察机关通过回访Y公司合规建设情况，针对企业可能涉及的知识产权等合规问题进一步提出指导意见，推动企业查漏补缺并重启了上市申报程序。

(三)典型意义

本案中，检察机关积极推动企业合规与依法适用不起诉相结合。依法对涉案企业负责人作出不起诉决定，不是简单一放了之，而是通过对企业提出整改意见，推动企业合规建设，进行合规考察等后续工作，让涉案企业既为违法犯罪付出代价，又吸取教训建立健全防范再犯的合规制度，维护正常经济秩序。

二、反商业贿赂合规的重要意义

《ZTE中兴反商业贿赂合规体系(2020年5月12日更新)》，将贿赂定义为直接或间接地向公共部门或私营企业的任何人员提议、承诺、给予、授权给予金钱或其他任何有价值物,以不当地影响收受方的正当职责或行为,获取或保持业务或商业行为中的其他不当利益。需要注意的是,谋取的是他人的利益而非自己的利益;谋取的是与私人之间的业务而与公职领域无关;支付报酬后未能谋得任何业绩或收益;未为公司谋得竞争优势;承诺在获得业务或谋取利益之后才给予金钱报酬,无论最终是否获得该业务或利益;金钱报酬由收款方首先提出,我方人员默认或作出承诺的意思表示;收款方并不是相关利益决策者,前述情况也可能构成贿赂。

近年来,包括中国在内的许多国家对商业贿赂监管执法日趋严格,尤其在一些医药、零售、互联网、金融等行业领域泛滥成灾。尤其是2021年9月,中央纪委国家监委与中央组织部、中央统战部、中央政法委、最高人民法院、最高人民检察院联合印发了《关于进一步推进受贿行贿一起查的意见》,对进一步推进受贿行贿一起查作出部署。该意见指出:坚持受贿行贿一起查,多措并举提高打击行贿的精准性、有效性,推动实现腐败问题的标本兼治;坚持无禁区、全覆盖、零容忍,坚持重遏制、强高压、长震慑,坚持受贿行贿一起查,使不敢腐、不能腐、不想腐一体化推进有更多的制度性成果和更大的治理成效;坚决查处行贿行为,重点查处多次行贿、巨额行贿以及向多人行贿,在国家重要工作、重点工程、重大项目中行贿的;在组织人事、执纪执法司法、生态环保、财政金融、安全生产、食品药品、帮扶救灾、养老社保、教育医疗等领域行贿的;实施重大商业贿赂的行为;纪检监察机关、审判机关和检察机关根据职能职责严肃惩治行贿行为等。企业反商业贿赂合规也随之备受重视。

三、合规尽职调查——合规风险的识别评估

在了解掌握目标企业背景、信息,掌握业务、所属行业基本情况的基础上,反商业贿赂合规尽职调查应当特别关注以下内容:

1. 对企业馈赠行为的评价

根据最高人民法院、最高人民检察院《关于办理商业贿赂刑事案件适用

法律若干问题的意见》的规定,办理商业贿赂犯罪案件,要注意区分贿赂与馈赠的界限,主要应当结合以下因素全面分析、综合判断:(1)发生财物往来的背景,如双方是否存在亲友关系及历史上交往的情形和程度;(2)往来财物的价值;(3)财物往来的缘由、时机和方式,提供财物方对于接受方有无职务上的请托;(4)接受方是否利用职务上的便利为提供方谋取利益。

尽职调查过程中,需要按照如上标准对企业馈赠行为中可能的风险予以识别评价。

2. 特殊款项支付的核查

款待、礼赠、推广与促销、慈善或政治捐赠、疏通费等特殊款项支付,需要就支付程序及支付款项限额进行规定,核查该类特殊款项是否有违公司反贿赂政策中规定的良好商业惯例,是否如实记录、入账,交易过程及细节是否向公司相应管理层、股东汇报并获得支持、交易过程是否与相关业务相称,不要将收受方置于应当履行某种义务或实现某种期待的位置。

但若以影响商业交易为目的,向相对方或相对方亲属提供或承诺提供商业机会、不合理便利条件、高于正常市场折扣、超出一般的报销、代为支付相关费用、货币、物品或其他财产性利益等,均会存在贿赂的可能性。

3. 回扣的识别

根据《反不正当竞争法》第 7 条第 2 款的规定,经营者在交易活动中,可以以明示方式向交易相对方支付折扣,或者向中间人支付佣金。经营者及交易相对方均需如实入账。由此可见,回扣与折扣的区别主要体现于是否如实入账。但若假借佣金等中介费用向相关方输送贿赂则可能引发风险。需要核查企业在支付中介费用时中间人与交易关联方是否有利益关系,佣金等中介费用的金额是否符合商业惯例等。

4. 公职人员/外部利益主体的招待

企业在商事活动中不可避免会与公职人员或其他各类外部利益主体接触,需要安排提供参观、访问、进修、招待等相关活动,应当核查企业在招待行程是否安排与活动目的无关的娱乐活动,提供的招待费用、活动项目费用是否高于正常活动费用。

5. 财务核查

核查企业在招待、礼品等项目付款审批流程,是否存在数额上限,是否获得高级管理人员批准等,审核相关款项的支付是否都有充分的合同、票价、合理理由支持等,如款项的支付在业务所在地之外,合同及发票的数额、收款人与实际不符,付款理由存在不合理之处。必要时,需要请审计部门对相关财务予以核查。

6. 商业行为准则等规章制度的制定与落实

核查企业内部是否存在与自身相符的《员工手册》《反商业贿赂规则》《反商业贿赂员工培训制度》《商业行为准则》等规章制度,根据《劳动合同法》等相关规定公示或签收,并切实严格执行前述规定,规范企业员工日常行为,员工实施商业贿赂行为将受到的纪律处分措施和法律责任,保证规章制度的有效性。

7. 反商业贿赂调查与处理机制

核查企业是否已经成立独立的反商业贿赂合规调查部门,设定内部举报监督制度及举报保护机制,为"吹哨人"提供多种举报渠道,并且设定相应奖惩机制。

四、反商业贿赂合规清单

(一)行政反商业贿赂合规清单

表 9 行政反商业贿赂合规清单

法律依据	违法行为表现	违法责任
《反不正当竞争法》第 7 条	采用财物或者其他手段贿赂下列单位或者个人,以谋取交易机会或者竞争优势: (一)交易相对方的工作人员; (二)受交易相对方委托办理相关事务的单位或者个人; (三)利用职权或者影响力影响交易的单位或者个人。 经营者在交易活动中,可以以明示方式向交易相对方支付折扣,或者向中间人	由监督检查部门没收违法所得,处十万元以上三百万元以下的罚款。情节严重的,吊销营业执照

续表

法律依据	违法行为表现	违法责任
	支付佣金。经营者向交易相对方支付折扣，向中间人支付佣金的，应当如实入账。接受折扣、佣金的经营者也应当如实入账。 经营者的工作人员进行贿赂的，应当认定为经营者的行为；但是，经营者有证据证明该工作人员的行为与为经营者谋取交易机会或者竞争优势无关的除外	
《资产评估法》第44条	评估专业人员违反本法规定，有下列情形之一的： （一）私自接受委托从事业务、收取费用的； （二）同时在两个以上评估机构从事业务的； （三）采用欺骗、利诱、胁迫，或者贬损、诋毁其他评估专业人员等不正当手段招揽业务的； （四）允许他人以本人名义从事业务，或者冒用他人名义从事业务的； （五）签署本人未承办业务的评估报告或者有重大遗漏的评估报告的； （六）索要、收受或者变相索要、收受合同约定以外的酬金、财物，或者谋取其他不正当利益的	由有关评估行政管理部门予以警告，可以责令停止从业六个月以上一年以下；有违法所得的，没收违法所得；情节严重的，责令停止从业一年以上五年以下；构成犯罪的，依法追究刑事责任
《资产评估法》第47条	评估机构违反本法规定，有下列情形之一的： （一）利用开展业务之便，谋取不正当利益的； （二）允许其他机构以本机构名义开展业务，或者冒用其他机构名义开展业务的； （三）以恶性压价、支付回扣、虚假宣传，或者贬损、诋毁其他评估机构等不正当手段招揽业务的； （四）受理与自身有利害关系的业务的； （五）分别接受利益冲突双方的委托，对同一评估对象进行评估的； （六）出具有重大遗漏的评估报告的；	由有关评估行政管理部门予以警告，可以责令停业一个月以上六个月以下；有违法所得的，没收违法所得，并处违法所得一倍以上五倍以下罚款；情节严重的，由工商行政管理部门吊销营业执照；构成犯罪的，依法追究刑事责任

续表

法律依据	违法行为表现	违法责任
	(七)未按本法规定的期限保存评估档案的; (八)聘用或者指定不符合本法规定的人员从事评估业务的; (九)对本机构的评估专业人员疏于管理,造成不良后果的	
《商业银行法》第84条	商业银行工作人员利用职务上的便利,索取、收受贿赂或者违反国家规定收受各种名义的回扣、手续费	构成犯罪的,依法追究刑事责任;尚不构成犯罪的,应当给予纪律处分。有前款行为,发放贷款或者提供担保造成损失的,应当承担全部或者部分赔偿责任
《商业银行理财业务监督管理办法》	销售人员从事理财产品销售活动,不得在销售活动中为自己或他人牟取不正当利益,承诺进行利益输送,通过给予他人财物或利益,或接受他人给予的财物或利益等形式进行商业贿赂	
《招标投标法》第53条	投标人以向招标人或者评标委员会成员行贿的手段谋取中标的	中标无效,处中标项目金额千分之五以上千分之十以下的罚款;单位直接负责的主管人员和其他直接责任人员处单位罚款数额百分之五以上百分之十以下的罚款;没收违法所得;情节严重的,取消一年至二年内投标资格并予以公告,直至营业执照吊销;构成犯罪的,依法追究刑事责任;给他人造成损失的,依法承担赔偿责任
《税收征收管理法》第62条	纳税人未按照规定的期限办理纳税申报和报送纳税资料的,或者扣缴义务人未按照规定的期限向税务机关报送代扣代缴、代收代缴税款报告表和有关资料的	税务机关责令限期改正,可以处二千元以下的罚款;情节严重的,可以处二千元以上一万元以下的罚款

续表

法律依据	违法行为表现	违法责任
《药品管理法》第 141 条	药品上市许可持有人、药品生产企业、药品经营企业或者医疗机构在药品购销中给予、收受回扣或者其他不正当利益的,药品上市许可持有人、药品生产企业、药品经营企业或者代理人给予使用其药品的医疗机构的负责人、药品采购人员、医师、药师等有关人员财物或者其他不正当利益的。 药品上市许可持有人、药品生产企业、药品经营企业在药品研制、生产、经营中向国家工作人员行贿	市场监督管理部门没收违法所得,并处三十万元以上三百万元以下的罚款;情节严重的,吊销药品上市许可持有人、药品生产企业、药品经营企业营业执照,并由药品监督管理部门吊销药品批准证明文件、药品生产许可证、药品经营许可证。 对法定代表人、主要负责人、直接负责的主管人员和其他责任人员终身禁止从事药品生产经营活动
《药品管理法》第 142 条第 1 款	药品上市许可持有人、药品生产企业、药品经营企业的负责人、采购人员等有关人员在药品购销中收受其他药品上市许可持有人、药品生产企业、药品经营企业或者代理人给予的财物或者其他不正当利益	没收违法所得,依法给予处罚;情节严重的,五年内禁止从事药品生产经营活动
《药品管理法》第 142 条第 2 款	医疗机构的负责人、药品采购人员、医师、药师等有关人员收受药品上市许可持有人、药品生产企业、药品经营企业或者代理人给予的财物或者其他不正当利益	卫生健康主管部门或者本单位给予处分,没收违法所得;情节严重的,还应当吊销其执业证书
《建筑法》第 68 条	在工程发包与承包中索贿、受贿、行贿	构成犯罪的,依法追究刑事责任;不构成犯罪的,分别处以罚款,没收贿赂的财物,对直接负责的主管人员和其他直接责任人员给予处分。 对在工程承包中行贿的承包单位,除依照前款规定处罚外,可以责令停业整顿,降低资质等级或者吊销资质证书

续表

法律依据	违法行为表现	违法责任
《政府采购法》第 72 条	采购人、采购代理机构及其工作人员有下列情形之一： （一）与供应商或者采购代理机构恶意串通的； （二）在采购过程中接受贿赂或者获取其他不正当利益的； （三）在有关部门依法实施的监督检查中提供虚假情况的； （四）开标前泄露标底的	构成犯罪的，依法追究刑事责任；尚不构成犯罪的，处以罚款，有违法所得的，并处没收违法所得，属于国家机关工作人员的，依法给予行政处分
《政府采购法》第 77 条	供应商有下列情形之一的： （一）提供虚假材料谋取中标、成交的； （二）采取不正当手段诋毁、排挤其他供应商的； （三）与采购人、其他供应商或者采购代理机构恶意串通的； （四）向采购人、采购代理机构行贿或者提供其他不正当利益的； （五）在招标采购过程中与采购人进行协商谈判的； （六）拒绝有关部门监督检查或者提供虚假情况的	处以采购金额千分之五以上千分之十以下的罚款，列入不良行为记录名单，在一至三年内禁止参加政府采购活动，有违法所得的，并处没收违法所得，情节严重的，由工商行政管理机关吊销营业执照；构成犯罪的，依法追究刑事责任

（二）刑事反商业贿赂合规清单

表 10 刑事反商业贿赂合规清单

罪名	法律依据	违法行为	法律后果
非国家工作人员受贿罪	《刑法》第 163 条	公司、企业或者其他单位的工作人员，利用职务上的便利，索取他人财物或者非法收受他人财物，为他人谋取利益，数额较大的。 公司、企业或者其他单位的工作人员在经济往来中，利用职务上的便利，违反国家规定，收受各种名义的回扣、手续费，归个人所有的	处三年以下有期徒刑或者拘役，并处罚金；数额巨大或者有其他严重情节的，处三年以上十年以下有期徒刑，并处罚金；数额特别巨大或者有其他特别严重情节的，处十年以上有期徒刑或者无期徒刑，并处罚金

续表

<table>
<tr><th>罪名</th><th>法律依据</th><th>违法行为</th><th>法律后果</th></tr>
<tr><td>行贿罪</td><td>《刑法》第 389 条、第 390 条</td><td>为谋取不正当利益,给予国家工作人员以财物;在经济往来中,违反国家规定,给予国家工作人员以各种名义的回扣、手续费。
因被勒索给予国家工作人员以财物,没有获得不正当利益的,不是行贿</td><td>处五年以下有期徒刑或者拘役,并处罚金;因行贿谋取不正当利益,情节严重的,或者使国家利益遭受重大损失的,处五年以上十年以下有期徒刑,并处罚金;情节特别严重的,或者使国家利益遭受特别重大损失的,处十年以上有期徒刑或者无期徒刑,并处罚金或者没收财产。
行贿人在被追诉前主动交待行贿行为的,可以从轻或者减轻处罚。其中,犯罪较轻的,对侦破重大案件起关键作用的,或者有重大立功表现的,可以减轻或者免除处罚</td></tr>
<tr><td rowspan="2">受贿罪</td><td rowspan="2">《刑法》第 163 条、第 383 条、第 385 条、第 386 条</td><td>国家工作人员利用职务上的便利,索取他人财物的,或者非法收受他人财物,为他人谋取利益的。
国家工作人员在经济往来中,违反国家规定,收受各种名义的回扣、手续费,归个人所有的</td><td rowspan="2">根据情节轻重,分别依照下列规定处罚:
(一)受贿数额较大或者有其他较重情节的,处三年以下有期徒刑或者拘役,并处罚金。
(二)受贿数额巨大或者有其他严重情节的,处三年以上十年以下有期徒刑,并处罚金或者没收财产。
(三)受贿数额特别巨大或者有其他特别严重情节的,处十年以上有期徒刑或者无期徒刑,并处罚金或者没收财产;数额特别巨大,并使国家和人民利益遭受特别重大损失的,处无期徒刑或者死刑,并处没收财产。
对多次受贿未经处理的,按照累计受贿数额处罚。</td></tr>
<tr><td>国有公司、企业或者其他国有单位中从事公务的人员和国有公司、企业或者其他国有单位委派到非国有公司、企业以及其他单位从事公务的人员,利用职务上的便利,索取他人财物或者非法收受他人财物,为他人谋取利益,数额较大的。</td></tr>
</table>

续表

罪名	法律依据	违法行为	法律后果
		国有公司、企业或者其他国有单位中从事公务的人员和国有公司、企业或者其他国有单位委派到非国有公司、企业以及其他单位从事公务的人员,利用职务上的便利,违反国家规定,收受各种名义的回扣、手续费,归个人所有的	犯第一款罪,在提起公诉前如实供述自己罪行、真诚悔罪、积极退赃,避免、减少损害结果的发生,有第一项规定情形的,可以从轻、减轻或者免除处罚;有第二项、第三项规定情形的,可以从轻处罚。 犯第一款罪,有第三项规定情形被判处死刑缓期执行的,人民法院根据犯罪情节等情况可以同时决定在其死刑缓期执行二年期满依法减为无期徒刑后,终身监禁,不得减刑、假释。 索贿的从重处罚
对非国家工作人员行贿罪	《刑法》第 164 条	为谋取不正当利益,给予公司、企业或者其他单位的工作人员以财物	数额较大的,处三年以下有期徒刑或者拘役,并处罚金;数额巨大的,处三年以上十年以下有期徒刑,并处罚金
		为谋取不正当商业利益,给予外国公职人员或者国际公共组织官员以财物的	
对外国公职人员、国际公共组织官员行贿罪		单位犯前两款罪的	对单位判处罚金,并对其直接负责的主管人员和其他直接责任人员,依照第一款的规定处罚
		行贿人在被追诉前主动交待行贿行为的	可以减轻处罚或者免除处罚
单位受贿罪	《刑法》第 387 条	国家机关、国有公司、企业、事业单位、人民团体,索取、非法收受他人财物,为他人谋取利益。 国家机关、国有公司、企业、事业单位、人民团体,在经济往来中,在账外暗中收受各种名义的回扣、手续费的	情节严重的,对单位判处罚金,并对其直接负责的主管人员和其他直接责任人员,处五年以下有期徒刑或者拘役。 以受贿论,情节严重的,对单位判处罚金,并对其直接负责的主管人员和其他直接责任人员,处五年以下有期徒刑或者拘役

续表

罪名	法律依据	违法行为	法律后果
利用影响力受贿罪	《刑法》第 388 条之一	国家工作人员的近亲属或者其他与该国家工作人员关系密切的人，通过该国家工作人员职务上的行为，或者利用该国家工作人员职权或者地位形成的便利条件，通过其他国家工作人员职务上的行为，为请托人谋取不正当利益，索取请托人财物或者收受请托人财物。 离职的国家工作人员或者其近亲属以及其他与其关系密切的人，利用该离职的国家工作人员原职权或者地位形成的便利条件，通过其他国家工作人员职务上的行为，为请托人谋取不正当利益，索取请托人财物或者收受请托人财物	数额较大或者有其他较重情节的，处三年以下有期徒刑或者拘役，并处罚金；数额巨大或者有其他严重情节的，处三年以上七年以下有期徒刑，并处罚金；数额特别巨大或者有其他特别严重情节的，处七年以上有期徒刑，并处罚金或者没收财产
对有影响力的人行贿罪	《刑法》第 390 条之一	为谋取不正当利益，向国家工作人员的近亲属或者其他与该国家工作人员关系密切的人，或者向离职的国家工作人员或者其近亲属以及其他与其关系密切的人行贿	处三年以下有期徒刑或者拘役，并处罚金；情节严重的，或者使国家利益遭受重大损失的，处三年以上七年以下有期徒刑，并处罚金；情节特别严重的，或者使国家利益遭受特别重大损失的，处七年以上十年以下有期徒刑，并处罚金。 单位犯前款罪的，对单位判处罚金，并对其直接负责的主管人员和其他直接责任人员，处三年以下有期徒刑或者拘役，并处罚金
对单位行贿罪	《刑法》第 391 条	为谋取不正当利益，给予国家机关、国有公司、企业、事业单位、人民团体以财物的，或者在经济往来中，违反国家规定，给予各种名义的回扣、手续费	三年以下有期徒刑或者拘役，并处罚金。 单位犯前款罪的，对单位判处罚金，并对其直接负责的主管人员和其他直接责任人员，依照前款的规定处罚

续表

罪名	法律依据	违法行为	法律后果
单位行贿罪	《刑法》第393条	单位为谋取不正当利益而行贿,或者违反国家规定,给予国家工作人员以回扣、手续费	情节严重的,对单位判处罚金,并对其直接负责的主管人员和其他直接责任人员,处五年以下有期徒刑或者拘役,并处罚金。因行贿取得的违法所得归个人所有的,依照本法第三百八十九条、第三百九十条的规定定罪处罚
介绍贿赂罪	《刑法》第392条	向国家工作人员介绍贿赂	情节严重的,处三年以下有期徒刑或者拘役,并处罚金。介绍贿赂人在被追诉前主动交待介绍贿赂行为的,可以减轻处罚或者免除处罚

五、反商业贿赂合规体系的构建

本节在参考《ZTE 中兴反商业贿赂合规体系(2020 年 5 月 12 日更新)》反贿赂管理体系的基础上整理如下:

1. 企业高层的高度重视

由企业高层直接对其所管辖业务的反商业贿赂合规性负责,在反商业贿赂合规意识提升和文化培养方面,公司高层身体力行,直接参与下属单位的合规培训和沟通。合规管理组织有任何合规事项,也可直接向公司高层汇报,搭建通畅的沟通渠道。公司高层同意在资源投入方面,对各部门反商业贿赂合规运作所需的经费支持不设上限,按需求提报。

2. 健全的合规组织

对于贿赂风险的识别、防范和应对而言,公司员工人人有责,具体分为三道防线:

第一道防线为各业务部门。需要提升各业务部门员工的意识和能力,将反商业贿赂合规嵌入业务流程,制定相应业务行为准则并约束员工遵守。

第二道防线为专门的合规组织，如反商业贿赂合规部、合规组织管理部、法律事务部等类似部门，合规组织能对反商业贿赂风险进行评估，制定反商业贿赂规则与流程，对企业内部员工进行反商业贿赂指引、培训，宣传贯彻反商业贿赂行为准则，对商业贿赂的风险进行报告与沟通，对企业内部进行持续监督与整改，在有能力的基础上构建合规信息系统，实现信息化企业内部管理。

第三道防线为独立的合规稽查部，包括合规审计和合规调查两个重要部分。

3. 充分的资源投入

企业能保证持续的资源投入，引入在风险评估、尽职调查、反贿赂体系建设、持续监督等方面有着丰富经验的资深专家，为公司合规工作提供及时、准确的专业服务。在业务一线构建独立合规部门及合规联系人，为公司的合规体系建设打下坚实的人才基础。

4. 风险评估

反商业贿赂合规部、外部专业反商业贿赂合规团队每年定期开展相关地区或领域的风险评估，不断刷新公司风险库，及时、准确地根据实际业务变化和风险变化调整合规管理策略和措施，坚决落实以风险为导向的合规管理原则。在风险评估过程中，采取文档审阅、数据分析、访谈、问卷调查、头脑风暴等方式，综合考虑业务规模、商业模式、营业地、交易主体、交易类型、对商业伙伴的使用、政府关系、当地习俗等相关因素，尽可能全面、准确地评估实际的合规风险，最终形成风险评估报告，将风险评估结果与相关经营单位充分沟通，协调实施针对该地区或该领域实际情况的相应的政策、规范和流程。

5. 全面的合规政策体系

企业可以对标反贿赂管理体系标准 ISO 37301，结合自身实际，发布全面的反贿赂合规政策体系，并定期进行维护，具体见图 1：

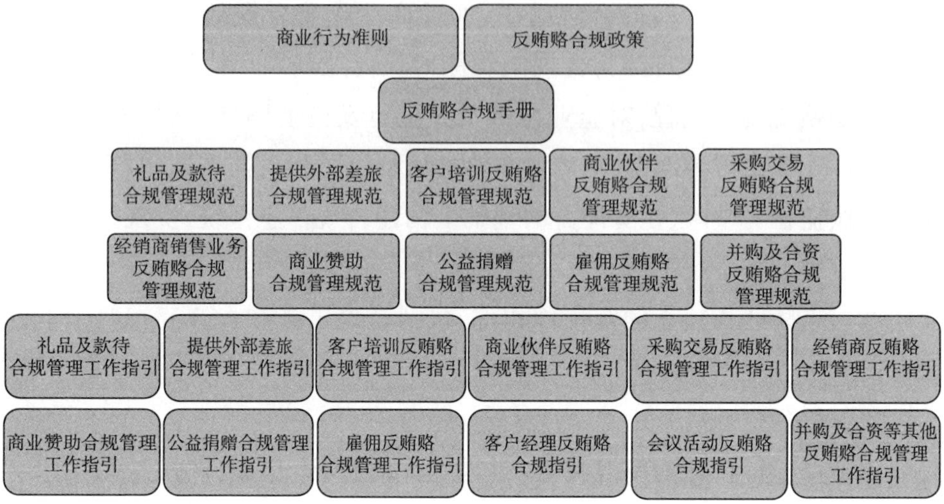

图1　反贿赂合规体系

6. 有效的流程管控

根据风险评估情况,企业可以在合规管理规范中设置合规审批流程,同时将合规审批流程嵌入公司的销售、采购、财务、雇佣和投资等业务中,确保合规管控实际贯穿于业务活动全过程的主要节点之中。合规审批流程不通过,相关业务不得继续进行,除非消除相关的禁止性合规事项或风险信号。

7. 充分的培训宣贯

培训宣贯是企业构建反贿赂管理体系的重要一环。为提升全员反贿赂合规意识和能力,企业应当定期向全员开展现场的反贿赂合规培训,并向新员工、管理层、合规团队、营销、财务、采购、人力等重要岗位人员以及外部商业伙伴提供专项培训。与此同时,企业可以通过内部邮件等定期向员工提供相关法律法规、案例及公司政策的宣贯,通过线上平台开通培训和考试。同时,企业应当在内外部环境变化、合规政策更新、业务或地区的重要业务活动开展等重要环节上向员工开展专题宣贯。

8. 持续的监督与改进

反商业贿赂合规部、外部专业合规团队对体系设计和执行的有效性开展持续监督,对缺陷和不足项进行自我整改。同时,合规稽查部根据年度计划定期开展合规审计，以发现体系的缺陷和不足，并督促完成整改。对于通过举报线索或审计发现的潜在违规行为，合规稽查部按照相关流程和要求进行调查，并根据调查结果，作出是否采取纪律处分措施的建议。

第三部分

企业合规法律法规及其他文件汇编

关于建立涉案企业合规第三方监督评估机制的指导意见(试行)

(2021年6月3日最高人民检察院、司法部、财政部、生态环境部、国务院国有资产监督管理委员会、国家税务总局、国家市场监督管理总局、中华全国工商业联合会、中国国际贸易促进委员会联合发布)

为贯彻落实习近平总书记重要讲话精神和党中央重大决策部署,在依法推进企业合规改革试点工作中建立健全涉案企业合规第三方监督评估机制,有效惩治预防企业违法犯罪,服务保障经济社会高质量发展,助力推进国家治理体系和治理能力现代化,根据刑法、刑事诉讼法等法律法规及相关政策精神,制定本指导意见。

第一章　总　　则

第一条　涉案企业合规第三方监督评估机制(以下简称第三方机制),是指人民检察院在办理涉企犯罪案件时,对符合企业合规改革试点适用条件的,交由第三方监督评估机制管理委员会(以下简称第三方机制管委会)选任组成的第三方监督评估组织(以下简称第三方组织),对涉案企业的合规承诺进行调查、评估、监督和考察。考察结果作为人民检察院依法处理案件的重要参考。

第二条　第三方机制的建立和运行,应当遵循依法有序、公开公正、平等保护、标本兼治的原则。

第三条　第三方机制适用于公司、企业等市场主体在生产经营活动中涉及的经济犯罪、职务犯罪等案件,既包括公司、企业等实施的单位犯罪案件,也包括公司、企业实际控制人、经营管理人员、关键技术人员等实施的与生产经营活动密切相关的犯罪案件。

第四条 对于同时符合下列条件的涉企犯罪案件,试点地区人民检察院可以根据案件情况适用本指导意见:

(一)涉案企业、个人认罪认罚;

(二)涉案企业能够正常生产经营,承诺建立或者完善企业合规制度,具备启动第三方机制的基本条件;

(三)涉案企业自愿适用第三方机制。

第五条 对于具有下列情形之一的涉企犯罪案件,不适用企业合规试点以及第三方机制:

(一)个人为进行违法犯罪活动而设立公司、企业的;

(二)公司、企业设立后以实施犯罪为主要活动的;

(三)公司、企业人员盗用单位名义实施犯罪的;

(四)涉嫌危害国家安全犯罪、恐怖活动犯罪的;

(五)其他不宜适用的情形。

第二章 第三方机制管委会的组成和职责

第六条 最高人民检察院、国务院国有资产监督管理委员会、财政部、全国工商联会同司法部、生态环境部、国家税务总局、国家市场监督管理总局、中国国际贸易促进委员会等部门组建第三方机制管委会,全国工商联负责承担管委会的日常工作,国务院国有资产监督管理委员会、财政部负责承担管委会中涉及国有企业的日常工作。

第三方机制管委会履行下列职责:

(一)研究制定涉及第三方机制的规范性文件;

(二)研究论证第三方机制涉及的重大法律政策问题;

(三)研究制定第三方机制专业人员名录库的入库条件和管理办法;

(四)研究制定第三方组织及其人员的工作保障和激励制度;

（五）对试点地方第三方机制管委会和第三方组织开展日常监督和巡回检查；

（六）协调相关成员单位对所属或者主管的中华全国律师协会、中国注册会计师协会、中国企业联合会、中国注册税务师协会、中国贸促会全国企业合规委员会（中国贸促会商事法律服务中心）以及其他行业协会、商会、机构等在企业合规领域的业务指导，研究制定涉企犯罪的合规考察标准；

（七）统筹协调全国范围内第三方机制的其他工作。

第七条　第三方机制管委会各成员单位建立联席会议机制，由最高人民检察院、国务院国有资产监督管理委员会、财政部、全国工商联负责同志担任召集人，根据工作需要定期或者不定期召开会议，研究有关重大事项和规范性文件，确定阶段性工作重点和措施。

各成员单位应当按照职责分工，认真落实联席会议确定的工作任务和议定事项，建立健全日常联系、联合调研、信息共享、宣传培训等机制，推动企业合规改革试点和第三方机制相关工作的顺利进行。

第八条　试点地方的人民检察院和国资委、财政部门、工商联应当结合本地实际，参照本指导意见第六条、第七条规定组建本地区的第三方机制管委会并建立联席会议机制。

试点地方第三方机制管委会履行下列职责：

（一）建立本地区第三方机制专业人员名录库，并根据各方意见建议和工作实际进行动态管理；

（二）负责本地区第三方组织及其成员的日常选任、培训、考核工作，确保其依法依规履行职责；

（三）对选任组成的第三方组织及其成员开展日常监督和巡回检查；

（四）对第三方组织的成员违反本指导意见的规定，或者实施其他违反社会公德、职业伦理的行为，严重损害第三方组织形象或公信力的，及时向有关主管机关、协会等提出惩戒建议，涉嫌违法犯罪的，及时向公安司法机关报案或者举报，并将其列入第三方机制专业人员名录库黑名单；

（五）统筹协调本地区第三方机制的其他工作。

第九条 第三方机制管委会应当组建巡回检查小组,按照本指导意见第六条第五项、第八条第三项的规定,对相关组织和人员在第三方机制相关工作中的履职情况开展不预先告知的现场抽查和跟踪监督。

巡回检查小组成员可以由人大代表、政协委员、人民监督员、退休法官、检察官以及会计审计等相关领域的专家学者担任。

第三章 第三方机制的启动和运行

第十条 人民检察院在办理涉企犯罪案件时,应当注意审查是否符合企业合规试点以及第三方机制的适用条件,并及时征询涉案企业、个人的意见。涉案企业、个人及其辩护人、诉讼代理人或者其他相关单位、人员提出适用企业合规试点以及第三方机制申请的,人民检察院应当依法受理并进行审查。

人民检察院经审查认为涉企犯罪案件符合第三方机制适用条件的,可以商请本地区第三方机制管委会启动第三方机制。第三方机制管委会应当根据案件具体情况以及涉案企业类型,从专业人员名录库中分类随机抽取人员组成第三方组织,并向社会公示。

第三方组织组成人员名单应当报送负责办理案件的人民检察院备案。人民检察院或者涉案企业、个人、其他相关单位、人员对选任的第三方组织组成人员提出异议的,第三方机制管委会应当调查核实并视情况做出调整。

第十一条 第三方组织应当要求涉案企业提交专项或者多项合规计划,并明确合规计划的承诺完成时限。

涉案企业提交的合规计划,主要围绕与企业涉嫌犯罪有密切联系的企业内部治理结构、规章制度、人员管理等方面存在的问题,制定可行的合规管理规范,构建有效的合规组织体系,健全合规风险防范报告机制,弥补企业制度建设和监督管理漏洞,防止再次发生相同或者类似的违法犯罪。

第十二条 第三方组织应当对涉案企业合规计划的可行性、有效性与全面性进行审查,提出修改完善的意见建议,并根据案件具体情况和涉案企业承诺履行的期限,确定合规考察期限。

在合规考察期内，第三方组织可以定期或者不定期对涉案企业合规计划履行情况进行检查和评估，可以要求涉案企业定期书面报告合规计划的执行情况，同时抄送负责办理案件的人民检察院。第三方组织发现涉案企业或其人员尚未被办案机关掌握的犯罪事实或者新实施的犯罪行为，应当中止第三方监督评估程序，并向负责办理案件的人民检察院报告。

第十三条 第三方组织在合规考察期届满后，应当对涉案企业的合规计划完成情况进行全面检查、评估和考核，并制作合规考察书面报告，报送负责选任第三方组织的第三方机制管委会和负责办理案件的人民检察院。

第十四条 人民检察院在办理涉企犯罪案件过程中，应当将第三方组织合规考察书面报告、涉案企业合规计划、定期书面报告等合规材料，作为依法作出批准或者不批准逮捕、起诉或者不起诉以及是否变更强制措施等决定，提出量刑建议或者检察建议、检察意见的重要参考。

人民检察院发现涉案企业在预防违法犯罪方面制度不健全、不落实，管理不完善，存在违法犯罪隐患，需要及时消除的，可以结合合规材料，向涉案企业提出检察建议。

人民检察院对涉案企业作出不起诉决定，认为需要给予行政处罚、处分或者没收其违法所得的，应当结合合规材料，依法向有关主管机关提出检察意见。

人民检察院通过第三方机制，发现涉案企业或其人员存在其他违法违规情形的，应当依法将案件线索移送有关主管机关、公安机关或者纪检监察机关处理。

第十五条 人民检察院对于拟作不批准逮捕、不起诉、变更强制措施等决定的涉企犯罪案件，可以根据《人民检察院审查案件听证工作规定》召开听证会，并邀请第三方组织组成人员到会发表意见。

第十六条 负责办理案件的人民检察院应当履行下列职责：

（一）对第三方组织组成人员名单进行备案审查，发现组成人员存在明显不适当情形的，及时向第三方机制管委会提出意见建议；

（二）对涉案企业合规计划、定期书面报告进行审查，向第三方组织提出意见建议；

（三）对第三方组织合规考察书面报告进行审查，向第三方机制管委会提出意见建议，必要时开展调查核实工作；

（四）依法办理涉案企业、个人及其辩护人、诉讼代理人或者其他相关单位、人员在第三方机制运行期间提出的申诉、控告或者有关申请、要求；

（五）刑事诉讼法、人民检察院刑事诉讼规则等法律、司法解释规定的其他法定职责。

第十七条 第三方组织及其组成人员在合规考察期内，可以针对涉案企业合规计划、定期书面报告开展必要的检查、评估，涉案企业应当予以配合。

第三方组织及其组成人员应当履行下列义务：

（一）遵纪守法，勤勉尽责，客观中立；

（二）不得泄露履职过程中知悉的国家秘密、商业秘密和个人隐私；

（三）不得利用履职便利，索取、收受贿赂或者非法侵占涉案企业、个人的财物；

（四）不得利用履职便利，干扰涉案企业正常生产经营活动。

第三方组织组成人员系律师、注册会计师、税务师（注册税务师）等中介组织人员的，在履行第三方监督评估职责期间不得违反规定接受可能有利益关系的业务；在履行第三方监督评估职责结束后一年以内，上述人员及其所在中介组织不得接受涉案企业、个人或者其他有利益关系的单位、人员的业务。

第十八条 涉案企业或其人员在第三方机制运行期间，认为第三方组织或其组成人员存在行为不当或者涉嫌违法犯罪的，可以向负责选任第三方组织的第三方机制管委会反映或者提出异议，或者向负责办理案件的人民检察院提出申诉、控告。

涉案企业及其人员应当按照时限要求认真履行合规计划，不得拒绝履行或者变相不履行合规计划、拒不配合第三方组织合规考察或者实施其他严重违反合规计划的行为。

第四章　附　　则

第十九条　纪检监察机关认为涉嫌行贿的企业符合企业合规试点以及第三方机制适用条件，向人民检察院提出建议的，人民检察院可以参照适用本指导意见。

第二十条　试点地方人民检察院、国资委、财政部门、工商联可以结合本地实际，参照本指导意见会同有关部门制定具体实施办法，并按照试点工作要求报送备案。

本指导意见由最高人民检察院、国务院国有资产监督管理委员会、财政部、全国工商联会同司法部、生态环境部、国家税务总局、国家市场监督管理总局、中国国际贸易促进委员会负责解释，自印发之日起施行。

涉案企业合规第三方监督评估机制专业人员选任管理办法（试行）

为深入学习贯彻习近平新时代中国特色社会主义思想，全面贯彻习近平法治思想，完整、准确、全面贯彻新发展理念，认真落实最高人民检察院、司法部、财政部、生态环境部、国务院国资委、税务总局、市场监管总局、全国工商联、中国贸促会《关于建立涉案企业合规第三方监督评估机制的指导意见（试行）》（以下简称《指导意见》），规范涉案企业合规第三方监督评估机制专业人员（以下简称第三方机制专业人员）选任管理工作，保障涉案企业合规第三方监督评估机制（以下简称第三方机制）有效运行，结合工作实际，制定本办法。

第一章　总　　则

第一条　第三方机制专业人员，是指由涉案企业合规第三方监督评估机制管理委员会(以下简称第三方机制管委会)选任确定,作为第三方监督评估组织(以下简称第三方组织)组成人员参与涉案企业合规第三方监督评估工作的相关领域专业人员,主要包括律师、注册会计师、税务师(注册税务师)、企业合规师、相关领域专家学者以及有关行业协会、商会、机构、社会团体(以下简称有关组织)的专业人员。

生态环境、税务、市场监督管理等政府工作部门中具有专业知识的人员可以被选任确定为第三方机制专业人员,或者可以受第三方机制管委会邀请或者受所在单位委派参加第三方组织及其相关工作,其选任管理具体事宜由第三方机制管委会与其所在单位协商确定。有关政府工作部门所属企事业单位中的专业人员可以被选任确定为第三方机制专业人员,参加第三方组织及其相关工作。

有关单位中具有专门知识的退休人员参加第三方组织及其相关工作的,应当同时符合有关退休人员的管理规定。

第二条 第三方机制专业人员选任管理应当遵循依法依规、公开公正、分级负责、接受监督的原则。

第三条 各级第三方机制管委会统筹协调本级第三方机制专业人员的选任、培训、考核、奖惩、监督等工作。

国家层面第三方机制管委会负责研究制定涉及第三方机制专业人员的规范性文件及保障激励制度,统筹协调全国范围内涉及第三方机制专业人员的相关工作。

上级第三方机制管委会应当加强对下级第三方机制管委会涉及第三方机制专业人员相关工作的具体指导。

第二章 第三方机制专业人员的选任

第四条 国家层面、省级和地市级第三方机制管委会应当组建本级第三方机制专业人员名录库(以下简称名录库)。经省级第三方机制管委会审核同意,有条件的县级第三方机制管委会可以组建名录库。

第五条 名录库以个人作为入库主体,不得以单位、团体作为入库主体。

名录库应当分类组建，总人数不少于五十人。人员数量、组成结构和各专业领域名额分配可以由负责组建名录库的第三方机制管委会根据工作需要自行确定，并可以结合实际进行调整。

省级以下名录库的入库人员限定为本省（自治区、直辖市）区域内的专业人员。因专业人员数量不足未达到组建条件的，可以由省级第三方机制管委会统筹协调相邻地市联合组建名录库。

第六条　第三方机制专业人员应当拥有较好的政治素质和道德品质，具备履行第三方监督评估工作的专业知识、业务能力和时间精力，其所在单位或者所属有关组织同意其参与第三方监督评估工作。

第三方机制专业人员一般应当具备下列条件：

（一）拥护中国共产党领导，拥护我国社会主义法治；

（二）具有良好道德品行和职业操守；

（三）持有本行业执业资格证书，从事本行业工作满三年；

（四）工作业绩突出，近三年考核等次为称职以上；

（五）熟悉企业运行管理或者具备相应专业知识；

（六）近三年未受过与执业行为有关的行政处罚或者行业惩戒；

（七）无受过刑事处罚、被开除公职或者开除党籍等情形；

（八）无其他不适宜履职的情形。

第七条　第三方机制管委会一般应当按照制定计划、发布公告、本人申请、单位推荐、材料审核、考察了解、初定人选、公示监督、确定人选、颁发证书等程序组织实施第三方机制专业人员选任工作。

第八条　第三方机制管委会组织实施第三方机制专业人员选任，应当在成员单位或其所属或者主管的律师协会、注册会计师协会、注册税务师协会等有关组织的官方网站上发布公告。

公告应当载明选任名额、标准条件、报名方式、报名材料和选任工作程序等相关事项，公告期一般不少于二十个工作日。

第九条　第三方机制管委会可以通过审查材料、走访了解、面谈测试等方式对报名人员进行审核考察,并在此基础上提出拟入库人选。

第三方机制管委会可以通过成员单位所属或者主管的有关组织了解核实拟入库人选的相关情况。

第十条 第三方机制管委会应当将拟入库人选名单及监督联系方式向社会公示,接受社会监督。公示可以通过在拟入库人选所在单位或者有关新闻媒体、网站发布公示通知等形式进行,公示期一般不少于七个工作日。

第三方机制管委会对于收到的举报材料、情况反映应当及时进行调查核实,视情提出处理意见。调查核实过程中可以根据情况与举报人、反映人沟通联系。

第十一条 第三方机制管委会在确定拟入库人选时应当综合考虑报名人员的政治素质、执业(工作)时间、工作业绩、研究成果、表彰奖励,以及所在单位的资质条件、人员规模、所获奖励、行业影响力等情况。同等条件下,可以优先考虑担任党代表、人大代表、政协委员、人民团体职务的人选。

第十二条 公示期满后无异议或者经审查异议不成立的,第三方机制管委会应当向入库人员颁发证书,并通知其所在单位或者所属有关组织。名录库人员名单应当在第三方机制管委会成员单位的官方网站上公布,供社会查询。

第三方机制管委会应当明确入库人员的任职期限,一般为二至三年。经第三方机制管委会审核,期满后可以续任。

第三章 第三方机制专业人员的日常管理

第十三条 第三方机制专业人员根据履职需要,可以查阅相关文件资料,参加有关会议和考察活动,接受业务培训。

第十四条 第三方机制专业人员应当认真履职、勤勉尽责,严格履行相关法律法规及《指导意见》等有关保密、回避、廉洁等义务。

第十五条 第三方机制管委会应当结合涉案企业合规第三方监督评估工作情况,定期组织第三方机制专业人员进行业务培训、开展调研考察和座谈交流,总结推广经验做法。

第三方机制管委会有关成员单位应当指导所属或者主管的有关组织，加强本行业、本部门涉及第三方机制相关工作的理论实务研究，积极开展业务培训和工作指导。

第十六条　第三方机制管委会可以通过定期考核、一案一评、随机抽查、巡回检查等方式，对第三方机制专业人员进行考核评价。考核结果作为对第三方机制专业人员奖励激励、续任或者调整出库的重要依据。

第十七条　第三方机制管委会应当建立健全第三方机制专业人员奖励激励制度，对表现突出的第三方机制专业人员给予奖励激励，或向其所在单位或者所属有关组织提出奖励激励的建议。

第十八条　第三方机制管委会应当及时将考核结果、奖励激励情况书面通知本人及所在单位或者所属有关组织，可以通过有关媒体向社会公布。

第十九条　第三方机制管委会应当建立健全第三方机制专业人员履职台账，全面客观记录第三方机制专业人员业务培训、参加活动和履行职责情况，作为确定考核结果的重要参考。

第二十条　第三方机制管委会在对第三方机制专业人员的履职情况开展考核评价时，应当主动征求办理案件的检察机关、巡回检查小组以及涉案企业等意见建议。

第二十一条　第三方机制专业人员有下列情形之一的，考核评价结果应当确定为不合格，并视情作出相应后续处理：

（一）不参加第三方组织工作或者不接受第三方机制管委会分配工作任务，且无正当理由的；

（二）在履行第三方监督评估职责中出现重大失误，造成不良影响的；

（三）在履行第三方监督评估职责中存在行为不当，涉案企业向第三方机制管委会反映或者提出异议，造成不良影响的；

（四）其他造成不良影响或者损害第三方组织形象、公信力的情形。

第二十二条　第三方机制管委会对违反有关义务的第三方机制专业人员，可以谈话提醒、批评教育，或视情通报其所在单位或者所属有关组织，情节严重或者造成严重后果的可以将其调整出库。

第三方机制专业人员有下列情形之一的,第三方机制管委会应当及时将其调整出库:

(一)在选任或者履职中弄虚作假,提供虚假材料或者情况的;

(二)受到刑事处罚、被开除公职或者开除党籍的;

(三)受到行政处罚或者行业惩戒,情节严重的;

(四)违反《指导意见》第十七条第二款第二项至第四项规定的;

(五)利用第三方机制专业人员身份发表与履职无关的言论或者从事与履职无关的活动,造成严重不良影响的;

(六)考核评价结果两次确定为不合格的;

(七)实施严重违反社会公德、职业道德或者其他严重有损第三方机制专业人员形象、公信力行为的;

(八)其他不适宜继续履行第三方监督评估职责的情形。

第三方机制管委会发现第三方机制专业人员的行为涉嫌违规的,应当及时向有关主管机关,或其所在单位或者所属有关组织反映情况、提出惩戒或者处理建议;涉嫌违法犯罪的,应当及时向有关机关报案或者举报。

第二十三条 第三方机制管委会应当建立健全第三方机制专业人员名录库禁入名单制度。对于依照本办法第二十二条规定被调整出库的第三方机制专业人员,应当列入名录库禁入名单。

第三方机制管委会对列入名录库禁入名单的人员应当逐级汇总上报,实现信息共享。

第二十四条 第三方机制专业人员因客观原因不能履职、本人不愿继续履职或者发生影响履职重大事项的,应当及时向第三方机制管委会报告并说明情况,主动辞任第三方机制专业人员。第三方机制管委会应当及时进行审查并将其调整出库。

第二十五条 第三方机制管委会应当根据工作需要,结合履职台账、考核情况以及本人意愿、所在单位或者所属有关组织意见等,定期或者不定期对名录库人员进行动态调整。名录库人员名单调整更新后,应当依照本办法第十二条规定,及时向社会公布。

第四章　工 作 保 障

第二十六条　第三方机制管委会各成员单位、第三方机制专业人员所在单位或者所属有关组织以及涉案企业，应当为第三方机制专业人员履行职责提供必要支持和便利条件。

第二十七条　第三方机制专业人员选任管理工作所需业务经费和第三方机制专业人员履职所需费用，试点地方可以结合本地实际，探索多种经费保障模式。

第五章　附　　则

第二十八条　地方各级第三方机制管委会可以结合本地实际，参照本办法制定具体实施细则，并按照试点工作要求报送备案。

有关部门、组织可以结合本行业、本部门实际，制定名录库人员的具体入选标准。

本办法出台前，已组建的各地各级名录库不符合本办法规定的，可以继续试点。

第二十九条　本办法由最高人民检察院、国务院国资委、财政部、全国工商联会同司法部、生态环境部、税务总局、市场监管总局、中国贸促会等部门组建的第三方机制管委会负责解释，自印发之日起施行。

涉案企业合规建设、评估和审查办法(试行)

(2022年4月19日全国工商联、最高人民检察院、司法部、财政部、生态环境部、国务院国有资产监督管理委员会、国家税务总局、国家市场监督管理总局、中国贸促会联合发布　全联厅发〔2022〕13号)

为深入学习贯彻习近平新时代中国特色社会主义思想,全面贯彻习近平法治思想,完整、准确、全面贯彻新发展理念,认真落实最高人民检察院、司法部、财政部、生态环境部、国务院国资委、税务总局、市场监管总局、全国工商联、中国贸促会《关于建立涉案企业合规第三方监督评估机制的指导意见(试行)》(以下简称《指导意见》)及其实施细则,依法推进企业合规改革试点工作,规范第三方监督评估机制(以下简称第三方机制)相关工作有序开展,结合工作实际,制定本办法。

第一章　总　　则

第一条　涉案企业合规建设,是指涉案企业针对与涉嫌犯罪有密切联系的合规风险,制定专项合规整改计划,完善企业治理结构,健全内部规章制度,形成有效合规管理体系的活动。

涉案企业合规评估,是指第三方监督评估组织(以下简称第三方组织)对涉案企业专项合规整改计划和相关合规管理体系有效性进行了解、评价、监督和考察的活动。

涉案企业合规审查,是指负责办理案件的人民检察院对第三方组织的评估过程和结论进行审核。

针对未启动第三方机制的小微企业合规，可以由人民检察院对其提交的合规计划和整改报告进行审查。

第二条 对于涉案企业合规建设经评估符合有效性标准的，人民检察院可以参考评估结论依法作出不批准逮捕、变更强制措施、不起诉的决定，提出从宽处罚的量刑建议，或者向有关主管机关提出从宽处罚、处分的检察意见。

对于涉案企业合规建设经评估未达到有效性标准或者采用弄虚作假手段骗取评估结论的，人民检察院可以依法作出批准逮捕、起诉的决定，提出从严处罚的量刑建议，或者向有关主管机关提出从严处罚、处分的检察意见。

第二章 涉案企业合规建设

第三条 涉案企业应当全面停止涉罪违规违法行为，退缴违规违法所得，补缴税款和滞纳金并缴纳相关罚款，全力配合有关主管机关、公安机关、检察机关及第三方组织的相关工作。

第四条 涉案企业一般应当成立合规建设领导小组，由其实际控制人、主要负责人和直接负责的主管人员等组成，必要时可以聘请外部专业机构或者专业人员参与或者协助。合规建设领导小组应当在全面分析研判企业合规风险的基础上，结合本行业合规建设指引，研究制定专项合规计划和内部规章制度。

第五条 涉案企业制定的专项合规计划，应当能够有效防止再次发生相同或者类似的违法犯罪行为。

第六条 涉案企业实际控制人、主要负责人应当在专项合规计划中作出合规承诺并明确宣示，合规是企业的优先价值，对违规违法行为采取零容忍的态度，确保合规融入企业的发展目标、发展战略和管理体系。

第七条 涉案企业应当设置与企业类型、规模、业务范围、行业特点等相适应的合规管理机构或者管理人员。

合规管理机构或者管理人员可以专设或者兼理，合规管理的职责必须明确、具体、可考核。

第八条 涉案企业应当针对合规风险防控和合规管理机构履职的需要,通过制定合规管理规范、弥补监督管理漏洞等方式,建立健全合规管理的制度机制。

涉案企业的合规管理机构和各层级管理经营组织均应当根据其职能特点设立合规目标,细化合规措施。

合规管理制度机制应当确保合规管理机构或者管理人员独立履行职责,对于涉及重大合规风险的决策具有充分发表意见并参与决策的权利。

第九条 涉案企业应当为合规管理制度机制的有效运行提供必要的人员、培训、宣传、场所、设备和经费等人力物力保障。

第十条 涉案企业应当建立监测、举报、调查、处理机制,保证及时发现和监控合规风险,纠正和处理违规行为。

第十一条 涉案企业应当建立合规绩效评价机制,引入合规指标对企业主要负责人、经营管理人员、关键技术人员等进行考核。

第十二条 涉案企业应当建立持续整改、定期报告等机制,保证合规管理制度机制根据企业经营发展实际不断调整和完善。

第三章 涉案企业合规评估

第十三条 第三方组织可以根据涉案企业情况和工作需要,制定具体细化、可操作的合规评估工作方案。

第十四条 第三方组织对涉案企业专项合规整改计划和相关合规管理体系有效性的评估,重点包括以下内容:

(一)对涉案合规风险的有效识别、控制;

(二)对违规违法行为的及时处置;

(三)合规管理机构或者管理人员的合理配置;

(四)合规管理制度机制建立以及人力物力的充分保障;

(五)监测、举报、调查、处理机制及合规绩效评价机制的正常运行;

(六)持续整改机制和合规文化已经基本形成。

第十五条　第三方组织应当以涉案合规风险整改防控为重点，结合特定行业合规评估指标，制定符合涉案企业实际的评估指标体系。

评估指标的权重可以根据涉案企业类型、规模、业务范围、行业特点以及涉罪行为等因素设置，并适当提高合规管理的重点领域、薄弱环节和重要岗位等方面指标的权重。

第四章　涉案企业合规审查

第十六条　第三方机制管委会和人民检察院收到第三方组织报送的合规考察书面报告后，应当及时进行审查，重点审查以下内容：

（一）第三方组织制定和执行的评估方案是否适当；

（二）评估材料是否全面、客观、专业，足以支持考察报告的结论；

（三）第三方组织或其组成人员是否存在可能影响公正履职的不当行为或者涉嫌违法犯罪行为。

经第三方机制管委会和人民检察院审查，认为第三方组织已经完成监督评估工作的，由第三方机制管委会宣告第三方组织解散。对于审查中发现的疑点和重点问题，人民检察院可以要求第三方组织或其组成人员说明情况，也可以直接进行调查核实。

第十七条　人民检察院对小微企业提交合规计划和整改报告的审查，重点包括合规承诺的履行、合规计划的执行、合规整改的实效等内容。

第十八条　第三方机制管委会收到关于第三方组织或其组成人员存在行为不当或者涉嫌违法犯罪的反映、异议，或者人民检察院收到上述内容的申诉、控告的，双方应当及时互相通报情况并会商提出处理建议。

第十九条　第三方机制管委会或者人民检察院经审查合规考察书面报告等材料发现，或者经对收到的反映、异议或者申诉、控告调查核实确认，第三方组织或其组成人员存在违反《指导意见》及其实施细则规定的禁止性行为，足以影响评估结论真实性、有效性的，第三方机制管委会应当重新组建第三方组织进行评估。

第五章 附 则

第二十条 本办法所称涉案企业，是指涉嫌单位犯罪的企业，或者实际控制人、经营管理人员、关键技术人员等涉嫌实施与生产经营活动密切相关犯罪的企业。

对与涉案企业存在关联合规风险或者由类案暴露出合规风险的企业，负责办理案件的人民检察院可以对其提出合规整改的检察建议。

第二十一条 涉案企业应当以全面合规为目标、专项合规为重点，并根据规模、业务范围、行业特点等因素变化，逐步增设必要的专项合规计划，推动实现全面合规。

第二十二条 大中小微企业的划分，根据国家相关标准执行。

第二十三条 本办法由国家层面第三方机制管委会负责解释。自印发之日起施行。

司法部办公厅关于加强公司律师参与企业合规管理工作的通知

（2021年12月15日司法部办公厅发布 司办通〔2021〕98号）

各省、自治区、直辖市司法厅（局），新疆生产建设兵团司法局：

为充分发挥公司律师职能作用，提升企业依法合规经营水平，促进经济高质量发展，现就加强公司律师参与企业合规管理工作通知如下。

一、提高政治站位，充分认识公司律师参与企业合规管理工作的重要意义

党的十八大以来，以习近平同志为核心的党中央高度重视企业合规和公司律师工作,习近平总书记多次作出重要指示,提出明确要求。当前,我国进入新发展阶段,发展内外环境发生深刻变化,贯彻新发展理念、构建新发展格局、推动高质量发展对打造市场化法治化国际化营商环境、提高企业依法合规经营水平提出了新要求。高水平对外开放持续扩大,共建"一带一路"深入推进,与此同时经济全球化遭遇逆流,企业"走出去"面临的法律合规风险不断增多,强化合规管理工作的重要性、紧迫性更加凸显。全面依法治国深入推进,《法治中国建设规划(2020－2025年)》《法治社会建设实施纲要(2020－2025年)》《法治政府建设实施纲要(2021－2025年)》相继实施,对推进依法治企、加强公司律师工作等作出战略部署。经济社会发展的新需求和全面依法治国的新要求,为公司律师参与企业合规管理、充分发挥专业优势提供了更加广阔的平台,也提出了更高的标准和要求。新形势下,必须引导、支持广大公司律师立足党和国家工作大局,积极参与企业合规管理工作,强化法律服务保障职能,推动完善企业合规管理体系,防范化解企业经营风险,促进我国经济高质量发展。

二、强化目标导向,明确加强公司律师参与企业合规管理工作的总体要求

加强公司律师参与企业合规管理工作,要坚持以习近平新时代中国特色社会主义思想为指导,全面贯彻落实党的十九大和十九届历次全会精神,认真学习贯彻习近平法治思想和习近平总书记重要指示精神,科学把握新发展阶段,完整、准确、全面贯彻新发展理念,服务构建新发展格局,把参与企业合规管理作为公司律师履行职责的重要内容,加大工作指导、推进力度,充分发挥公司律师在企业合规管理中的职能作用,促进企业合规管理制度机制更加健全,依法规范经营管理水平不断提升,各类合规风险得到有效预防和化解,在法治轨道上增强企业发展效益和核心竞争力,为实现经济社会高质量发展提供有力法治保障。

加强公司律师参与企业合规管理工作,必须把握以下原则:坚持党的领导,坚定不移走中国特色社会主义法治道路,坚决贯彻落实党和国家各项方针政策、决策部署,牢牢把握正确政治方向;坚持依法依规,认真履职尽责,促进企业全面遵守法律法规规章、行政规范性文件、国际条约、监管规则、政策要求、行业准则、商业惯例、道德规范等规定；坚持立足实际，强化风险意识和底线思维，根据企业自身发展阶段和经营特点，深入查找合规管理薄弱环节，制定和执行切实可行的合规措施，确保合规管理工作取得实效；坚持统筹兼顾，统筹风险源头预防与事后处置，统筹国内业务合规与涉外业务合规，兼顾企业利益、职工利益与社会公共利益、国家整体利益，实现政治效果、法律效果、社会效果的统一。

三、聚焦重点难点，推动公司律师全面参与企业合规管理工作

企业合规工作涉及企业经营管理各领域、各环节。要组织、引导公司律师全面、深度参与企业合规管理各项工作，聚焦合规风险易发多发领域和重点难点环节加大工作力度，增强合规管理针对性、实效性。

（一）着力做好企业治理合规管理。完善的内部治理是现代企业制度建设的核心，是企业依法合规经营、持续健康发展的前提条件。公司律师应当协助企业按照法律法规和相关规定，健全以章程为核心、权责明确、运转协调、制衡有效的法人治理结构，规范股东会、董事会、监事会、管理层、执行层、党组织、职工代表大会等各治理主体权利义务，完善重大经营管理决策合法合规性审查机制，健全适应合规管理要求的各项内部规章制度，提升企业合规治理水平。

（二）着力做好刑事合规管理。刑事合规是企业经营管理必须遵守的底线和红线，直接关系企业生存和发展。公司律师应当协助企业建立刑事违法案事件应对处置机制，开展内外部刑事违法风险评估、加强预防犯罪教育培训，完善投诉举报、审查处理、线索移送等工作制度，配合司法机关和纪检监察等部门依法办案，积极参与企业合规和第三方监督评估机制改革试点工作，推进刑事合规问题整改，降低刑事责任风险，促进企业在守法合规中实现可持续发展。

（三）着力做好行政合规管理。遵守法律法规规章和国家有关部门的政策规定、监管要求、业务指引，是企业依法合规经营的应有之义。公司律师应当跟进了解国家相关法律法规规章和大政方针政策，帮助企业在有关部门指导、监督下,有针对性地制定、实施合规管理措施,严格执行产品质量、安全生产、劳动用工、财务税收、节能减排、环境保护、数据安全、信息保护、广告宣传、规划建设、交通运输、卫生防疫等各项行政监管政策和规定,防范违规风险,整改违规问题,促进企业依法合规审慎经营。

(四)着力做好海外合规管理。合规是企业"走出去"行稳致远的前提,合规管理能力是企业国际竞争力的重要方面。公司律师应当协助企业健全海外经营合规制度,根据跨境贸易、对外投资、承包工程等不同业务特点加强风险防控,遵守东道国法律法规、监管政策和相关国际规则,落实市场准入、安全审查、外汇管理、劳工保护、反洗钱、反贿赂等方面合规要求,注重保护环境和履行社会责任,防范经济制裁、出口管制、技术封锁等方面法律经营风险,切实维护我国企业在海外合法权益,维护国家主权、安全和发展利益。

(五)着力做好反垄断合规管理。强化反垄断和反不正当竞争,防止资本无序扩张、野蛮生长,是维护公平竞争市场环境、构建高水平社会主义市场经济体制的重要举措。公司律师应当密切关注国家反垄断法律法规和政策要求,帮助企业制定内部反垄断规章制度及工作流程,避免在参与市场竞争、扩大经营规模过程中出现签订垄断协议、滥用市场支配地位、违规实施经营者集中等垄断行为,切实维护市场经济秩序,维护消费者利益和社会公共利益。

(六)着力做好知识产权合规管理。加强知识产权保护和运用,对激发企业创新创造活力、推进产业转型升级、强化国家战略科技力量具有重要作用。公司律师应当密切关注新技术、新产品、新业态的立法执法司法动态,帮助企业做好专利、商标、著作权等各类知识产权的申请、取得、维护等工作,强化商业秘密、个人信息和数据安全保护,规范科技创新成果许可和转让,防范应对知识产权侵权行为,为推动企业创新发展、实现科技自立自强提供有力法治支撑。

四、注重长效长治,推动持续提升企业合规管理工作整体水平

公司律师参与企业合规管理工作,既要发挥自身专业优势,妥善应对处置企业经营中的合规风险,也要推动企业完善合规管理制度机制,强化合规文化建设和力量配备，提升企业合规管理整体水平，形成工作长效。

（一）完善合规管理制度。确保企业合规管理工作有序开展，必须实现合规管理制度化、规范化。公司律师应当协助企业搭建合规管理工作架构，制定覆盖企业经营管理各领域各部门各层级的合规管理工作规范，形成系统完备、科学合理、运行有效的合规制度体系，明确决策管理层和生产、运营、销售、财务、行政、人力、内控等各职能部门、各业务条线、各管理层级的合规管理职责，定期制定和实施合规管理计划和具体方案，使企业合规管理各项工作都有制可依、有规可循。

（二）健全合规工作机制。有效应对企业合规风险，必须建立事前预警防范、事中应对处置、事后评估改进等一整套工作机制。公司律师应当协助企业全面分析采购销售、生产运营、项目工程、投资并购、人力资源等各项经营管理活动的合规风险，建立健全风险识别、分析、预警、报告、咨询、审核、调查、处置、评价、改进等全流程工作机制，明确各项业务合规工作标准和操作指引，并将合规管理作为企业发展和员工绩效考核的重要指标，推动落实合规管理责任，增强合规管理效能。

（三）加强合规文化建设。做好企业合规管理工作，必须在企业内部树立合规人人有责、合规创造价值的正确理念。公司律师应当协助企业加强合规管理宣传，对全体员工特别是经营管理层人员、高风险岗位人员开展合规培训和警示教育，制定合规行为准则，划定合规纪律红线，营造合规文化氛围，使全体员工不断提升合规意识，增强参与、支持合规管理工作的自觉性、主动性。

（四）配强合规专业力量。企业合规管理工作具有很强的法律性、政策性、专业性、复杂性，要求合规工作人员必须具备较高的能力素质。公司律师应当协助企业积极建立健全法务、合规、监察、审计等合规管理专门机构，加强专职合规工作队伍建设，及时配备、培养专业合规人才，做好外部法律顾问的选聘、使用和管理工作，积极推动将具备必要的合规意识和合规知识作为特定岗位人员任职、晋升的前提条件，提升企业合规管理专业化水平。

五、加强组织领导，确保公司律师参与企业合规管理工作有序推进

公司律师所在企业负责具体推动本企业公司律师参与合规管理工作，要把公司律师参与决策过程、提出法律意见作为依法合规决策的重要程序，明确公司律师参与企业合规管理的具体职责和方式，为公司律师履行职责提供条件和便利。各级司法行政机关要统筹推动本地区公司律师参与企业合规管理工作，指导律师协会加强公司律师专门委员会或专业委员会建设，研究制订业务指引或工作规范，组织开展培训、交流、研讨等活动，提高公司律师合规管理业务水平。要加强与国有资产监管机构、企业协会商会组织和相关行业主管部门、行政执法机关、司法机关、纪检监察机关的信息沟通，密切协作配合，共同研究解决公司律师参与企业合规管理中面临的困难和问题，形成工作合力。要把参与企业合规管理工作情况作为公司律师年度考核的重要内容，指导、监督公司律师充分发挥职能作用，注重总结、推广公司律师参与企业合规管理工作的有益经验和做法。要通过多种形式积极宣传公司律师参与合规管理工作取得的成效，及时选树先进典型，加大表彰力度，增强公司律师参与企业合规管理工作的责任感、荣誉感。

证券公司和证券投资基金管理公司合规管理办法

（2017年6月6日证监会令第133号公布　根据2020年3月20日证监会令第166号《关于修改部分证券期货规章的决定》修订）

第一章　总　　则

第一条　为了促进证券公司和证券投资基金管理公司加强内部合规管理，实现持续规范发展，根据《中华人民共和国公司法》《中华人民共和国证券法》《中华人民共和国证券投资基金法》和《证券公司监督管理条例》,制定本办法。

第二条 在中华人民共和国境内设立的证券公司和证券投资基金管理公司(以下统称证券基金经营机构)应当按照本办法实施合规管理。

本办法所称合规,是指证券基金经营机构及其工作人员的经营管理和执业行为符合法律、法规、规章及规范性文件、行业规范和自律规则、公司内部规章制度,以及行业普遍遵守的职业道德和行为准则(以下统称法律法规和准则)。

本办法所称合规管理,是指证券基金经营机构制定和执行合规管理制度,建立合规管理机制,防范合规风险的行为。

本办法所称合规风险,是指因证券基金经营机构或其工作人员的经营管理或执业行为违反法律法规和准则而使证券基金经营机构被依法追究法律责任、采取监管措施、给予纪律处分、出现财产损失或商业信誉损失的风险。

第三条 证券基金经营机构的合规管理应当覆盖所有业务,各部门、各分支机构、各层级子公司和全体工作人员,贯穿决策、执行、监督、反馈等各个环节。

第四条 证券基金经营机构应当树立全员合规、合规从管理层做起、合规创造价值、合规是公司生存基础的理念,倡导和推进合规文化建设,培育全体工作人员合规意识,提升合规管理人员职业荣誉感和专业化、职业化水平。

第五条 中国证券监督管理委员会(以下简称中国证监会)依法对证券基金经营机构合规管理工作实施监督管理。中国证监会派出机构按照授权履行监督管理职责。

中国证券业协会、中国证券投资基金业协会等自律组织(以下简称协会)依照本办法制定实施细则,对证券基金经营机构合规管理工作实施自律管理。

第二章 合规管理职责

第六条 证券基金经营机构开展各项业务，应当合规经营、勤勉尽责，坚持客户利益至上原则，并遵守下列基本要求：

（一）充分了解客户的基本信息、财务状况、投资经验、投资目标、风险偏好、诚信记录等信息并及时更新。

（二）合理划分客户类别和产品、服务风险等级，确保将适当的产品、服务提供给适合的客户，不得欺诈客户。

（三）持续督促客户规范证券发行行为，动态监控客户交易活动，及时报告、依法处置重大异常行为，不得为客户违规从事证券发行、交易活动提供便利。

（四）严格规范工作人员执业行为，督促工作人员勤勉尽责，防范其利用职务便利从事违法违规、超越权限或者其他损害客户合法权益的行为。

（五）有效管理内幕信息和未公开信息，防范公司及其工作人员利用该信息买卖证券、建议他人买卖证券，或者泄露该信息。

（六）及时识别、妥善处理公司与客户之间、不同客户之间、公司不同业务之间的利益冲突，切实维护客户利益，公平对待客户。

（七）依法履行关联交易审议程序和信息披露义务，保证关联交易的公允性，防止不正当关联交易和利益输送。

（八）审慎评估公司经营管理行为对证券市场的影响，采取有效措施，防止扰乱市场秩序。

第七条 证券基金经营机构董事会决定本公司的合规管理目标，对合规管理的有效性承担责任，履行下列合规管理职责：

（一）审议批准合规管理的基本制度；

（二）审议批准年度合规报告；

（三）决定解聘对发生重大合规风险负有主要责任或者领导责任的高级管理人员；

（四）决定聘任、解聘、考核合规负责人，决定其薪酬待遇；

（五）建立与合规负责人的直接沟通机制；

（六）评估合规管理有效性，督促解决合规管理中存在的问题；

（七）公司章程规定的其他合规管理职责。

第八条 证券基金经营机构的监事会或者监事履行下列合规管理职责：

（一）对董事、高级管理人员履行合规管理职责的情况进行监督；

（二）对发生重大合规风险负有主要责任或者领导责任的董事、高级管理人员提出罢免的建议；

（三）公司章程规定的其他合规管理职责。

第九条 证券基金经营机构的高级管理人员负责落实合规管理目标，对合规运营承担责任，履行下列合规管理职责：

（一）建立健全合规管理组织架构，遵守合规管理程序，配备充足、适当的合规管理人员，并为其履行职责提供充分的人力、物力、财力、技术支持和保障；

（二）发现违法违规行为及时报告、整改，落实责任追究；

（三）公司章程规定或者董事会确定的其他合规管理职责。

第十条 证券基金经营机构各部门、各分支机构和各层级子公司（以下统称下属各单位）负责人负责落实本单位的合规管理目标，对本单位合规运营承担责任。

证券基金经营机构全体工作人员应当遵守与其执业行为有关的法律、法规和准则，主动识别、控制其执业行为的合规风险，并对其执业行为的合规性承担责任。

下属各单位及工作人员发现违法违规行为或者合规风险隐患时，应当主动及时向合规负责人报告。

第十一条 证券基金经营机构设合规负责人。合规负责人是高级管理人员，直接向董事会负责，对本公司及其工作人员的经营管理和执业行为的合规性进行审查、监督和检查。

合规负责人不得兼任与合规管理职责相冲突的职务，不得负责管理与合规管理职责相冲突的部门。

证券基金经营机构的章程应当对合规负责人的职责、任免条件和程序等作出规定。

第十二条　证券基金经营机构合规负责人应当组织拟定合规管理的基本制度和其他合规管理制度，督导下属各单位实施。

合规管理的基本制度应当明确合规管理的目标、基本原则、机构设置及其职责，违法违规行为及合规风险隐患的报告、处理和责任追究等内容。

法律法规和准则发生变动的，合规负责人应当及时建议董事会或高级管理人员并督导有关部门，评估其对合规管理的影响，修改、完善有关制度和业务流程。

第十三条　合规负责人应当对证券基金经营机构内部规章制度、重大决策、新产品和新业务方案等进行合规审查，并出具书面合规审查意见。

中国证监会及其派出机构、自律组织要求对证券基金经营机构报送的申请材料或报告进行合规审查的，合规负责人应当审查，并在该申请材料或报告上签署合规审查意见。其他相关高级管理人员等人员应当对申请材料或报告中基本事实和业务数据的真实性、准确性及完整性负责。

证券基金经营机构不采纳合规负责人的合规审查意见的，应当将有关事项提交董事会决定。

第十四条　合规负责人应当按照中国证监会及其派出机构的要求和公司规定，对证券基金经营机构及其工作人员经营管理和执业行为的合规性进行监督检查。

合规负责人应当协助董事会和高级管理人员建立和执行信息隔离墙、利益冲突管理和反洗钱制度，按照公司规定为高级管理人员、下属各单位提供合规咨询、组织合规培训，指导和督促公司有关部门处理涉及公司和工作人员违法违规行为的投诉和举报。

第十五条　合规负责人应当按照公司规定，向董事会、经营管理主要负责人报告证券基金经营机构经营管理合法合规情况和合规管理工作开展情况。

合规负责人发现证券基金经营机构存在违法违规行为或合规风险隐患的，应当依照公司章程规定及时向董事会、经营管理主要负责人报告，提出处理意见，并督促整改。合规负责人应当同时督促公司及时向中国证监会相关派出机构报告；公司未及时报告的，应当直接向中国证监会相关派出机构报告；有关行为违反行业规范和自律规则的，还应当向有关自律组织报告。

第十六条 合规负责人应当及时处理中国证监会及其派出机构和自律组织要求调查的事项，配合中国证监会及其派出机构和自律组织对证券基金经营机构的检查和调查，跟踪和评估监管意见和监管要求的落实情况。

第十七条 合规负责人应当将出具的合规审查意见、提供的合规咨询意见、签署的公司文件、合规检查工作底稿等与履行职责有关的文件、资料存档备查，并对履行职责的情况作出记录。

第三章 合规管理保障

第十八条 合规负责人应当通晓相关法律法规和准则，诚实守信，熟悉证券、基金业务，具有胜任合规管理工作需要的专业知识和技能，并具备下列任职条件：

（一）从事证券、基金工作10年以上，并且通过中国证券业协会或中国证券投资基金业协会组织的合规管理人员胜任能力考试；或者从事证券、基金工作5年以上，并且通过法律职业资格考试；或者在证券监管机构、证券基金业自律组织任职5年以上；

（二）最近3年未被金融监管机构实施行政处罚或采取重大行政监管措施；

（三）中国证监会规定的其他条件。

第十九条 证券基金经营机构聘任合规负责人，应当向中国证监会相关派出机构报送人员简历及有关证明材料。证券公司合规负责人应当经中国证监会相关派出机构认可后方可任职。

合规负责人任期届满前，证券基金经营机构解聘的，应当有正当理由，并在有关董事会会议召开 10 个工作日前将解聘理由书面报告中国证监会相关派出机构。

前款所称正当理由,包括合规负责人本人申请,或被中国证监会及其派出机构责令更换,或确有证据证明其无法正常履职、未能勤勉尽责等情形。

第二十条　合规负责人不能履行职务或缺位时,应当由证券基金经营机构董事长或经营管理主要负责人代行其职务,并自决定之日起 3 个工作日内向中国证监会相关派出机构书面报告,代行职务的时间不得超过 6 个月。

合规负责人提出辞职的,应当提前 1 个月向公司董事会提出申请,并向中国证监会相关派出机构报告。在辞职申请获得批准之前,合规负责人不得自行停止履行职责。

合规负责人缺位的,公司应当在 6 个月内聘请符合本办法第十八条规定的人员担任合规负责人。

第二十一条　证券基金经营机构应当设立合规部门。合规部门对合规负责人负责,按照公司规定和合规负责人的安排履行合规管理职责。合规部门不得承担与合规管理相冲突的其他职责。

证券基金经营机构应当明确合规部门与其他内部控制部门之间的职责分工,建立内部控制部门协调互动的工作机制。

第二十二条　证券基金经营机构应当为合规部门配备足够的、具备与履行合规管理职责相适应的专业知识和技能的合规管理人员。合规部门中具备 3 年以上证券、金融、法律、会计、信息技术等有关领域工作经历的合规管理人员数量不得低于公司总部人数的一定比例,具体比例由协会规定。

第二十三条　证券基金经营机构各业务部门、各分支机构应当配备符合本办法第二十二条规定的合规管理人员。

合规管理人员可以兼任与合规管理职责不相冲突的职务。合规风险管控难度较大的部门和分支机构应当配备专职合规管理人员。

第二十四条　证券基金经营机构应当将各层级子公司的合规管理纳入统一体系,明确子公司向母公司报告的合规管理事项,对子公司的合规管理制度进行审查,对子公司经营管理行为的合规性进行监督和检查,确保子公司合规管理工作符合母公司的要求。

从事另类投资、私募基金管理、基金销售等活动的子公司,应当由证券基金经营机构选派人员作为子公司高级管理人员负责合规管理工作,并由合规负责人考核和管理。

第二十五条 证券基金经营机构应当保障合规负责人和合规管理人员充分履行职责所需的知情权和调查权。

证券基金经营机构召开董事会会议、经营决策会议等重要会议以及合规负责人要求参加或者列席的会议的,应当提前通知合规负责人。合规负责人有权根据履职需要参加或列席有关会议,查阅、复制有关文件、资料。

合规负责人根据履行职责需要,有权要求证券基金经营机构有关人员对相关事项作出说明,向为公司提供审计、法律等中介服务的机构了解情况。

合规负责人认为必要时,可以证券基金经营机构名义直接聘请外部专业机构或人员协助其工作,费用由公司承担。

第二十六条 证券基金经营机构应当保障合规负责人和合规管理人员的独立性。

证券基金经营机构的股东、董事和高级管理人员不得违反规定的职责和程序,直接向合规负责人下达指令或者干涉其工作。

证券基金经营机构的董事、监事、高级管理人员和下属各单位应当支持和配合合规负责人、合规部门及本单位合规管理人员的工作,不得以任何理由限制、阻挠合规负责人、合规部门和合规管理人员履行职责。

第二十七条 合规部门及专职合规管理人员由合规负责人考核。对兼职合规管理人员进行考核时,合规负责人所占权重应当超过50%。证券基金经营机构应当制定合规负责人、合规部门及专职合规管理人员的考核管理制度,不得采取其他部门评价、以业务部门的经营业绩为依据等不利于合规独立性的考核方式。

证券基金经营机构董事会对合规负责人进行年度考核时,应当就其履行职责情况及考核意见书面征求中国证监会相关派出机构的意见,中国证监会相关派出机构可以根据掌握的情况建议董事会调整考核结果。

证券基金经营机构对高级管理人员和下属各单位的考核应当包括合规负责人对其合规管理有效性、经营管理和执业行为合规性的专项考核内容。合规性专项考核占总考核结果的比例不得低于协会的规定。

第二十八条　证券基金经营机构应当制定合规负责人与合规管理人员的薪酬管理制度。合规负责人工作称职的,其年度薪酬收入总额在公司高级管理人员年度薪酬收入总额中的排名不得低于中位数;合规管理人员工作称职的,其年度薪酬收入总额不得低于公司同级别人员的平均水平。

第二十九条　中国证监会及其派出机构和自律组织支持证券基金经营机构合规负责人依法开展工作,组织行业合规培训和交流,并督促证券基金经营机构为合规负责人提供充足的履职保障。

第四章　监督管理与法律责任

第三十条　证券基金经营机构应当在报送年度报告的同时向中国证监会相关派出机构报送年度合规报告。年度合规报告包括下列内容:

(一)证券基金经营机构和各层级子公司合规管理的基本情况;

(二)合规负责人履行职责情况;

(三)违法违规行为、合规风险隐患的发现及整改情况;

(四)合规管理有效性的评估及整改情况;

(五)中国证监会及其派出机构要求或证券基金经营机构认为需要报告的其他内容。

证券基金经营机构的董事、高级管理人员应当对年度合规报告签署确认意见,保证报告的内容真实、准确、完整;对报告内容有异议的,应当注明意见和理由。

第三十一条　证券基金经营机构应当组织内部有关机构和部门或者委托具有专业资质的外部专业机构对公司合规管理的有效性进行评估,及时解决合规管理中存在的问题。对合规管理有效性的全面评估,每年不得少于1次。委托具有专业资质的外部专业机构进行的全面评估，每3年至少进行1次。

中国证监会及其派出机构发现证券基金经营机构存在违法违规行为或重大合规风险隐患的，可以要求证券基金经营机构委托指定的具有专业资质的外部专业机构对公司合规管理的有效性进行评估，并督促其整改。

第三十二条 证券基金经营机构违反本办法规定的，中国证监会可以采取出具警示函、责令定期报告、责令改正、监管谈话等行政监管措施；对直接负责的董事、监事、高级管理人员和其他责任人员，可以采取出具警示函、责令参加培训、责令改正、监管谈话、认定为不适当人选等行政监管措施。

证券基金经营机构违反本办法规定导致公司出现治理结构不健全、内部控制不完善等情形的，对证券基金经营机构及其直接负责的董事、监事、高级管理人员和其他直接责任人员，依照《中华人民共和国证券投资基金法》第二十四条、《证券公司监督管理条例》第七十条采取行政监管措施。

第三十三条 合规负责人违反本办法规定的，中国证监会可以采取出具警示函、责令参加培训、责令改正、监管谈话、认定为不适当人选等行政监管措施。

第三十四条 证券基金经营机构的董事、监事、高级管理人员未能勤勉尽责，致使公司存在重大违法违规行为或者重大合规风险的，依照《中华人民共和国证券法》第一百四十条、第一百四十二条、《中华人民共和国证券投资基金法》第二十五条采取行政监管措施。

第三十五条 证券基金经营机构违反本办法第十八条、第十九条、第二十条、第二十一条、第二十二条、第二十三条、第二十四条、第二十五条、第二十六条、第二十七条、第二十八条规定，情节严重的，对证券基金经营机构及其直接负责的董事、监事、高级管理人员和其他直接责任人员，处以警告、3万元以下罚款。

合规负责人未按照本办法第十五条第二款的规定及时向中国证监会相关派出机构报告重大违法违规行为的，处以警告、3万元以下罚款。

第三十六条 证券基金经营机构通过有效的合规管理，主动发现违法违规行为或合规风险隐患，积极妥善处理，落实责任追究，完善内部控制制度和业务流程并及时向中国证监会或其派出机构报告的，依法从轻、减轻处理；情节轻微并及时纠正违法违规行为或避免合规风险，没有造成危害后果的，不予追究责任。

对于证券基金经营机构的违法违规行为，合规负责人已经按照本办法的规定尽职履行审查、监督、检查和报告职责的，不予追究责任。

第五章　附　　则

第三十七条　本办法下列用语的含义：

（一）合规负责人，包括证券公司的合规总监和证券投资基金管理公司的督察长。

（二）中国证监会相关派出机构，包括证券公司住所地的中国证监会派出机构，和证券投资基金管理公司住所地或者经营所在地的中国证监会派出机构。

第三十八条　中国证监会根据审慎监管的原则，可以提高对行业重要性证券基金经营机构的合规管理要求，并可以采取增加现场检查频率、强化合规负责人任职监管、委托外部专业机构协助开展工作等方式加强合规监管。

前款所称行业重要性证券基金经营机构，是指中国证监会认定的，公司内部经营活动可能导致证券基金行业、证券市场产生重大风险的证券基金经营机构。

第三十九条　开展公开募集证券投资基金管理业务的保险资产管理机构、私募资产管理机构等，参照本办法执行。

第四十条　本办法自2017年10月1日起施行。《证券投资基金管理公司督察长管理规定》（证监基金字〔2006〕85号）、《证券公司合规管理试行规定》（证监会公告〔2008〕30号）同时废止。

保险公司合规管理办法

(2016 年 12 月 30 日　保监发〔2016〕116 号)

第一章　总　　则

第一条　为了加强保险公司合规管理,发挥公司治理机制作用,根据《中华人民共和国公司法》《中华人民共和国保险法》和《保险公司管理规定》等法律、行政法规和规章,制定本办法。

第二条　本办法所称的合规是指保险公司及其保险从业人员的保险经营管理行为应当符合法律法规、监管规定、公司内部管理制度以及诚实守信的道德准则。

本办法所称的合规风险是指保险公司及其保险从业人员因不合规的保险经营管理行为引发法律责任、财务损失或者声誉损失的风险。

第三条　合规管理是保险公司通过建立合规管理机制,制定和执行合规政策,开展合规审核、合规检查、合规风险监测、合规考核以及合规培训等,预防、识别、评估、报告和应对合规风险的行为。合规管理是保险公司全面风险管理的一项重要内容,也是实施有效内部控制的一项基础性工作。

保险公司应当按照本办法的规定,建立健全合规管理制度,完善合规管理组织架构,明确合规管理责任,构建合规管理体系,推动合规文化建设,有效识别并积极主动防范、化解合规风险,确保公司稳健运营。

第四条　保险公司应当倡导和培育良好的合规文化,努力培育公司全体保险从业人员的合规意识,并将合规文化建设作为公司文化建设的一个重要组成部分。

保险公司董事会和高级管理人员应当在公司倡导诚实守信的道德准则

和价值观念，推行主动合规、合规创造价值等合规理念，促进保险公司内部合规管理与外部监管的有效互动。

第五条　保险集团（控股）公司应当建立集团整体的合规管理体系，加强对全集团合规管理的规划、领导和监督，提高集团整体合规管理水平。各成员公司应当贯彻落实集团整体合规管理要求，对自身合规管理负责。

第六条　中国保监会及其派出机构依法对保险公司合规管理实施监督检查。

第二章　董事会、监事会和总经理的合规职责

第七条　保险公司董事会对公司的合规管理承担最终责任，履行以下合规职责：

（一）审议批准合规政策，监督合规政策的实施，并对实施情况进行年度评估；

（二）审议批准并向中国保监会提交公司年度合规报告，对年度合规报告中反映出的问题，提出解决方案；

（三）决定合规负责人的聘任、解聘及报酬事项；

（四）决定公司合规管理部门的设置及其职能；

（五）保证合规负责人独立与董事会、董事会专业委员会沟通；

（六）公司章程规定的其他合规职责。

第八条　保险公司董事会可以授权专业委员会履行以下合规职责：

（一）审核公司年度合规报告；

（二）听取合规负责人和合规管理部门有关合规事项的报告；

（三）监督公司合规管理，了解合规政策的实施情况和存在的问题，并向董事会提出意见和建议；

（四）公司章程规定或者董事会确定的其他合规职责。

第九条　保险公司监事或者监事会履行以下合规职责：

（一）监督董事和高级管理人员履行合规职责的情况；

（二）监督董事会的决策及决策流程是否合规；

(三)对引发重大合规风险的董事、高级管理人员提出罢免的建议;

(四)向董事会提出撤换公司合规负责人的建议;

(五)依法调查公司经营中引发合规风险的相关情况,并可要求公司相关高级管理人员和部门协助;

(六)公司章程规定的其他合规职责。

第十条 保险公司总经理履行以下合规职责:

(一)根据董事会的决定建立健全公司合规管理组织架构,设立合规管理部门,并为合规负责人和合规管理部门履行职责提供充分条件;

(二)审核公司合规政策,报经董事会审议后执行;

(三)每年至少组织一次对公司合规风险的识别和评估,并审核公司年度合规管理计划;

(四)审核并向董事会或者其授权的专业委员会提交公司年度合规报告;

(五)发现公司有不合规的经营管理行为的,应当及时制止并纠正,追究违规责任人的相应责任,并按规定进行报告;

(六)公司章程规定、董事会确定的其他合规职责。

保险公司分公司和中心支公司总经理应当履行前款第三项和第五项规定的合规职责,以及保险公司确定的其他合规职责。

第二章 合规负责人和合规管理部门

第十一条 保险公司应当设立合规负责人。合规负责人是保险公司的高级管理人员。合规负责人不得兼管公司的业务、财务、资金运用和内部审计部门等可能与合规管理存在职责冲突的部门,保险公司总经理兼任合规负责人的除外。

本条所称的业务部门指保险公司设立的负责销售、承保和理赔等保险业务的部门。

第十二条 保险公司任命合规负责人,应当依据《保险公司董事、监事和高级管理人员任职资格管理规定》及中国保监会的有关规定申请核准其任职资格。

保险公司解聘合规负责人的，应当在解聘后 10 个工作日内向中国保监会报告并说明正当理由。

第十三条　保险公司合规负责人对董事会负责，接受董事会和总经理的领导，并履行以下职责：

（一）全面负责公司的合规管理工作，领导合规管理部门；

（二）制定和修订公司合规政策，制订公司年度合规管理计划，并报总经理审核；

（三）将董事会审议批准后的合规政策传达给保险从业人员，并组织执行；

（四）向总经理、董事会或者其授权的专业委员会定期提出合规改进建议，及时报告公司和高级管理人员的重大违规行为；

（五）审核合规管理部门出具的合规报告等合规文件；

（六）公司章程规定或者董事会确定的其他合规职责。

第十四条　保险公司总公司及省级分公司应当设置合规管理部门。保险公司应当根据业务规模、组织架构和风险管理工作的需要，在其他分支机构设置合规管理部门或者合规岗位。

保险公司分支机构的合规管理部门、合规岗位对上级合规管理部门或者合规岗位负责，同时对其所在分支机构的负责人负责。

保险公司应当以合规政策或者其他正式文件的形式，确立合规管理部门和合规岗位的组织结构、职责和权利，并规定确保其独立性的措施。

第十五条　保险公司应当确保合规管理部门和合规岗位的独立性，并对其实行独立预算和考评。合规管理部门和合规岗位应当独立于业务、财务、资金运用和内部审计部门等可能与合规管理存在职责冲突的部门。

第十六条　合规管理部门履行以下职责：

（一）协助合规负责人制订、修订公司的合规政策和年度合规管理计划，并推动其贯彻落实，协助高级管理人员培育公司的合规文化；

（二）组织协调公司各部门和分支机构制订、修订公司合规管理规章制度；

（三）组织实施合规审核、合规检查；

（四）组织实施合规风险监测，识别、评估和报告合规风险；

（五）撰写年度合规报告；

（六）为公司新产品和新业务的开发提供合规支持，识别、评估合规风险；

（七）组织公司反洗钱等制度的制订和实施；

（八）开展合规培训，推动保险从业人员遵守行为准则，并向保险从业人员提供合规咨询；

（九）审查公司重要的内部规章制度和业务规程，并依据法律法规、监管规定和行业自律规则的变动和发展，提出制订或者修订公司内部规章制度和业务规程的建议；

（十）保持与监管机构的日常工作联系，反馈相关意见和建议；

（十一）组织或者参与实施合规考核和问责；

（十二）董事会确定的其他合规管理职责。

合规岗位的具体职责，由公司参照前款规定确定。

第十七条 保险公司应当保障合规负责人、合规管理部门和合规岗位享有以下权利：

（一）为了履行合规管理职责，通过参加会议、查阅文件、调取数据、与有关人员交谈、接受合规情况反映等方式获取信息；

（二）对违规或者可能违规的人员和事件进行独立调查，可外聘专业人员或者机构协助工作；

（三）享有通畅的报告渠道，根据董事会确定的报告路线向总经理、董事会授权的专业委员会、董事会报告；

（四）董事会确定的其他权利。

董事会和高级管理人员应当支持合规管理部门、合规岗位和合规人员履行工作职责，并采取措施切实保障合规管理部门、合规岗位和合规人员不因履行职责遭受不公正的对待。

第十八条　保险公司应当根据业务规模、人员数量、风险水平等因素为合规管理部门或者合规岗位配备足够的专职合规人员。

保险公司总公司和省级分公司应当为合规管理部门以外的其他各部门配备兼职合规人员。有条件的保险公司应当为省级分公司以外的其他分支机构配备兼职合规人员。保险公司应当建立兼职合规人员激励机制，促进兼职合规人员履职尽责。

第十九条　合规人员应当具有与其履行职责相适应的资质和经验，具有法律、保险、财会、金融等方面的专业知识，并熟练掌握法律法规、监管规定、行业自律规则和公司内部管理制度。

保险公司应当定期开展系统的教育培训，提高合规人员的专业技能。

第四章　合 规 管 理

第二十条　保险公司应当建立三道防线的合规管理框架，确保三道防线各司其职、协调配合，有效参与合规管理，形成合规管理的合力。

第二十一条　保险公司各部门和分支机构履行合规管理的第一道防线职责，对其职责范围内的合规管理负有直接和第一位的责任。

保险公司各部门和分支机构应当主动进行日常的合规管控，定期进行合规自查，并向合规管理部门或者合规岗位提供合规风险信息或者风险点，支持并配合合规管理部门或者合规岗位的合规风险监测和评估。

第二十二条　保险公司合规管理部门和合规岗位履行合规管理的第二道防线职责。合规管理部门和合规岗位应当按照本办法第十六条规定的职责，向公司各部门和分支机构的业务活动提供合规支持，组织、协调、监督各部门和分支机构开展合规管理各项工作。

第二十三条　保险公司内部审计部门履行合规管理的第三道防线职责，定期对公司的合规管理情况进行独立审计。

第二十四条　保险公司应当在合规管理部门与内部审计部门之间建立明确的合作和信息交流机制。内部审计部门在审计结束后，应当将审计情况和结论通报合规管理部门；合规管理部门也可以根据合规风险的监测情况主动向内部审计部门提出开展审计工作的建议。

第二十五条 保险公司应当制订合规政策，经董事会审议通过后报中国保监会备案。

合规政策是保险公司进行合规管理的纲领性文件，应当包括以下内容：

（一）公司进行合规管理的目标和基本原则；

（二）公司倡导的合规文化；

（三）董事会、高级管理人员的合规责任；

（四）公司合规管理框架和报告路线；

（五）合规管理部门的地位和职责；

（六）公司识别和管理合规风险的主要程序。

保险公司应当定期对合规政策进行评估，并视合规工作需要进行修订。

第二十六条 保险公司应当通过制定相关规章制度，明确保险从业人员行为规范，落实公司的合规政策，并为保险从业人员执行合规政策提供指引。

保险公司应当制定工作岗位的业务操作程序和规范。

第二十七条 保险公司应当定期组织识别、评估和监测以下事项的合规风险：

（一）业务行为；

（二）财务行为；

（三）资金运用行为；

（四）机构管理行为；

（五）其他可能引发合规风险的行为。

第二十八条 保险公司应当明确合规风险报告的路线，规定报告路线涉及的每个人员和机构的职责，明确报告人的报告内容、方式和频率以及接受报告人直接处理或者向上报告的规范要求。

第二十九条 保险公司合规管理部门应当对下列事项进行合规审核：

（一）重要的内部规章制度和业务规程；

（二）重要的业务行为、财务行为、资金运用行为和机构管理行为。

第三十条　保险公司合规管理部门应当按照合规负责人、总经理、董事会或者其授权的专业委员会的要求，在公司内进行合规调查。

合规调查结束后，合规管理部门应当就调查情况和结论制作报告，并报送提出调查要求的机构。

第三十一条　保险公司应当建立有效的合规考核和问责制度，将合规管理作为公司年度考核的重要指标，对各部门、分支机构及其人员的合规职责履行情况进行考核和评价，并追究违法违规事件责任人员的责任。

第三十二条　保险公司合规管理部门应当与公司相关培训部门建立协作机制，制订合规培训计划，定期组织开展合规培训工作。

保险公司董事、监事和高级管理人员应当参加与其职责相关的合规培训。保险从业人员应当定期接受合规培训。

第三十三条　保险公司应当建立有效的信息系统，确保在合规管理工作中能够及时、准确获取有关公司业务、财务、资金运用、机构管理等合规管理工作所需的信息。

第三十四条　保险公司各分支机构主要负责人应当根据本办法和公司合规管理制度，落实上级机构的要求，加强合规管理。

第五章　合规的外部监督

第三十五条　中国保监会根据保险公司发展实际，采取分类指导的原则，加强督导，推动保险公司建立和完善合规管理体系。

第三十六条　中国保监会通过合规报告或者现场检查等方式对保险公司合规管理工作进行监督和评价，评价结果将作为实施风险综合评级的重要依据。

第三十七条　保险公司应当于每年 4 月 30 日前向中国保监会提交公司上一年度的年度合规报告。保险公司董事会对合规报告的真实性、准确性、完整性负责。

公司年度合规报告应当包括以下内容：

（一）合规管理状况概述；

（二）合规政策的制订、评估和修订；

（三）合规负责人和合规管理部门的情况；

（四）重要业务活动的合规情况；

（五）合规评估和监测机制的运行；

（六）存在的主要合规风险及应对措施；

（七）重大违规事件及其处理；

（八）合规培训情况；

（九）合规管理存在的问题和改进措施；

（十）其他。

中国保监会可以根据监管需要，要求保险公司报送综合或者专项的合规报告。

中国保监会派出机构可以根据辖区内监管需要，要求保险公司省级分公司书面报告合规工作情况。

第三十八条 保险公司及其相关责任人违反本办法规定的，中国保监会可以根据具体情况采取以下监管措施：

（一）责令限期改正；

（二）调整风险综合评级；

（三）调整公司治理评级；

（四）监管谈话；

（五）行业通报；

（六）其他监管措施。

对拒不改正的，依法予以处罚。

第六章 附 则

第三十九条 本办法适用于在中华人民共和国境内成立的保险公司、保险集团（控股）公司。外国保险公司分公司、保险资产管理公司以及经中国保监会批准成立的其他保险组织参照适用。

保险公司计划单列市分公司参照适用本办法有关保险公司省级分公司

的规定。

第四十条　本办法所称保险公司分支机构，是指经中国保监会及其派出机构批准，保险公司依法在境内设立的分公司、中心支公司、支公司、营业部、营销服务部以及各类专属机构。

本办法所称保险从业人员，是指保险公司工作人员以及其他为保险公司销售保险产品的保险销售从业人员。

第四十一条　本办法由中国保监会负责解释。

第四十二条　本办法自2017年7月1日起施行。中国保监会2007年9月7日发布的《保险公司合规管理指引》（保监发〔2007〕91号）同时废止。

商业银行合规风险管理指引

（2006年10月20日中国银行业监督管理委员会发布　银监发〔2006〕76号）

第一章　总　　则

第一条　为加强商业银行合规风险管理，维护商业银行安全稳健运行，根据《中华人民共和国银行业监督管理法》和《中华人民共和国商业银行法》，制定本指引。

第二条　在中华人民共和国境内设立的中资商业银行、外资独资银行、中外合资银行和外国银行分行适用本指引。

在中华人民共和国境内设立的政策性银行、金融资产管理公司、城市信用合作社、农村信用合作社、信托投资公司、企业集团财务公司、金融租赁公司、汽车金融公司、货币经纪公司、邮政储蓄机构以及经银监会批准设立的其他金融机构参照本指引执行。

第三条 本指引所称法律、规则和准则,是指适用于银行业经营活动的法律、行政法规、部门规章及其他规范性文件、经营规则、自律性组织的行业准则、行为守则和职业操守。

本指引所称合规,是指使商业银行的经营活动与法律、规则和准则相一致。

本指引所称合规风险,是指商业银行因没有遵循法律、规则和准则可能遭受法律制裁、监管处罚、重大财务损失和声誉损失的风险。

本指引所称合规管理部门,是指商业银行内部设立的专门负责合规管理职能的部门、团队或岗位。

第四条 合规管理是商业银行一项核心的风险管理活动。商业银行应综合考虑合规风险与信用风险、市场风险、操作风险和其他风险的关联性,确保各项风险管理政策和程序的一致性。

第五条 商业银行合规风险管理的目标是通过建立健全合规风险管理框架,实现对合规风险的有效识别和管理,促进全面风险管理体系建设,确保依法合规经营。

第六条 商业银行应加强合规文化建设,并将合规文化建设融入企业文化建设全过程。

合规是商业银行所有员工的共同责任,并应从商业银行高层做起。

董事会和高级管理层应确定合规的基调,确立全员主动合规、合规创造价值等合规理念,在全行推行诚信与正直的职业操守和价值观念,提高全体员工的合规意识,促进商业银行自身合规与外部监管的有效互动。

第七条 银监会依法对商业银行合规风险管理实施监管,检查和评价商业银行合规风险管理的有效性。

第二章 董事会、监事会和高级管理层的合规管理职责

第八条 商业银行应建立与其经营范围、组织结构和业务规模相适应的合规风险管理体系。

合规风险管理体系应包括以下基本要素:

（一）合规政策；

（二）合规管理部门的组织结构和资源；

（三）合规风险管理计划；

（四）合规风险识别和管理流程；

（五）合规培训与教育制度。

第九条　商业银行的合规政策应明确所有员工和业务条线需要遵守的基本原则，以及识别和管理合规风险的主要程序，并对合规管理职能的有关事项做出规定，至少应包括：

（一）合规管理部门的功能和职责；

（二）合规管理部门的权限，包括享有与银行任何员工进行沟通并获取履行职责所需的任何记录或档案材料的权利等；

（三）合规负责人的合规管理职责；

（四）保证合规负责人和合规管理部门独立性的各项措施，包括确保合规负责人和合规管理人员的合规管理职责与其承担的任何其他职责之间不产生利益冲突等；

（五）合规管理部门与风险管理部门、内部审计部门等其他部门之间的协作关系；

（六）设立业务条线和分支机构合规管理部门的原则。

第十条　董事会应对商业银行经营活动的合规性负最终责任，履行以下合规管理职责：

（一）审议批准商业银行的合规政策，并监督合规政策的实施；

（二）审议批准高级管理层提交的合规风险管理报告，并对商业银行管理合规风险的有效性作出评价，以使合规缺陷得到及时有效的解决；

（三）授权董事会下设的风险管理委员会、审计委员会或专门设立的合规管理委员会对商业银行合规风险管理进行日常监督；

（四）商业银行章程规定的其他合规管理职责。

第十一条　负责日常监督商业银行合规风险管理的董事会下设委员会应通过与合规负责人单独面谈和其他有效途径，了解合规政策的实施情况和存在的问题,及时向董事会或高级管理层提出相应的意见和建议,监督合规政策的有效实施。

第十二条 监事会应监督董事会和高级管理层合规管理职责的履行情况。

第十三条 高级管理层应有效管理商业银行的合规风险,履行以下合规管理职责:

(一)制定书面的合规政策,并根据合规风险管理状况以及法律、规则和准则的变化情况适时修订合规政策,报经董事会审议批准后传达给全体员工;

(二)贯彻执行合规政策,确保发现违规事件时及时采取适当的纠正措施,并追究违规责任人的相应责任;

(三)任命合规负责人,并确保合规负责人的独立性;

(四)明确合规管理部门及其组织结构,为其履行职责配备充分和适当的合规管理人员,并确保合规管理部门的独立性;

(五)识别商业银行所面临的主要合规风险,审核批准合规风险管理计划,确保合规管理部门与风险管理部门、内部审计部门以及其他相关部门之间的工作协调;

(六)每年向董事会提交合规风险管理报告,报告应提供充分依据并有助于董事会成员判断高级管理层管理合规风险的有效性;

(七)及时向董事会或其下设委员会、监事会报告任何重大违规事件;

(八)合规政策规定的其他职责。

第十四条 合规负责人应全面协调商业银行合规风险的识别和管理,监督合规管理部门根据合规风险管理计划履行职责,定期向高级管理层提交合规风险评估报告。合规负责人不得分管业务条线。

合规风险评估报告包括但不限于以下内容:报告期合规风险状况的变化情况、已识别的违规事件和合规缺陷、已采取的或建议采取的纠正措施等。

第十五条 商业银行应建立对管理人员合规绩效的考核制度。商业银行的绩效考核应体现倡导合规和惩处违规的价值观念。

第十六条　商业银行应建立有效的合规问责制度，严格对违规行为的责任认定与追究，并采取有效的纠正措施，及时改进经营管理流程，适时修订相关政策、程序和操作指南。

第十七条　商业银行应建立诚信举报制度，鼓励员工举报违法、违反职业操守或可疑的行为，并充分保护举报人。

第三章　合规管理部门职责

第十八条　合规管理部门应在合规负责人的管理下协助高级管理层有效识别和管理商业银行所面临的合规风险，履行以下基本职责：

（一）持续关注法律、规则和准则的最新发展，正确理解法律、规则和准则的规定及其精神，准确把握法律、规则和准则对商业银行经营的影响，及时为高级管理层提供合规建议；

（二）制定并执行风险为本的合规管理计划，包括特定政策和程序的实施与评价、合规风险评估、合规性测试、合规培训与教育等；

（三）审核评价商业银行各项政策、程序和操作指南的合规性，组织、协调和督促各业务条线和内部控制部门对各项政策、程序和操作指南进行梳理和修订，确保各项政策、程序和操作指南符合法律、规则和准则的要求；

（四）协助相关培训和教育部门对员工进行合规培训，包括新员工的合规培训，以及所有员工的定期合规培训，并成为员工咨询有关合规问题的内部联络部门；

（五）组织制定合规管理程序以及合规手册、员工行为准则等合规指南，并评估合规管理程序和合规指南的适当性，为员工恰当执行法律、规则和准则提供指导；

（六）积极主动地识别和评估与商业银行经营活动相关的合规风险，包括为新产品和新业务的开发提供必要的合规性审核和测试，识别和评估新业务方式的拓展、新客户关系的建立以及客户关系的性质发生重大变化等所产生的合规风险；

(七)收集、筛选可能预示潜在合规问题的数据,如消费者投诉的增长数、异常交易等,建立合规风险监测指标,按照风险矩阵衡量合规风险发生的可能性和影响,确定合规风险的优先考虑序列;

(八)实施充分且有代表性的合规风险评估和测试,包括通过现场审核对各项政策和程序的合规性进行测试,询问政策和程序存在的缺陷,并进行相应的调查,合规性测试结果应按照商业银行的内部风险管理程序,通过合规风险报告路线向上报告,以确保各项政策和程序符合法律、规则和准则的要求;

(九)保持与监管机构日常的工作联系,跟踪和评估监管意见和监管要求的落实情况。

第十九条 商业银行应为合规管理部门配备有效履行合规管理职能的资源。合规管理人员应具备与履行职责相匹配的资质、经验、专业技能和个人素质。

商业银行应定期为合规管理人员提供系统的专业技能培训,尤其是在正确把握法律、规则和准则的最新发展及其对商业银行经营的影响等方面的技能培训。

第二十条 商业银行各业务条线和分支机构的负责人应对本条线和本机构经营活动的合规性负首要责任。

商业银行应根据业务条线和分支机构的经营范围、业务规模设立相应的合规管理部门。

各业务条线和分支机构合规管理部门应根据合规管理程序主动识别和管理合规风险,按照合规风险的报告路线和报告要求及时报告。

第二十一条 商业银行应建立合规管理部门与风险管理部门在合规管理方面的协作机制。

第二十二条 商业银行合规管理职能应与内部审计职能分离,合规管理职能的履行情况应受到内部审计部门定期的独立评价。

内部审计部门应负责商业银行各项经营活动的合规性审计。内部审计方案应包括合规管理职能适当性和有效性的审计评价,内部审计的风险评估方法应包括对合规风险的评估。

商业银行应明确合规管理部门与内部审计部门在合规风险评估和合规性测试方面的职责。内部审计部门应随时将合规性审计结果告知合规负责人。

第二十三条　商业银行应明确合规风险报告路线以及合规风险报告的要素、格式和频率。

第二十四条　商业银行境外分支机构或附属机构应加强合规管理职能,合规管理职能的组织结构应符合当地的法律和监管要求。

第二十五条　董事会和高级管理层应对合规管理部门工作的外包遵循法律、规则和准则负责。

商业银行应确保任何合规管理部门工作的外包安排都受到合规负责人的适当监督,不妨碍银监会的有效监管。

第四章　合规风险监管

第二十六条　商业银行应及时将合规政策、合规管理程序和合规指南等内部制度向银监会备案。

商业银行应及时向银监会报送合规风险管理计划和合规风险评估报告。

商业银行发现重大违规事件应按照重大事项报告制度的规定向银监会报告。

第二十七条　商业银行任命合规负责人,应按有关规定报告银监会。商业银行在合规负责人离任后的十个工作日内,应向银监会报告离任原因等有关情况。

第二十八条　银监会应定期对商业银行合规风险管理的有效性进行评价,评价报告作为分类监管的重要依据。

第二十九条　银监会应根据商业银行的合规记录及合规风险管理评价报告,确定合规风险现场检查的频率、范围和深度,检查的主要内容包括:

(一)商业银行合规风险管理体系的适当性和有效性;

（二）商业银行董事会和高级管理层在合规风险管理中的作用；

（三）商业银行绩效考核制度、问责制度和诚信举报制度的适当性和有效性；

（四）商业银行合规管理职能的适当性和有效性。

第五章 附 则

第三十条 本指引由银监会负责解释。

第三十一条 本指引自发布之日起实施。

民营企业境外投资经营行为规范

（2017年12月6日国家发展改革委、商务部、人民银行、外交部、全国工商联联合发布 发改外资〔2017〕2050号）

一、总则

（一）国家支持有条件的民营企业"走出去"，对民营企业"走出去"与国有企业"走出去"一视同仁。

（二）民营企业要根据自身条件和实力有序开展境外投资，参与"一带一路"建设，推进国际产能和装备制造合作，服务于供给侧结构性改革和转型升级。

（三）民营企业开展境外投资应坚持企业主体、市场运作，自主决策、自负盈亏，量力而行、审慎而为，着力提高企业创新能力、核心竞争力和国际化经营能力。

（四）民营企业在境外投资经营活动中应遵守我国和东道国（地区）的法律法规，遵守有关条约规定和其他国际惯例，依法经营、合规发展，加强境外风险防控。

（五）民营企业要以和平合作、开放包容、互学互鉴、互利共赢为指引，按照共商、共建、共享的原则，与东道国（地区）有关机构、企业开展务实合作，实现共同发展。

二、完善经营管理体系

（六）完善境外投资管理规章制度。民营企业要结合本企业实际，明确境外投资管理部门和职责，细化境外投资决策程序，建立健全境外企业设立和授权管理制度及境外投资风险管控制度。

（七）开展绩效管理。民营企业要坚持规模、质量和效益并重，完善境外经营评价、考核和激励办法，提高境外投资绩效水平。

（八）加强财务监督。民营企业要加强对境外分支机构在资金调拨、融资、股权和其他权益转让、再投资及担保等方面的监督和管理，审慎开展高杠杆投资，规范境外金融衍生品投资活动。

（九）加强人才队伍建设。民营企业要加强国际化经营人才培养，选聘境内外优秀管理人员，建立健全派出人员管理制度，对派出人员出国前开展必要教育，帮助派出人员了解当地法律法规、安全环境等知识，增强派出人员遵法守法以及安全风险防范意识和能力。

三、依法合规诚信经营

（十）履行国内申报程序。民营企业境外投资应按照相关规定，主动申请备案或核准。境外投资涉及敏感国家和地区、敏感行业的，须获核准；其他情形的，须申请备案。不得以虚假境外投资非法获取外汇、转移资产和进行洗钱等活动。

（十一）依规承诺对外融资。民营企业在境外跟踪拟使用中国金融机构信贷保险的项目，未取得有关金融机构出具的承贷、承保意向函前不得做出对外融资或保险承诺。

（十二）开展公平竞争。民营企业境外投资经营应坚持公平竞争，坚决抵制商业贿赂，不得向当地公职人员、国际组织官员和关联企业相关人员行贿。不得串通投标，不得诋毁竞争对手，不得虚假宣传业绩或采取其他不正当竞争手段。

(十三)履行合同约定。民营企业及其境外分支机构与境外相关方订立书面合同,须明确双方权利与义务,并严格按照合同履约。不得以欺诈手段订立虚假合同。

(十四)保证项目和产品质量。民营企业境外分支机构应认真执行东道国(地区)有关项目及产品质量管理的标准和规定,加强项目质量管理,严控产品质量。

(十五)保护知识产权。民营企业境外分支机构应根据东道国(地区)法律、相关条约的规定,认真开展知识的创造、运用、管理和知识产权保护工作。应根据境外业务发展需要,适时办理专利申请、商标注册、著作权登记等,明确商业秘密的保护范围、责任主体和保密措施。民营企业境外分支机构开展经营活动,应尊重其他组织和个人知识产权,依法依规获取他方技术和商标使用许可。

(十六)消费者权益保护。民营企业在境外投资经营应依法保护消费者权益,避免侵犯消费者隐私,不得有虚假广告、商业欺诈等行为。

(十七)依法纳税。民营企业境外分支机构应按照东道国(地区)法律纳税,不得偷税漏税。

(十八)维护国家利益。民营企业在境外开展投资和经营活动应有助于维护我国国家主权、安全和社会公共利益,维护我国与有关国家(地区)关系。

(十九)避免卷入别国内政。民营企业境外投资经营应避免卷入当地政治、经济利益集团的纷争,不介入当地政治派别活动。

四、切实履行社会责任

(二十)加强属地化经营。民营企业要根据实际需要确定国内派出人员,依法依规聘用东道国(地区)员工,积极为当地创造就业机会。

(二十一)尊重文化传统。民营企业派驻境外人员要努力适应东道国(地区)社会环境,尊重当地文化、宗教和风俗习惯。民营企业应积极开展中外文化交流,相互借鉴,增进理解。

（二十二）加强社会沟通。民营企业及其境外分支机构要与东道国（地区）政府保持良好关系，注意加强与当地工会组织、媒体、宗教人士、族群首领、非政府组织等社会各界的沟通与交流。

（二十三）热心公益事业。民营企业境外分支机构要坚持义利并重，积极参与当地教育、卫生、社区发展等公益事业，造福当地民众，树立服务社会的良好企业形象。

（二十四）推动技术进步。民营企业境外分支机构要加强与东道国（地区）高等院校、科研机构、有关企业等的合作，共同推动我国和东道国（地区）产业技术交流。

（二十五）完善信息披露。鼓励民营企业境外分支机构建立健全企业社会责任信息披露机制，及时披露社会责任信息和绩效，定期发布社会责任或可持续发展报告。

五、注重资源环境保护

（二十六）保护资源环境。鼓励民营企业在境外坚持资源节约、环境友好的经营方式，将资源环境保护纳入企业发展战略和生产经营计划，建立健全资源环境保护规章制度。

（二十七）开展环境影响评价。民营企业在境外项目建设前，要对拟选址建设区域开展环境监测和评估，掌握项目所在地及其周围区域的环境本底状况。民营企业在收购境外企业前，要对目标企业开展环境尽职调查，重点评估其在历史经营活动中形成的危险废物、土壤和地下水污染等情况以及目标企业与此相关的环境债务。民营企业境外分支机构要对其开发建设和生产经营活动开展环境影响评价，并根据环境影响评价结果，采取合理措施降低可能产生的不利影响。

（二十八）申请环保许可。民营企业境外建设和运营的项目，要依照东道国（地区）环保法律法规规定，申请项目建设相关许可。对于暂时没有环保法律的国家或地区，可借鉴国际组织或多边机构的环保标准，采取有利于东道国（地区）生态发展的环保措施。必要时可聘请第三方进行环保评估。

（二十九）制定环境事故应急预案。民营企业境外分支机构要对可能存在的环境事故风险制定应急预案,并建立与当地政府及社会公众的沟通机制。

(三十)开展清洁生产。民营企业境外分支机构要开展清洁生产,推进循环利用,对排放的主要污染物开展监测,减少生产、服务和产品使用过程中污染物的产生和排放。

(三十一)重视生态修复。对于由生产经营活动造成的生态影响,民营企业境外分支机构要根据东道国(地区)法律法规要求或者行业通行做法,做好生态修复。

六、加强境外风险防控

(三十二)加强全面风险防控。民营企业要自觉维护国家经济、产业、技术安全,境外投资经营需加强与国家利益相关风险防范。同时要加强对东道国(地区)政治经济形势、民族宗教矛盾、社会治安、恐怖主义、负面舆情民情、灾害疫情等信息的关注,项目启动前做好全面风险评估,投资经营活动中与我国驻当地使领馆、东道国(地区)政府有关部门建立经常性沟通渠道,最大限度保护企业人员和资产安全。

(三十三)防范法律风险。鼓励民营企业选聘国内外专业的法律、评估、信用评级等相关机构,严格执行重大决策、交易的合规性审核,做好境外投资业务相关的监管规则跟踪分析和合规培训,加强与东道国(地区)监管部门沟通,积极配合监管工作。

(三十四)完善安全保障。民营企业境外分支机构要强化安全风险意识,建立健全安全保障制度。根据不同的安全风险,有针对性地制定安保措施,并把安全防护费用计入投资成本,保障安保工作的人力、物力、财力投入。采用符合国际惯例的合同条款,把安全保障条款纳入项目协议或合同,明确双方安保责任。

(三十五)建立健全应急处置机制。民营企业及其境外分支机构要建立完善境外突发安全事故应急处置机制,制定安全事故应急预案,并通过定期演练不断提高应急处置能力。

(三十六)安全事故处理。境外安全事故发生后,民营企业境外分支机构应在第一时间向当地政府有关部门及我国驻当地使领馆报告，并立即采取必要有效的紧急救助措施，防止事故扩大，减少人员伤亡和财产损失。积极开展事故调查，妥善做好事故处理、赔付和善后工作。

中央企业合规管理指引（试行）

（2018 年 11 月 2 日国务院国有资产监督管理委员会发布
国资发法规〔2018〕106 号）

第一章　总　　则

第一条　为推动中央企业全面加强合规管理，加快提升依法合规经营管理水平，着力打造法治央企，保障企业持续健康发展，根据《中华人民共和国公司法》、《中华人民共和国企业国有资产法》等有关法律法规规定，制定本指引。

第二条　本指引所称中央企业，是指国务院国有资产监督管理委员会（以下简称国资委）履行出资人职责的国家出资企业。

本指引所称合规，是指中央企业及其员工的经营管理行为符合法律法规、监管规定、行业准则和企业章程、规章制度以及国际条约、规则等要求。

本指引所称合规风险，是指中央企业及其员工因不合规行为，引发法律责任、受到相关处罚、造成经济或声誉损失以及其他负面影响的可能性。

本指引所称合规管理，是指以有效防控合规风险为目的，以企业和员工经营管理行为为对象，开展包括制度制定、风险识别、合规审查、风险应对、责任追究、考核评价、合规培训等有组织、有计划的管理活动。

第三条　国资委负责指导监督中央企业合规管理工作。

第四条　中央企业应当按照以下原则加快建立健全合规管理体系：

(一)全面覆盖。坚持将合规要求覆盖各业务领域、各部门、各级子企业和分支机构、全体员工,贯穿决策、执行、监督全流程。

(二)强化责任。把加强合规管理作为企业主要负责人履行推进法治建设第一责任人职责的重要内容。建立全员合规责任制,明确管理人员和各岗位员工的合规责任并督促有效落实。

(三)协同联动。推动合规管理与法律风险防范、监察、审计、内控、风险管理等工作相统筹、相衔接,确保合规管理体系有效运行。

(四)客观独立。严格依照法律法规等规定对企业和员工行为进行客观评价和处理。合规管理牵头部门独立履行职责,不受其他部门和人员的干涉。

第二章　合规管理职责

第五条　董事会的合规管理职责主要包括:

(一)批准企业合规管理战略规划、基本制度和年度报告;

(二)推动完善合规管理体系;

(三)决定合规管理负责人的任免;

(四)决定合规管理牵头部门的设置和职能;

(五)研究决定合规管理有关重大事项;

(六)按照权限决定有关违规人员的处理事项。

第六条　监事会的合规管理职责主要包括:

(一)监督董事会的决策与流程是否合规;

(二)监督董事和高级管理人员合规管理职责履行情况;

(三)对引发重大合规风险负有主要责任的董事、高级管理人员提出罢免建议;

(四)向董事会提出撤换公司合规管理负责人的建议。

第七条　经理层的合规管理职责主要包括:

(一)根据董事会决定,建立健全合规管理组织架构;

(二)批准合规管理具体制度规定;

(三)批准合规管理计划,采取措施确保合规制度得到有效执行;

（四）明确合规管理流程，确保合规要求融入业务领域；

（五）及时制止并纠正不合规的经营行为，按照权限对违规人员进行责任追究或提出处理建议；

（六）经董事会授权的其他事项。

第八条　中央企业设立合规委员会，与企业法治建设领导小组或风险控制委员会等合署，承担合规管理的组织领导和统筹协调工作，定期召开会议，研究决定合规管理重大事项或提出意见建议，指导、监督和评价合规管理工作。

第九条　中央企业相关负责人或总法律顾问担任合规管理负责人，主要职责包括：

（一）组织制订合规管理战略规划；

（二）参与企业重大决策并提出合规意见；

（三）领导合规管理牵头部门开展工作；

（四）向董事会和总经理汇报合规管理重大事项；

（五）组织起草合规管理年度报告。

第十条　法律事务机构或其他相关机构为合规管理牵头部门，组织、协调和监督合规管理工作，为其他部门提供合规支持，主要职责包括：

（一）研究起草合规管理计划、基本制度和具体制度规定；

（二）持续关注法律法规等规则变化，组织开展合规风险识别和预警，参与企业重大事项合规审查和风险应对；

（三）组织开展合规检查与考核，对制度和流程进行合规性评价，督促违规整改和持续改进；

（四）指导所属单位合规管理工作；

（五）受理职责范围内的违规举报，组织或参与对违规事件的调查，并提出处理建议；

（六）组织或协助业务部门、人事部门开展合规培训。

第十一条　业务部门负责本领域的日常合规管理工作，按照合规要求完善业务管理制度和流程，主动开展合规风险识别和隐患排查，发布合规预警,组织合规审查,及时向合规管理牵头部门通报风险事项,妥善应对合规风险事件,做好本领域合规培训和商业伙伴合规调查等工作,组织或配合进行违规问题调查并及时整改。

监察、审计、法律、内控、风险管理、安全生产、质量环保等相关部门,在职权范围内履行合规管理职责。

第三章　合规管理重点

第十二条　中央企业应当根据外部环境变化,结合自身实际,在全面推进合规管理的基础上,突出重点领域、重点环节和重点人员,切实防范合规风险。

第十三条　加强对以下重点领域的合规管理:

(一)市场交易。完善交易管理制度,严格履行决策批准程序,建立健全自律诚信体系,突出反商业贿赂、反垄断、反不正当竞争,规范资产交易、招投标等活动;

(二)安全环保。严格执行国家安全生产、环境保护法律法规,完善企业生产规范和安全环保制度,加强监督检查,及时发现并整改违规问题;

(三)产品质量。完善质量体系,加强过程控制,严把各环节质量关,提供优质产品和服务;

(四)劳动用工。严格遵守劳动法律法规,健全完善劳动合同管理制度,规范劳动合同签订、履行、变更和解除,切实维护劳动者合法权益;

(五)财务税收。健全完善财务内部控制体系,严格执行财务事项操作和审批流程,严守财经纪律,强化依法纳税意识,严格遵守税收法律政策;

(六)知识产权。及时申请注册知识产权成果,规范实施许可和转让,加强对商业秘密和商标的保护,依法规范使用他人知识产权,防止侵权行为;

(七)商业伙伴。对重要商业伙伴开展合规调查,通过签订合规协议、要求作出合规承诺等方式促进商业伙伴行为合规;

(八)其他需要重点关注的领域。

第十四条　加强对以下重点环节的合规管理:

（一）制度制定环节。强化对规章制度、改革方案等重要文件的合规审查，确保符合法律法规、监管规定等要求；

（二）经营决策环节。严格落实“三重一大”决策制度，细化各层级决策事项和权限，加强对决策事项的合规论证把关，保障决策依法合规；

（三）生产运营环节。严格执行合规制度，加强对重点流程的监督检查，确保生产经营过程中照章办事、按章操作；

（四）其他需要重点关注的环节。

第十五条　加强对以下重点人员的合规管理：

（一）管理人员。促进管理人员切实提高合规意识，带头依法依规开展经营管理活动，认真履行承担的合规管理职责，强化考核与监督问责；

（二）重要风险岗位人员。根据合规风险评估情况明确界定重要风险岗位，有针对性加大培训力度，使重要风险岗位人员熟悉并严格遵守业务涉及的各项规定，加强监督检查和违规行为追责；

（三）海外人员。将合规培训作为海外人员任职、上岗的必备条件，确保遵守我国和所在国法律法规等相关规定；

（四）其他需要重点关注的人员。

第十六条　强化海外投资经营行为的合规管理：

（一）深入研究投资所在国法律法规及相关国际规则，全面掌握禁止性规定，明确海外投资经营行为的红线、底线；

（二）健全海外合规经营的制度、体系、流程，重视开展项目的合规论证和尽职调查，依法加强对境外机构的管控，规范经营管理行为；

（三）定期排查梳理海外投资经营业务的风险状况，重点关注重大决策、重大合同、大额资金管控和境外子企业公司治理等方面存在的合规风险，妥善处理、及时报告，防止扩大蔓延。

第四章　合规管理运行

第十七条　建立健全合规管理制度，制定全员普遍遵守的合规行为规范，针对重点领域制定专项合规管理制度，并根据法律法规变化和监管动态，及时将外部有关合规要求转化为内部规章制度。

第十八条 建立合规风险识别预警机制，全面系统梳理经营管理活动中存在的合规风险，对风险发生的可能性、影响程度、潜在后果等进行系统分析，对于典型性、普遍性和可能产生较严重后果的风险及时发布预警。

第十九条 加强合规风险应对，针对发现的风险制定预案，采取有效措施，及时应对处置。对于重大合规风险事件，合规委员会统筹领导，合规管理负责人牵头，相关部门协同配合，最大限度化解风险、降低损失。

第二十条 建立健全合规审查机制，将合规审查作为规章制度制定、重大事项决策、重要合同签订、重大项目运营等经营管理行为的必经程序，及时对不合规的内容提出修改建议，未经合规审查不得实施。

第二十一条 强化违规问责，完善违规行为处罚机制，明晰违规责任范围，细化惩处标准。畅通举报渠道，针对反映的问题和线索，及时开展调查，严肃追究违规人员责任。

第二十二条 开展合规管理评估，定期对合规管理体系的有效性进行分析，对重大或反复出现的合规风险和违规问题，深入查找根源，完善相关制度，堵塞管理漏洞，强化过程管控，持续改进提升。

第五章 合规管理保障

第二十三条 加强合规考核评价，把合规经营管理情况纳入对各部门和所属企业负责人的年度综合考核，细化评价指标。对所属单位和员工合规职责履行情况进行评价，并将结果作为员工考核、干部任用、评先选优等工作的重要依据。

第二十四条 强化合规管理信息化建设，通过信息化手段优化管理流程，记录和保存相关信息。运用大数据等工具，加强对经营管理行为依法合规情况的实时在线监控和风险分析，实现信息集成与共享。

第二十五条 建立专业化、高素质的合规管理队伍，根据业务规模、合规风险水平等因素配备合规管理人员，持续加强业务培训，提升队伍能力水平。

海外经营重要地区、重点项目应当明确合规管理机构或配备专职人员，切实防范合规风险。

第二十六条　重视合规培训，结合法治宣传教育，建立制度化、常态化培训机制，确保员工理解、遵循企业合规目标和要求。

第二十七条　积极培育合规文化，通过制定发放合规手册、签订合规承诺书等方式，强化全员安全、质量、诚信和廉洁等意识，树立依法合规、守法诚信的价值观，筑牢合规经营的思想基础。

第二十八条　建立合规报告制度，发生较大合规风险事件，合规管理牵头部门和相关部门应当及时向合规管理负责人、分管领导报告。重大合规风险事件应当向国资委和有关部门报告。

合规管理牵头部门于每年年底全面总结合规管理工作情况，起草年度报告，经董事会审议通过后及时报送国资委。

第六章　附　　则

第二十九条　中央企业根据本指引，结合实际制定合规管理实施细则。

地方国有资产监督管理机构可以参照本指引，积极推进所出资企业合规管理工作。

第三十条　本指引由国资委负责解释。

第三十一条　本指引自公布之日起施行。

中央企业合规管理办法（公开征求意见稿）

（2022年4月1日国务院国资委发布）

第一章　总　　则

第一条　【立法目的】为深入贯彻习近平法治思想，落实全面依法治国战略部署,进一步推动中央企业切实加强合规管理,着力打造法治央企,不断提升依法合规经营管理水平,有力保障深化改革、高质量发展,根据《中华人民共和国公司法》、《中华人民共和国企业国有资产法》等有关法律法规,制定本办法。

第二条 【适用范围】本办法所称中央企业,是指国务院国有资产监督管理委员会(以下简称国资委)履行出资人职责的国家出资企业。

第三条 【相关概念】本办法所称合规,是指中央企业及其员工的经营管理行为符合法律法规、党内法规、监管规定、行业准则和国际条约、规则、标准,以及企业章程、规章制度等要求。

本办法所称合规风险,是指中央企业及其员工因不合规行为,引发法律责任、受到相关处罚、造成经济或声誉损失以及其他负面影响的可能性及其后果。

本办法所称合规管理,是指以有效防控合规风险为目的,以提升依法合规经营管理水平为导向,以企业和员工经营管理行为为对象,开展包括制度制定、风险识别处置、合法合规性审查、合规风险应对、合规报告、合规评价、违规责任追究、合规培训等有组织、有计划的管理活动。

第四条 【国资委职责】国资委负责指导监督中央企业合规管理工作,并对合规管理体系建设情况开展评价。

第五条 【基本原则】中央企业应当按照以下原则建立健全合规管理体系:

(一)全面覆盖。坚持将合规要求覆盖生产经营管理各领域各环节,落实到各部门、各级子企业、分支机构和全体员工,贯穿决策、执行、监督全过程。

(二)客观公正。合规管理牵头部门独立履行职责,严格依照法律法规和企业内部规定等对企业和员工行为进行客观评价,坚持统一标准对违规行为进行处理。

(三)专业有效。制定符合监管要求的合规管理制度,建立与企业实际相适应的工作机制,并根据发展需要持续改进完善,不断提升人员队伍专业化水平,确保合规管理发挥实效。

（四）实时精准。通过信息化手段将合规要求全面融入经营管理活动,利用大数据、云计算等对重点领域、关键节点开展实时动态监测,加快提升合规管理数字化、智能化水平。

第二章　组织和职责

第六条　【党委（党组）作用】党委（党组）发挥把方向、管大局、促落实的领导作用,在职责范围内积极推进合规管理工作,保障党中央关于深化法治建设、加强合规管理的重大决策部署在企业得到全面贯彻落实。

第七条　【董事会职责】董事会充分发挥定战略、作决策、防风险职能,履行以下合规管理职责：

（一）审议批准企业合规管理基本制度和体系建设方案等；

（二）研究决定合规管理重大事项,审议批准合规管理年度报告；

（三）根据有关规定和程序,决定聘任或者解聘首席合规官；

（四）决定合规管理牵头部门的设置和职能；

（五）按照权限决定有关违规人员的处理事项；

（六）法律法规、公司章程等规定的其他合规管理职责。

第八条　【经理层职责】经理层切实履行谋经营、抓落实、强管理职能,履行以下合规管理职责：

（一）拟订合规管理体系建设方案,经董事会批准后组织实施；

（二）拟订合规管理基本制度,批准合规管理具体制度、年度计划等；

（三）制定合规管理工作流程,确保合规要求融入业务领域；

（四）及时制止并纠正不合规的经营管理行为,按照权限对违规人员进行责任追究或提出处理建议；

（五）对重大合规风险及时采取应对措施；

（六）指导、监督和评价各部门、各子企业合规管理工作；

（七）提名首席合规官人选；

（八）法律法规、公司章程等规定的其他合规管理职责。

第九条 【第一责任人职责】企业主要负责人作为推进法治建设的第一责任人,应当切实履行依法合规经营重要组织者、推动者和实践者职责,积极推动合规管理各项工作。

第十条 【合规委员会职责】中央企业设立合规委员会,可以与企业法治建设领导小组或风险控制委员会等合署,履行合规管理的组织领导和统筹协调职责,定期召开会议,研究讨论合规管理重点工作,向经理层提出意见和建议。

中央企业可以根据需要设立合规委员会办公室,办公室负责人由首席合规官或合规管理牵头部门负责人担任,相关部门负责人为办公室成员。

第十一条 【首席合规官职责】中央企业设立首席合规官,由总法律顾问担任并对主要负责人负责,履行以下合规管理职责:

(一)参与企业重大经营决策,提出合法合规性审核意见;

(二)领导合规管理牵头部门推进合规管理体系建设;

(三)向董事会、企业主要负责人汇报合规管理重大事项;

(四)指导业务部门合规管理工作,对合规管理职责落实情况提出意见和建议;

(五)指导子企业合规管理工作,对子企业首席合规官的任免、合规管理体系建设情况提出意见;

(六)法律法规、公司章程等规定的其他合规管理职责。

第十二条 【业务部门职责】业务部门是本领域合规管理责任主体,负责日常相关工作,履行"第一道防线"职责:

(一)按照合规要求完善本领域业务管理制度和流程,制定本领域合规管理指引及有关清单;

(二)开展本领域合规风险识别和隐患排查,及时发布合规预警;

(三)对本领域内制度、文件、合同及经营管理行为等进行合法合规性审查;

(四)及时向合规管理牵头部门通报风险事项,组织或配合开展合规风险事件应对处置;

（五）做好本领域合规培训和商业伙伴合规调查等工作；

（六）组织或配合进行本领域合规评估、违规问题调查并及时整改；

（七）向合规管理牵头部门报送本领域合规管理年度计划、工作总结；

（八）公司章程等规定的其他职责。

业务部门应当设置合规管理员，由部门或处室负责人兼任，负责本部门合规风险识别、评估、处置等工作，接受合规管理牵头部门业务指导和培训。

第十三条　【牵头部门职责】合规管理牵头部门组织开展日常工作，履行“第二道防线”职责：

（一）起草合规管理年度计划及工作报告、基本制度和具体制度规定等；

（二）参与企业重大事项合法合规性审查，提出意见和建议；

（三）组织开展合规风险识别和预警，组织做好重大合规风险应对；

（四）组织开展合规评价与考核，督促违规行为整改和持续改进；

（五）指导其他部门和子企业合规管理工作；

（六）受理职责范围内的违规举报，组织或参与对违规事件的调查，并提出处理建议；

（七）组织或协助业务部门、人事部门开展合规培训；

（八）公司章程等规定的其他职责。

合规管理牵头部门应当配备与企业经营规模、业务范围、风险水平相适应的专职人员，持续加强业务培训，不断提升合规管理队伍专业化水平。

境外重要子企业及重点项目应当明确合规管理牵头部门，配备合规管理人员，落实全程参与机制，强化重大决策合法合规性审核把关，切实防控境外合规风险。

第十四条　【监督部门职责】纪检监察机构和审计、巡视等部门在职权范围内履行“第三道防线”职责：

（一）对企业经营管理行为进行监督，为违规行为提出整改意见；

（二）会同合规管理牵头部门、相关业务部门对合规管理工作开展全面检查或专项检查；

（三）对企业和相关部门整改落实情况进行监督检查；

（四）在职责范围内对违规事件进行调查，并结合违规事实、造成损失等追究相关部门和人员责任；

（五）对完善企业合规管理体系提出意见和建议；

（六）公司章程等规定的其他职责。

第十五条 【全员合规责任】全体员工应当熟悉并遵守与本岗位职责相关的法律法规、企业内部制度和合规义务，依法合规履行岗位职责，接受合规培训，对自身行为的合法合规性承担责任。

第三章 制度建设

第十六条 【建立制度体系】中央企业全面梳理本系统内合规管理制度文件，根据适用范围、效力层级等，建立以基本制度、重点领域合规指南、操作手册等为主体的分级分类合规管理制度体系。

第十七条 【基本制度】中央企业应当制定合规管理基本制度，明确合规管理总体目标、机构职责、管理流程、考核监督、奖惩问责等。

涉外业务较多的中央企业可以针对特定业务领域或国别（地区）的合规要求，结合实际需要，制定相应的涉外业务合规管理办法。

第十八条 【重点领域制度】在合规管理基本制度的基础上，针对合规风险较高的业务领域制定专项合规管理指南，强化重点领域合规风险防范。

第十九条 【岗位职责清单】全面梳理各部门岗位合规风险，制定岗位合规职责清单，依据风险水平等进行分级管理，将合规要求纳入岗位职责。

第二十条 【制度修订完善】定期对企业规章制度进行修订完善，结合法律法规修订、政策变化和监管动态等，及时将外部合规要求转化为内部规章制度。

第二十一条 【宣贯与执行】定期组织对规章制度进行宣贯，对执行落实情况进行检查。

第四章 运行机制

第二十二条 【合规风险识别预警】中央企业应当建立合规风险识别预

警机制，全面系统梳理经营管理活动中存在的合规风险，建立合规风险库，对风险发生的可能性、影响程度、潜在后果等进行系统分析，对于典型性、普遍性和可能产生较严重后果的风险及时发布预警。

合规管理牵头部门归口管理合规风险库，组织业务部门定期更新完善。

第二十三条　【合规风险应对】完善合规风险应对机制，针对发现的风险制定预案，采取有效措施及时处置。发生重大合规风险事件，合规委员会应当统筹领导，首席合规官牵头，相关部门加强协同配合，采取措施妥善应对，最大限度化解风险、降低损失。

中央企业应当定期完善应急预案，强化日常演练，不断提升重大合规风险应对处置能力。

第二十四条　【合法合规性审查机制】建立健全合法合规性审查机制，将其作为经营管理行为的必经前置程序。业务部门加强对本领域日常经营管理行为的审核把关，合规管理牵头部门加大对规章制度制定、重大决策事项、重要合同签订、重大项目运营等合法合规性审查力度，必要时可以对业务部门审核结果进行复审，对严重违反法律法规或企业规章制度的一票否决。

中央企业应当建立健全合法合规性审查后评估机制，及时掌握审查意见采纳情况，不断提升工作质量。

第二十五条　【问题整改】对合规风险应对及合法合规性审查中暴露的问题及时进行整改，通过健全制度机制、优化业务流程等方式，堵塞管理漏洞，形成长效机制。定期对合规整改情况进行检查，根据需要将其纳入对部门及子企业的考核。

第二十六条　【合规举报】健全合规举报制度，设立违规举报平台，对外公布首席合规官及职责、举报电话、邮箱和信箱。合规管理牵头部门按照职责受理违规举报，并就举报问题进行调查和处理，涉嫌违纪违法的，及时移交相关纪检监察机构处理。

进行调查的部门和相关人员应当对举报人的身份和举报事项严格保密，任何单位和个人不得采取任何形式对举报人进行打击报复。

第二十七条 【合规报告】完善合规报告制度，发生合规风险事件，合规管理牵头部门和相关部门应当第一时间向首席合规官报告，重大合规风险事件应当在7个工作日内向国资委和有关部门报告，后续有关进展和处置情况要及时报告。

合规管理牵头部门于每年年底全面总结合规管理工作情况，年度报告经董事会审议通过后及时报送国资委。

第二十八条 【协同机制】中央企业应当结合实际，积极探索构建法治框架下合规管理与法律、内部控制、风险管理的协同运作机制，加强统筹协调，提高管理效能。

第二十九条 【经费保障】中央企业应当将合规管理体系建设经费纳入预算，保障相关工作有序开展。

第五章 评价与追责

第三十条 【合规评价】建立合规管理评价机制，合规管理牵头部门定期对合规管理体系运行情况进行全面评价，针对重点业务合规情况可以适时开展专项评价，对合规风险和违规问题组织整改。

第三十一条 【纳入考核】将合规管理情况作为法治建设重要内容，纳入对各部门和子企业负责人的年度综合考核，细化评价指标。强化考核结果运用，将合规职责履行情况作为员工考核、干部任用、评优评先等工作的重要依据。

第三十二条 【违规行为记录制度】建立个人违规行为记录制度，根据行为性质、发生次数、危害程度等，将其作为个人年度考评、评优评先的依据。

第三十三条 【违规追责】完善违规行为追责问责机制，进一步明确违规责任范围，细化惩处标准，针对反映的问题和线索，及时开展调查，按照有关规定严肃追究违规人员责任。对于符合企业尽职合规免责事项清单内情形的行为，可以按照相关规定免于责任追究。

相关部门和人员在合法合规性审查中，存在应当发现而未发现违规问题或发现后敷衍不追、隐匿不报、查处不力等失职渎职行为的，应当承担相应责任。

第六章　合规文化建设

第三十四条　【领导专题学习】将合规管理作为法治建设重要内容纳入党委（党组）定期专题学法内容，不断提升企业领导人员合规意识，带头依法依规开展经营管理活动。

第三十五条　【法治宣传教育】将合规管理作为法治宣传教育重要内容，通过制定合规手册、签订合规承诺、开展合规宣誓等方式将合规理念传达给全体员工，强化全员守法诚信、合规经营意识。

中央企业应当鼓励员工提出改进合规管理的意见和建议，对于作出重要贡献的可以给予奖励。

第三十六条　【合规培训】建立制度化、常态化的合规培训机制，制定年度合规培训计划，加大对企业员工的培训力度，将合规管理作为领导干部初任、重点合规风险岗位人员业务培训、新员工入职必修内容，进一步提升干部职工合规意识。

第七章　信息化建设

第三十七条　【功能设置】加快建立合规管理信息系统，将规章制度、重点领域合规指南、合规人员管理、合规案例、合规培训、违规行为记录等作为重要内容。

中央企业可以根据需要，结合重点业务领域拓展信息系统内容，不断提升合规管理信息化水平。

第三十八条　【嵌入流程】全面梳理业务流程，查找经营管理合规风险点，运用信息化手段将合规要求嵌入业务流程，明确相关条件和责任主体，针对关键节点加强合法合规性审查，强化过程管控。

第三十九条　【加强互联互通】加快推动合规管理信息系统与本企业其他管理信息系统、国资委国资监管信息系统互联互通，实现基本数据共通共享。加大信息系统推广应用力度，实现本企业内全覆盖。

第四十条 【动态监测】充分利用大数据、云计算等技术,对重点领域、关键节点开展实时动态监测,实现合规风险即时预警,对违规行为主动截停。

第八章 附 则

第四十一条 【细化要求】中央企业根据本办法,结合实际修订完善本企业合规管理制度,推动子企业建立健全合规管理体系。

第四十二条 【地方国资委要求】地方国有资产监督管理机构可以参照本办法,指导所出资企业加强合规管理体系建设。

第四十三条 【解释权】本办法由国资委负责解释。

第四十四条 【生效日期】本办法自发布之日起施行。《中央企业合规管理指引(试行)》(国资发法规〔2018〕106 号)同时废止。

关于《中央企业合规管理办法(公开征求意见稿)》的起草说明

为深入贯彻习近平法治思想,进一步推动中央企业切实加强合规管理,不断提升依法合规经营管理水平,有力保障深化改革、高质量发展,根据《中华人民共和国公司法》、《中华人民共和国企业国有资产法》等有关法律法规,结合中央企业实际,国务院国资委研究起草了《中央企业合规管理办法(公开征求意见稿)》(以下简称《办法》)。

一、制定的必要性

习近平总书记高度重视企业合规经营,多次作出重要指示批示。落实党中央部署要求,国务院国资委把指导企业加强合规管理作为重点任务,按照"试点先行、稳步推进"的工作思路,在总结 5 家试点企业经验的基础上,先后印发《关于印发〈中央企业合规管理指引(试行)〉的通知》(国资发法规〔2018〕106 号)及一系列重点领域合规管理指南,指导企业加快推进合规管理体系建设,取得积极进展和明显成效。当前,中央企业面临的内外部环境日趋复杂严峻,政府对企业经营行为的监管力度不断加大,迫切需要中央企业深入总结经验，提高工作水平，加快提升合规管理能力，为建设世界一流企业提供有力支撑保障。

二、主要内容

《办法》共八章四十四条。第一章“总则”，明确了《办法》适用范围与合规管理基本原则。第二章“组织和职责”，明确党委（党组）、董事会、经理层，以及业务部门、牵头部门、监督部门合规管理职责。第三章“制度建设”，要求企业建立健全分级分类合规管理制度体系，制定合规管理基本制度、重点领域制度和岗位职责清单，并从修订完善、宣贯与执行等方面作出工作部署。第四章“运行机制”，从合规风险识别预警、风险应对、合法合规性审查机制、问题整改、合规举报和风险报告等方面提出要求。第五章“评价与追责”，要求企业完善合规管理评价机制，将结果纳入考核，强化对违规行为的追责力度。第六章“合规文化建设”，从组织开展合规专题学习、加强法治宣传教育、建立常态化合规培训机制等方面，对培育合规文化提出要求。第七章“信息化建设”，要求企业加快建立合规管理信息系统，运用信息化手段将合规要求嵌入业务流程，实现对重点领域、关键节点的实时动态监测。第八章“附则”，要求中央企业和地方国有资产监督管理机构参照本办法，结合实际加快完善合规管理制度。

关于建立涉案企业合规第三方监督评估工作机制的意见（试行）

（浙江省人民检察院、浙江省国资委、浙江省财政厅等部门联合发布　浙检发〔2021〕6号）

为深入贯彻落实习近平总书记在企业家座谈会上的重要讲话精神和省

委“重要窗口”建设工作部署，推动我省企业合规工作依法顺利开展，构建刑行衔接、多方合作一体化工作格局，实现对企业犯罪的诉源治理，服务保障我省经济社会高质量发展，助力国家治理体系和治理能力现代化建设，根据高检院等九机关《关于建立涉案企业合规第三方监督评估机制的指导意见（试行）》等规定和我省工作实际，制定本意见。

一、总体要求

1.【指导思想】以习近平新时代中国特色社会主义思想为指导，依法履行检察机关法律监督职责和行政机关、行业协会监管指导职责，平等保护公有制经济和非公有制经济，平等保护涉案企业和被害企业，有效激发市场主体活力，更好地服务“六稳”“六保”工作和我省“重要窗口”建设。

2.【工作目标】凝聚工作合力，建立省级层面企业合规第三方监督评估工作机制，打造企业犯罪诉源治理浙江样板，促进多方共赢，助力国家社会治理体系及治理能力现代化建设高水平发展。

3.【工作原则】坚持制度设计与探索创新同步推进，坚持统筹部署与条线深化同步推进，坚持机制建设与个案实践同步推进，坚持履职服务与廉洁自律同步推进。

二、工作定义和适用范围

4.【工作定义】涉案企业合规第三方监督评估机制（以下简称第三方机制）是指检察机关在办理企业犯罪案件过程中，对符合企业合规改革试点适用条件的案件，交由第三方监督评估机制管理委员会（以下简称第三方机制管委会）选任组成的第三方监督评估组织（以下简称第三方组织），对涉案企业的合规承诺进行调查、评估、监督和考察。考察结果作为检察机关依法处理案件的重要参考。

5.【适用条件】第三方机制适用于公司、企业等市场主体在生产经营活动中涉及的经济犯罪、职务犯罪等案件，既包括公司、企业等实施的单位犯罪，也包括公司、企业实际控制人、经营管理人员、关键技术人员等实施的与生产经营活动密切相关的犯罪，具体符合以下条件：

（1）案件事实清楚，证据确实充分，法律适用无争议；

（2）涉案企业能够正常生产经营，及时弥补损失或取得被害单位（人）谅解，承诺建立或完善企业合规制度，积极建立有效刑事合规计划；

（3）涉案企业或人员自愿适用认罪认罚从宽制度。

6.【例外情形】对严重危害国家政治、经济和金融安全，严重影响社会稳定，严重损害民生民利以及犯罪嫌疑单位、犯罪嫌疑人因实施同类犯罪受过刑事处罚的案件，不适用本意见。

三、机构组成和工作职责

7.【机构组成】省人民检察院、省国资委、省财政厅、省工商联会同省司法厅、省发展改革委、省经信厅、省科技厅、省建设厅、省交通运输厅、省水利厅、省农业农村厅、省商务厅、省卫生健康委、省应急管理厅、省市场监管局、省地方金融监管局、省贸促会、浙江省税务局、浙江银保监局、浙江证监局、杭州海关、宁波海关等部门组建省第三方机制管委会。

8.【工作职责】省工商联负责承担管委会的日常工作，省国资委、财政厅负责承担管委会中涉及国有企业的日常工作，第三方机制管委会具体履行以下职责：

（1）研究制定涉及第三方机制的规范性文件、专业人员名录库入库条件和管理办法、第三方组织及其工作人员的工作保障和激励制度等；

（2）指导各设区市组建第三方机制管委会；

（3）指导各设区市第三方机制管委会建立第三方机制专业人员名录库，及时开展第三方组织及其成员的选任、培训、考核、监督和巡回检查工作，对第三方组织及其成员进行动态管理；

（4）对第三方组织及其成员违反本意见的规定或者实施其他违反社会公德、职业伦理的行为，严重损害第三方组织形象或公信力的，及时向有关主管机关、协会提出惩戒建议，涉嫌违法犯罪的，及时向公安司法机关报案或举报，并将其列入第三方机制专业人员名录库黑名单；

（5）组建巡回检查小组，根据本意见规定，对相关组织和人员在第三方机制工作中的履职情况开展不预先告知的现场抽查和跟踪监督。巡回检查小组成员可以由人大代表、政协委员、人民监督员、退休法官、检察官以及会计审计等相关领域的专家学者担任；

(6)统筹协调涉及第三方机制的其他工作。

四、第三方机制的运行

9.【合规工作的启动】人民检察院在办理涉企犯罪案件时，应注意审查是否符合企业合规试点以及第三方机制的适用条件，并及时征询涉案企业、个人的意见。涉案企业、个人及其辩护人、诉讼代理人或者其他相关单位、人员提出适用企业合规试点以及第三方机制申请的，人民检察院应当依法受理并进行审查。基层人民检察院经审查认为涉企犯罪案件符合第三方机制适用条件的，应报请各设区市检察院商请本地区第三方机制管委会启动第三方机制。

10.【第三方组织的确定】第三方机制管委会应当根据案件具体情况以及涉案企业类型，从专业人员名录库中分类随机抽取人员组成第三方组织，并指定具体负责人，向社会公示。

第三方组织组成人员名单应当报送负责办理案件的人民检察院备案。人民检察院应对第三方组织组成人员名单进行审查，发现组成人员存在明显不适当情形的，及时向第三方机制管委会提出意见建议；

涉案企业、个人或其他相关单位、人员对第三方组织组成人员提出异议的，第三方机制管委会应当调查核实，并视情做出调整。

11.【监督评估工作的开展】第三方组织应当要求涉案企业提交专项或多项合规计划，并明确合规计划的承诺完成时限。

涉案企业提交的合规计划，应重点围绕与企业涉嫌犯罪有密切联系的企业内部治理结构、规章制度、人员管理等方面存在的问题，制定可行的合规管理规范，构建有效的合规组织体系，健全合规风险防范报告机制，弥补企业制度建设和监督管理漏洞，防止再次发生相同或者类似违法犯罪行为。

第三方组织应当对涉案企业合规计划的可行性、有效性与全面性进行审查，并送第三方机制管委会和承办案件的人民检察院备案，人民检察院认为合规计划存在疏漏或不当的，应及时建议第三方组织指导企业补充、修正。

第三方组织可根据工作需要和企业经营实际，采取以下两种监督评估方式：对合规整改周期在六个月以上的企业，可采取定期实地考察、临时走访抽查和派驻监管员驻企监管相结合的方式；对合规整改周期在六个月以下的企业，以定期实地考察、临时抽查为主要方式。

在合规考察期内，第三方组织应定期或者不定期对涉案企业合规计划履行情况进行评估，可要求涉案企业定期书面报告合规计划的执行情况，并抄送负责办理案件的人民检察院同步审查，人民检察院审查后，及时向第三方组织提出意见建议。

12.【监督评估工作的终止】第三方组织发现涉案企业或其人员具有以下情形之一的，应当中止第三方监督评估程序，并及时向第三方机制管委会报告，向承办案件的人民检察院进行通报。由第三方机制管委会商承办案件的人民检察院后，终止对该企业的合规监督评估工作。

(1)实施新的犯罪或发现漏罪；

(2)无正当理由，拒不实施或变相不实施既定合规计划，拒不配合考察机构考察工作的；

(3)具有其他严重干扰考察工作开展或不宜继续进行考察行为的。

13.【合规成果的认定与反馈】第三方组织在合规考察期届满后，应当对涉案企业的合规计划完成情况进行全面检查、评估和考核，制作书面合规考察报告，对企业合规情况提出明确考察意见，报送负责选任第三方组织的第三方机制管委会和承办案件的人民检察院。

如人民检察院审查发现报告本身或企业合规情况存在疑点或问题的，向第三方机制管委会提出意见建议，必要时可自行开展调查核实工作。

人民检察院发现涉案企业在预防违法犯罪方面制度不健全、不落实，管理不完善，存在违法犯罪隐患，需要及时消除的，可以结合合规材料，向涉案企业提出检察建议。

14.【监管义务】第三方组织应客观、公正、独立的对企业合规情况进行监督、评估，不得干扰、影响企业正常生产经营活动；不得违法获取、泄露企业生产经营信息、商业秘密和个人隐私；不得索取、收受或非法侵占涉案企业、个人的财物。

15.【中介组织人员的回避】第三方组织组成人员系律师、注册会计师、税务师(注册税务师)等中介组织人员的,如已与涉案企业存在业务关系的,应当回避;在履行第三方监督评估职责期间不得违反规定接受可能与涉案企业有利益关系的业务;在履行第三方监督评估职责结束后一年以内,上述人员及其所在中介组织不得接受涉案企业、个人或者其他有利益关系的单位、人员的业务。

16.【涉案企业的权利救济】涉案企业或其人员在第三方机制运行期间,认为第三方组织或其组成人员存在行为不当或者涉嫌违法犯罪的,可以向负责选任第三方组织的第三方机制管委会反映或者提出异议,或者向负责办理案件的人民检察院提出申诉、控告。第三方机制管委会、人民检察院应及时进行相互通报,依法处理。

五、合规成果的运用

17.【在刑事处罚中的运用】人民检察院在办理涉企犯罪案件过程中,应当将第三方组织合规考察书面报告、涉案企业合规计划、定期书面报告等合规材料,作为是否变更强制措施以及依法作出起诉或者不起诉等决定,提出量刑建议或者检察建议、检察意见的重要参考。

人民检察院对于拟变更强制措施、拟作不起诉等决定的涉企犯罪案件,可以根据《人民检察院审查案件听证工作规定》召开听证会,并邀请第三方组织组成人员到会发表意见。

人民检察院通过第三方机制,发现涉案企业或其人员存在其他违法违规情形的,应当依法将案件线索移送有关主管机关、公安机关或纪检监察机关处理。

18.【在行政处罚中的运用】对涉案企业刑事程序终结后,需予以行政处罚的案件,人民检察院应将合规考察报告副本移送相应行政机关,并视情以检察建议或其他适当方式,建议行政机关对涉案企业减轻或免除处罚,行政机关对企业合规情况和检察机关建议进行评估后,原则上应对涉案企业减轻或免除处罚。

六、组织保障

19.【加强组织领导】各成员单位要充分认识建立企业合规第三方监督评估机制的重要意义，切实提升工作政治站位，加强对本单位相关工作的组织领导，加快部署落实，为全省合规监管工作的顺利启动与开展，提供有力组织保障。

20.【细化落实措施】各成员单位要进一步加强对本系统下级单位的指导，督促下级单位加强与所在地牵头单位的协同配合，研究制定本地第三方监督评估机制工作细则，确保工作落实落地。

21.【强化协作配合】企业合规第三方监督评估机制系统性强，工作难度大。各成员单位要以开展此次工作为契机，以合规建设成果为纽带，加强协作配合，推动刑事合规、刑事处罚和行政合规、行政处罚的无缝衔接，实现犯罪惩治与再犯预防的相互促进，形成多方共赢的良好工作态势。

七、其他规定

22.【附则】纪检监察机关认为涉嫌行贿的企业符合企业合规试点以及第三方机制适用条件，向人民检察院提出建议的，人民检察院可以参照适用本意见。

各设区市检察院、国资委、财政部门、工商联可根据本地实际，会同有关部门，参照本意见制定具体实施办法，报省检察院及省级第三方机制管委会备案。

本意见由省检察院、省国资委、省财政厅、省工商联会同省司法厅、省发展改革委、省经信厅、省科技厅、省建设厅、省交通运输厅、省水利厅、省农业农村厅、省商务厅、省卫生健康委、省应急管理厅、省市场监管局、省地方金融监管局、省贸促会、浙江省税务局、浙江银保监局、浙江证监局、杭州海关、宁波海关负责解释，自印发之日起施行。

浙江省省属企业合规管理指引（试行）

（2022 年 3 月 8 日浙江省国资委发布　浙国资法规〔2022〕1 号）

第一章　总　　则

第一条　为推动省属企业全面加强合规管理，有效防控合规风险，加快提升依法合规经营管理水平，着力打造法治国企，保障企业持续稳定健康发展，根据《中华人民共和国公司法》《中华人民共和国企业国有资产法》等有关法律法规规定，并参照《中央企业合规管理指引（试行）》，制定本指引。

第二条　本指引所称省属企业，是指浙江省人民政府国有资产监督管理委员会（以下简称省国资委）代表省政府履行出资人职责或者监管职责的国有独资公司、国有全资公司、国有资本控股公司。

本指引所称合规，是指省属企业及其员工的经营管理行为符合有关法律法规、国际条约、监管规定、行业准则、商业惯例、职业操守、道德规范和企业依法制定的章程及规章制度等要求。

本指引所称合规风险，是指省属企业及其员工因不合规行为，引发法律责任、受到相关处罚或制裁、造成经济或声誉损失以及其他负面影响的可能性。

本指引所称合规管理，是指以有效防控合规风险为目的，以企业和员工经营管理行为为对象，开展包括制度制定、风险识别、合规审查、风险应对、责任追究、考核评价、合规培训等有组织有计划的管理活动。

第三条　省属企业应当建立健全合规管理制度，完善合规管理组织架构，明确合规管理责任，加强合规文化建设，全面构建合规管理体系，树立依法合规、守法诚信的价值观，不断提升广大员工合规意识和行为自觉，营造依规办事、按章操作的合规氛围,确保企业依法合规经营,有效防控合规风险。

第四条　省属企业应当按照以下原则加快建立健全合规管理体系:

(一)全面覆盖。坚持将合规要求覆盖各业务领域、各部门、各级子企业和分支机构、全体员工,贯穿决策、执行、监督全流程。

(二)强化责任。把加强合规管理作为企业主要负责人履行推进法治建设第一责任人职责重要内容。建立全员合规责任制,明确管理人员和各岗位员工合规责任并督促有效落实。

(三)协同联动。推动合规管理与监察、审计、内控、风险管理、责任追究等工作相统筹、相衔接,确保合规管理体系有效运行。

(四)客观独立。严格依照法律法规等规定,对企业和员工行为进行客观评价和处理。合规管理牵头部门独立履行职责,不受其他部门和人员的干涉。

(五)有效适用。从经营范围、组织结构和业务规模等实际出发,兼顾成本与效率,强化合规管理制度可操作性,提高合规管理有效性。同时,企业应根据内外部环境变化,持续调整和改进合规管理体系。

第二章　合规管理组织架构和职责

第五条　省属企业应当明确董事会、监事会、经理层的合规管理职责,建立包括合规委员会、合规管理负责人、合规管理牵头部门、业务部门在内的合规管理体系,健全覆盖各层级企业、贯穿各业务领域的合规管理组织架构,完善工作机制,明确工作规则。

第六条　董事会决定企业合规管理目标,对企业合规管理承担责任,其合规管理职责主要包括:

(一)推动建立和完善合规管理体系;

(二)批准企业合规管理战略规划、基本制度;

(三)决定合规管理负责人和合规委员会委员的任免;

(四)决定合规管理牵头部门的设置和职能;

(五)按照权限决定合规管理有关重大事项、处理有关违规事项;

(六)审议、批准企业合规管理年度计划、报告,合规审计报告,合规评估报告;

(七)法律法规或公司章程规定的其他合规管理职责。

第七条 监事会履行合规管理监督职责,主要包括:

(一)列席重大合规性决策会议;

(二)监督董事会、合规委员会的决策与流程是否合规;

(三)监督董事、合规委员会委员和高级管理人员合规管理职责履行情况;

(四)对引发重大合规风险负有主要责任的董事、高级管理人员提出罢免建议;

(五)向董事会提出撤换合规管理负责人的建议;

(六)法律法规或者公司章程规定的其他合规管理职责。

第八条 经理层负责落实合规管理目标,对合规运营承担责任,其合规管理职责主要包括:

(一)根据董事会、合规委员会决定,协助建立健全合规管理组织架构;

(二)执行合规管理计划,采取措施确保合规制度得到有效执行;

(三)明确合规管理流程,确保合规要求融入业务领域;

(四)及时制止并纠正不合规的经营行为,按照权限对违规人员进行责任追究或提出处理建议;

(五)经董事会或合规委员会授权的其他事项。

第九条 省属企业设立合规委员会,合规委员会主任由企业主要负责人担任。合规委员会负责组织领导、统筹协调企业合规管理工作,其合规管理的具体职责主要包括:

(一)研究决定企业合规管理重大事项,对企业重大决策事项进行合规审查并提出合规意见或建议;

(二)指导企业各部门及其合规管理员、各级子公司和分支机构的合规管理工作;

（三）协调处理企业各部门之间或各部门负责人与合规管理员之间的合规管理工作，对于存在处理分歧、无法协调的合规事项或者经审查认为可能存在重大合规管理风险的合规事项，应提交董事会审议；

（四）审查、监督企业合规管理制度的科学性、合理性、有效性及执行情况，评价企业合规管理工作；

（五）定期或不定期听取合规管理负责人、合规管理牵头部门的工作报告，并提出意见建议；

（六）公司章程规定或董事会授权的其他合规管理职责。

第十条　省属企业设合规管理负责人，由企业相关负责人或总法律顾问担任，主要职责包括：

（一）领导合规管理牵头部门开展工作；

（二）参与企业重大决策并提出意见；

（三）向董事会、合规委员会汇报企业合规管理重大事项；

（四）召集和主持合规管理工作会议；

（五）组织起草企业合规管理战略规划、合规管理年度报告；

（六）董事会或合规委员会确定的其他合规管理职责。

第十一条　省属企业设合规管理牵头部门，组织、协调和监督合规管理工作。合规管理牵头部门应配备专职合规管理人员。

合规管理牵头部门主要职责包括：

（一）牵头组织合规管理体系建设，持续优化完善合规管理体系；

（二）研究起草合规管理计划、基本制度；

（三）为企业各部门、各级子公司和分支机构提供合规咨询和支持；

（四）持续关注法律法规等规则变化，组织开展合规风险识别和预警，参与企业重大事项合规审查和风险应对；

（五）组织开展企业合规检查与考核，对制度和流程进行合规性评价，督促违规整改和持续改进；

（六）负责合规委员会日常工作；

（七）组织、协调、监督合规管理有关会议决定事项落实；

（八）组织或协助业务部门、人事部门开展合规培训；

（九）合规委员会交办的其他工作。

第十二条 业务部门负责本领域日常合规管理工作，其主要合规管理职责包括：

（一）在职权范围内配合合规委员会履行合规管理职责；

（二）按照合规要求完善业务管理制度和流程，研究起草本领域具体制度；

（三）主动开展合规风险识别和隐患排查，发布合规预警；

（四）主动进行日常合规管控，组织本部门领域合规审查，及时向合规管理牵头部门通报风险事项，妥善应对合规风险事件；

（五）做好本领域合规培训和商业伙伴合规调查等工作，组织或配合进行违规问题调查并及时整改。

第十三条 各业务部门应当设置一名合规管理员，由业务部门提名、合规委员会任免。合规管理员由本部门人员担任，负责对接合规委员会、收集本部门合规管理信息和本部门合规管理工作的具体实施。

业务部门负责人对本部门合规管理工作负责。合规管理员向部门负责人提出书面合规意见，供部门决策参考。部门负责人收到意见后，认为不合理或不予采纳的，应在3日内将本人意见及合规管理员意见一并提报合规委员会，由合规委员会审定。否则，视为同意合规管理员意见。

监察、审计、法律、内控、风险管理、安全生产、质量环保、责任追究等相关部门，在职权范围内履行合规管理职责。

第十四条 合规委员会委员、合规管理人员应当具有与其履行职责相适应的资质、经验和专业知识，熟练掌握法律法规、国际条约、监管规定、行业准则、商业惯例、企业依法制定的章程及规章制度等要求。合规委员会委员、合规管理人员应当遵守法律、行政法规和公司章程，对合规事项负有勤勉尽责义务。

第十五条 省属企业应当有效建立合规管理三道防线。业务部门负责一线业务合规风险防范，业务部门负责人及业务人员应当承担合规管理主体责任；合规管理牵头部门负责组织协调支持合规管理工作，承担合规管理体系建设牵头责任；纪检监察审计等部门负责合规审计和监督企业整体风险防控，承担合规管理监督责任。

第三章　合规管理重点

第十六条　省属企业应当根据外部环境变化，结合自身实际，在全面推进合规管理的基础上，突出重点领域、重点环节和重点人员，切实防范合规风险。

第十七条　省属企业应结合本企业实际加强对以下重点领域的合规管理：

（一）公司治理。全面落实"三重一大"决策制度，提升决策有效性，保障党委会、董事会、监事会、经理层等依法合规履职，实现党的领导与公司治理有效融合。

（二）市场交易。完善交易管理制度，严格履行决策批准程序，建立健全自律诚信体系，突出反欺诈、反商业贿赂、反垄断、反不正当竞争，规范资产交易、招投标、国企采购等活动。

（三）投资管理。严格执行省属企业投资监管相关规章制度，建立健全事前、事中、事后管理工作体系，防止违规投资行为，强化违规投资责任追究。

（四）数据信息安全。强化数据信息安全防护体系有效性与可执行性，采取全面可行的保护措施，防止重大商业信息与内幕信息泄露，防止数据被篡改、被删除。尊重业务伙伴和客户的隐私信息。依法合规规范采集、传输、处理、保存和使用个人信息。

（五）安全环保。严格执行国家安全生产、环境保护法律法规，完善企业生产规范和安全环保制度，加强监督检查，加强对发包商、供应商、承包商等实施相同的安全环保合规要求，及时发现并整改违规问题。

（六）产品质量。完善质量体系，加强过程控制，严把各环节质量关，提供优质产品和服务。

（七）工程建设。建立健全工程建设项目合规管理工作体系，提升对工程项目招投标、质量、进度、安全、建设资金等环节全过程合规管控，规范履行施工、监理、设计等合同。强化土地开发建设环节的合规管理，保障建设项目在依法合规的基础上顺利实施。

（八）劳动用工。严格遵守劳动法律法规，健全完善劳动合同管理制度，规范劳动合同签订、履行、变更和解除，切实维护劳动者合法权益。

（九）财务税收。健全完善财务内部控制体系，推进财务标准化管理，严格执行财务事项操作和审批流程，严守财经纪律，强化依法纳税意识，严格遵守税收法律政策。

（十）知识产权。及时申请注册知识产权成果，规范实施许可和转让，加强对商业秘密和商标的保护，依法规范使用他人知识产权，防止侵权行为。

（十一）商业伙伴。对重要商业伙伴开展合规调查，通过签订合规协议、要求作出合规承诺等方式促进商业伙伴行为合规，依法合规采集、处理、保存和使用商业伙伴保密信息，保护商业伙伴隐私信息。

（十二）刑事合规。推进刑事合规制度、体系建设，针对可能发生刑事风险的领域建立有效、可执行的合规计划，实现对刑事合规风险的事前预防和事中管控。

（十三）其他需要重点关注的领域。

省属企业应结合本企业实际，明确相关重点领域合规管理的责任部门。

第十八条 加强对以下重点环节合规管理：

（一）制度制定环节。强化对规章制度、改革方案等重要文件的合规审查，确保符合法律法规、监管规定等要求。

（二）经营决策环节。严格落实“三重一大”决策制度，细化各层级决策事项和权限，加强对决策事项的合规论证把关，保障决策依法合规。

（三）运营管理环节。严格执行合规制度，加强对重点流程的监督检查，确保经营过程中照章办事、按章操作。

（四）其他需要重点关注的环节。

第十九条 加强对以下重点人员合规管理：

（一）管理人员。促进管理人员切实提高合规意识，带头依法依规开展经营管理活动，认真履行承担的合规管理职责，强化考核与监督问责。

（二）重要风险岗位人员。根据合规风险评估情况明确界定重要风险岗位，有针对性加大培训力度，使重要风险岗位人员熟悉并严格遵守业务涉及的各项规定，加强监督检查和违规行为追责。

（三）境外人员。将合规培训作为境外人员任职、上岗的必备条件，确保遵守我国和所在国或地区法律法规等相关规定。

（四）新入职人员。加强员工招聘过程中的合规审查，开展新入职人员合规制度和合规要求专题培训，强化源头管理。

（五）其他需要重点关注的人员。

第二十条　强化境外投资经营行为的合规管理：

（一）深入研究投资所在国或地区法律法规、国际通行规则及国际上具有广泛影响力的特定国家或地区合规要求，全面掌握禁止性规定及可能导致不良后果的合规风险点，明确境外投资经营行为的红线、底线。

（二）健全境外合规经营的制度、体系、流程，重视开展项目的技术、市场、财务、法律合规等方面的论证和尽职调查，按照要求履行资产评估或估值程序。依法加强对境外机构的管控，规范境外机构经营管理行为。

（三）定期开展对境外投资经营行为合规风险评估，形成境外投资经营行为合规风险书面评估报告，并提出整改或预防意见。

定期排查梳理境外投资经营业务的风险状况，重点关注投资保护、市场准入、外汇与贸易管制、环境保护、税收、劳工等高风险领域以及重大决策、重大合同、大额资金管控和境外子企业公司治理等方面存在的合规风险。

（四）建立健全境外合规风险应对机制，妥善处理风险并及时报告，防止风险扩大蔓延，对识别评估的各类风险采取恰当的控制和补救措施。

第四章　合规管理运行

第二十一条　建立健全合规管理制度，制定全员普遍遵守的合规行为规范，针对重点领域制定专项合规管理制度，并根据法律法规变化和监管动态，及时将外部有关合规要求转化为内部规章制度。

第二十二条 建立合规风险识别预警机制，全面系统梳理经营管理活动中存在的合规风险，对风险发生的可能性、影响程度、潜在后果等进行系统分析，并对合规风险进行分级，对于典型性、普遍性和可能产生较严重后果的风险及时发布预警。

第二十三条 加强合规风险应对，针对发现的风险制定预案，采取有效措施，及时应对处置。对于重大合规风险事件，合规委员会统筹领导，合规管理牵头部门组织协调，相关部门协同配合，最大限度化解风险、降低损失。

第二十四条 建立合规工作会议机制。合规工作会议由合规管理负责人召集和主持，通过定期会议等形式研究、指导、协调、部署合规管理各项工作。

第二十五条 建立健全合规审查机制，将合规审查作为规章制度制定、重大事项决策、重要合同签订、重大项目运营等经营管理行为的必经程序，及时对不合规的内容提出修改建议，未经合规审查程序不得组织实施。

第二十六条 强化违规问责，完善违规行为处罚机制，明晰违规责任范围，细化惩处标准。畅通举报渠道，保障企业员工和利益相关方有权利和途径举报违法违规行为。针对反映的问题和线索，及时开展调查，严肃追究违规人员责任。

省属企业应确立合规调查基本方式和程序，合规调查要与违规经营投资责任追究、纪检监察部门举报调查相结合。涉及违规经营投资问题线索的，按省属企业经营投资资产损失责任追究相关规定移送有关机关查处。

第二十七条 建立合规报告与咨询机制，当业务部门及其员工在经营管理中遇到合规风险时，可以经合规管理牵头部门向合规委员会报告。合规委员会可以根据需要聘请外部专业人士或第三方机构协助开展合规咨询，同时也可向相关行政主管部门进行合规咨询。

第二十八条 开展合规管理评估，定期组织内部有关机构和部门或委托具有专业资质的外部专业机构对企业合规管理的有效性进行分析评估，对重大或反复出现的合规风险和违规问题，深入查找根源，完善相关制度，堵塞管理漏洞，强化过程管控，持续改进提升。内部审计部门应对企业合规管理的有效性、适当性和充分性进行合规审计，原则上合规审计每3年至少1次，并及时将审计结果通报合规委员会。确有必要的，可委托具有专业资质的外部专业机构对企业合规管理进行全面评估。合规审计报告、合规评估报告应提交董事会审议。

第五章　合规管理保障

第二十九条　加强合规常态化治理机制建设。省属企业要强化管理制度化、制度流程化、流程信息化的合规管理理念，将合规要求嵌入各项业务流程中。结合业务特点、风险状况和案防情况等，开展常态化的合规风险检查排查和评价，切实将合规评价监督作为提升风险管理有效性和水平的重要抓手，做到防患于未然。

第三十条　加强合规考核评价。省属企业应把合规经营管理情况纳入对各部门和所属企业主要负责人的年度综合考核，细化评价指标。对所属企业和员工合规职责履行情况进行评价，并将结果作为员工考核、干部任用、选优评先等工作的重要依据。

第三十一条　强化合规管理信息化建设。鼓励省属企业积极利用大数据、云计算、人工智能等技术信息化手段建立企业合规数据库、网站和其他信息平台，提升合规管理的数字化和智能化水平，优化管理流程，提倡利用区块链等记录和保存相关信息，确保各项经营管理决策和执行活动可控制、可追溯、可检查，加强对经营管理行为依法合规情况实时在线监控和风险分析，实现信息集成与共享。

第三十二条　推进省属企业合规在线监管系统建设，努力实现"省属企业合规治理一张图"。深化技术应用，推进省属企业合规监管一体化、数字化管理。

第三十三条　完善激励约束机制。对在合规管理体系建设中作出重要成绩、有效防范重大合规风险或对挽回重大损失作出突出贡献的集体和个人，应当予以表彰和奖励；对落实合规管理工作不力，忽视重大合规风险或违规经营造成重大损失的,依法依规追究责任。

第三十四条 建立专业化、高素质的合规管理队伍。各省属企业应当根据业务规模、合规风险水平等因素配备合规管理人员。

境外经营重要地区、重点项目应当明确合规管理机构或配备专职人员,切实防范合规风险。

重视合规培训,建立制度化、常态化培训机制,加强全员合规知识和能力的教育培训,确保员工理解、遵守企业合规目标和要求。

第三十五条 积极培育合规文化,通过制定发放合规手册、签订合规承诺书等方式,强化全员安全、质量、诚信和廉洁等意识,树立依法合规、守法诚信的价值观,筑牢合规经营思想基础。

第三十六条 建立经费保障机制。省属企业应当根据业务规模,健全合规管理工作预算资金管理制度,充分保障合规管理各项工作经费。

第六章 监督管理与法律责任

第三十七条 省国资委根据省属企业发展实际,采取分类指导的原则,指导监督省属企业合规管理工作,推动省属企业建立健全合规管理体系。

第三十八条 省国资委可以通过审查合规报告、现场检查或可根据需要委托外部专业机构进行合规管理评估、专项合规审计等方式对省属企业合规管理工作进行指导监督。

第三十九条 省属企业应及时将合规政策和文件目录清单向省国资委备案,并及时报送合规管理计划和合规审计评估报告。如发生重大合规风险事件,应当及时向省国资委和有关部门报告。

第四十条 省属企业应当于每年3月底前向省国资委提交上一年度合规报告。省属企业合规委员会对合规报告真实性、准确性、完整性负责。

合规报告应当包括以下内容:

(一)省属企业及各层级控股公司合规管理的基本情况;

(二)合规政策的制定、评估和修订;

(三)合规委员会的履职情况;

（四）重要业务活动的合规情况；

（五）合规评估和合规审计结果（若有）；

（六）存在的主要合规风险及应对措施；

（七）重大违规事件及其处理；

（八）合规培训情况；

（九）合规管理存在的问题和改进措施；

（十）省国资委认为需要报告的其他内容。

省国资委可以根据监管需要，要求省属企业报送综合或者专项的合规报告。针对合规管理工作中的重大事项，省属企业应制作专项合规报告上报省国资委。

第四十一条 如省属企业及其相关责任人员未落实合规管理责任，违反法律法规及相关政策规定的，省国资委可采取约谈、责令纠正等措施予以追责。

第四十二条 省属企业通过有效的合规管理，主动发现违法违规行为或合规风险隐患，积极妥善处理，落实责任追究，完善内部控制制度和业务流程并及时向省国资委报告的，省国资委可依据相关规定和程序，酌情从轻、减轻或免除对企业和相关人员的责任追究；情节轻微并及时纠正违法违规行为或避免合规风险，没有造成危害后果的，可不予追究责任。

对于企业重大决策、合规事项，董事会已采纳合规委员会的合规审查意见的，如因相关部门或员工原因发生违法违规行为，可酌情从轻、减轻或免除决策人员的责任追究。对于企业的违法违规行为，如合规委员会已按照规定尽职履行审查、监督、检查和报告职责的，不予追究合规委员会责任。

第七章 附 则

第四十三条 省属企业根据本指引，结合企业实际制定合规管理制度，全面加强和指导所属各级企业的合规管理工作。省国资委代管的集体企业，依照本指引执行。非省国资委履行出资人或监管职责的其他省属企业，可参照本指引执行。各市国有资产监督管理机构可以参照本指引，积极推进所出资企业合规管理工作。金融等行业主管部门有特别合规管理规定的，从其规定。

第四十四条 本指引由省国资委负责解释。

第四十五条 本指引自 2022 年 4 月 10 日起施行。

附　录

附录一

企业合规改革试点典型案例

案例一
张家港市L公司、张某甲等人污染环境案

一、基本案情

江苏省张家港市L化机有限公司(以下简称L公司)系从事不锈钢产品研发和生产的省级高科技民营企业,张某甲、张某乙、陆某某分别系该公司的总经理、副总经理、行政主管。

2018年下半年,L公司在未取得生态环境部门环境评价的情况下建设酸洗池,并于2019年2月私设暗管,将含有镍、铬等重金属的酸洗废水排放至生活污水管,造成严重环境污染。苏州市张家港生态环境局现场检测,L公司排放井内积存水样中总镍浓度为29.4mg/L、总铬浓度为29.2mg/L,分别超过《污水综合排放标准》的29.4倍和19.5倍。2020年6月,张某甲、张某乙、陆某某主动向张家港市公安局投案,如实供述犯罪事实,自愿认罪认罚。

2020年8月,张家港市公安局以L公司及张某甲等人涉嫌污染环境罪向张家港市检察院移送审查起诉。张家港市检察院进行办案影响评估并听取L公司合规意愿后,指导该公司开展合规建设。

二、企业合规整改情况及效果

检察机关经审查认为,L公司及张某甲等人虽涉嫌污染环境罪,但排放污水量较小,尚未造成实质性危害后果,可以进行合规考察监督并参考考察情况依法决定是否适用不起诉。同时经调查,L公司系省级高科技民营企业,年均纳税400余万元、企业员工90余名、拥有专利20余件,部分产品突

破国外垄断。如果公司及其主要经营管理人员被判刑，对国内相关技术领域将造成较大影响。有鉴于此，2020 年 10 月，检察机关向 L 公司送达《企业刑事合规告知书》，该公司在第一时间提交了书面合规承诺以及行业地位、科研力量、纳税贡献、承担社会责任等证明材料。

检察机关在认真审查调查报告、听取行政机关意见以及综合审查企业书面承诺的基础上，对 L 公司作出合规考察决定。随后，L 公司聘请律师对合规建设进行初评，全面排查企业合规风险，制订详细合规计划，检察机关委托税务、生态环境、应急管理等部门对合规计划进行专业评估。L 公司每月向检察机关书面汇报合规计划实施情况。2020 年 12 月，组建以生态环境部门专业人员为组长的评估小组，对 L 公司整改情况及合规建设情况进行评估，经评估合格，通过合规考察。同月，检察机关邀请人民监督员、相关行政主管部门、工商联等各界代表，召开公开听证会，参会人员一致建议对 L 公司作不起诉处理。检察机关经审查认为，符合刑事诉讼法相关规定，当场公开宣告不起诉决定，并依法向生态环境部门提出对该公司给予行政处罚的检察意见。2021 年 3 月，苏州市生态环境局根据《水污染防治法》有关规定，对 L 公司作出行政处罚决定。

通过开展合规建设，L 公司实现了快速转型发展，逐步建立起完备的生产经营、财务管理、合规内控的管理体系，改变了野蛮粗放的发展运营模式，企业家和员工的责任感明显提高，企业抵御和防控经济风险的能力得到进一步增强。2021 年一季度 L 公司销售收入同比增长 275%，缴纳税收同比增长 333%，成为所在地区增幅最大的企业。

三、典型意义

一是检察机关积极主动发挥合规主导责任。本案中，检察机关在办理涉企犯罪案件时，主动审查是否符合企业合规试点适用条件，并及时征询涉案企业、个人的意见，做好合规前期准备。在企业合规建设过程中，检察机关会同有关部门，对涉案企业合规计划及实施情况进行检查、评估、考察，引导涉案企业实质化合规整改，取得明显成效。

二是检察机关推动企业合规与检察听证、刑行衔接相结合。本案中，检察机关召开公开听证会，听取各方面意见后对涉案企业依法作出不起诉决定，以公开促公正，提升司法公信力。同时，检察机关结合企业合规情况，主动做好刑行衔接工作，提出检察意见移送有关主管机关处理，防止不起诉后一放了之。

案例二
上海市 A 公司、B 公司、关某某虚开增值税专用发票案

一、基本案情

被告单位上海 A 医疗科技股份有限公司（以下简称 A 公司）、上海 B 科技有限公司（以下简称 B 公司），被告人关某某系 A、B 两家公司实际控制人。

2016 年至 2018 年间，关某某在经营 A 公司、B 公司业务期间，在无真实货物交易的情况下，通过他人介绍，采用支付开票费的方式，让他人为两家公司虚开增值税专用发票共 219 份，价税合计 2887 余万元，其中税款 419 余万元已申报抵扣。2019 年 10 月，关某某到案后如实供述上述犯罪事实并补缴涉案税款。

2020 年 6 月，公安机关以 A 公司、B 公司、关某某涉嫌虚开增值税专用发票罪移送检察机关审查起诉。上海市宝山区检察院受理案件后，走访涉案企业及有关方面了解情况，督促企业作出合规承诺并开展合规建设。

二、企业合规整改情况及效果

检察机关走访涉案企业了解经营情况，并向当地政府了解其纳税及容纳就业情况。经调查，涉案企业系我国某技术领域的领军企业、上海市高新技术企业，科技实力雄厚，对地方经济发展和增进就业有很大贡献。公司管理人员及员工学历普遍较高，对合规管理的接受度高、执行力强，企业合规具有可行性，检察机关遂督促企业作出合规承诺并开展合规建设。同时，检察机关先后赴多地税务机关对企业提供的纳税材料及涉案税额补缴情况进

行核实，并针对关某某在审查起诉阶段提出的立功线索自行补充侦查，认为其具有立功情节。

2020 年 11 月，检察机关以 A 公司、B 公司、关某某涉嫌虚开增值税专用发票罪对其提起公诉并适用认罪认罚从宽制度。12 月，上海市宝山区人民法院采纳检察机关全部量刑建议，以虚开增值税专用发票罪分别判处被告单位 A 公司罚金 15 万元，B 公司罚金 6 万元，被告人关某某有期徒刑三年，缓刑五年。

法院判决后，检察机关联合税务机关上门回访，发现涉案企业的合规建设仍需进一步完善，遂向其制发检察建议并公开宣告，建议进一步强化合法合规经营意识，严格业务监督流程，提升税收筹划和控制成本能力。检察机关在收到涉案企业对检察建议的回复后，又及时组织合规建设回头看。经了解，涉案企业已经逐步建立合规审计、内部调查、合规举报等有效合规制度，聘请专业人士进行税收筹划，大幅节约生产经营成本，提高市场占有份额。

三、典型意义

一是检察机关推动企业合规与适用认罪认罚从宽制度相结合。本案中，检察机关在督促企业作出合规承诺并开展合规建设的同时，通过适用认罪认罚从宽制度，坚持和落实能不判实刑的提出判缓刑的量刑建议等司法政策，努力让企业“活下来”“留得住”“经营得好”，取得更好的司法办案效果。

二是检察机关推动企业合规与检察建议相结合。本案中，检察机关会同税务机关在回访过程中，发现涉案企业在预防违法犯罪方面制度不健全、不落实，管理不完善，存在违法犯罪隐患，需要及时消除的，结合合规整改情况，向涉案企业制发检察建议，推动其深化实化合规建设，避免合规整改走过场、流于形式。

案例三
王某某、林某某、刘某乙对非国家工作人员行贿案

一、基本案情

深圳Y科技股份有限公司（以下简称Y公司）系深圳H智能技术有限公司（以下简称H公司）的音响设备供货商。Y公司业务员王某某，为了在H公司音响设备选型中获得照顾，向H公司采购员刘某甲陆续支付好处费25万元，并在刘某甲的暗示下向H公司技术总监陈某行贿24万余元。由王某某通过公司采购流程与深圳市A数码科技有限公司（以下简称A公司）签订采购合同，将资金转入至A公司账户，A公司将相关费用扣除后，将剩余的资金转入至陈某指定的账户中。Y公司副总裁刘某乙、财务总监林某某，对相关款项进行审核后，王某某从公司领取行贿款项实施行贿。

2019年10月，H公司向深圳市公安局南山分局报案，王某某、林某某、刘某乙及刘某甲、陈某相继到案。2020年3月，深圳市公安局南山分局以王某某、林某某、刘某乙涉嫌对非国家工作人员行贿罪，刘某甲、陈某涉嫌非国家工作人员受贿罪向深圳市南山区检察院移送审查起诉。

2020年4月，检察机关对王某某依据刑事诉讼法第一百七十七条第二款作出不起诉决定，对林某某、刘某乙依据刑事诉讼法第一百七十七条第一款作出不起诉决定，以陈某、刘某甲涉嫌非国家工作人员受贿罪向深圳市南山区法院提起公诉。同月，深圳市南山区法院以非国家工作人员受贿罪判处被告人刘某甲有期徒刑6个月，判处被告人陈某拘役5个月。法院判决后，检察机关于2020年7月与Y公司签署合规监管协议，协助企业开展合规建设。

二、企业合规整改情况及效果

检察机关在司法办案过程中了解到，Y公司属于深圳市南山区拟上市的重点企业，该公司在专业音响领域处于国内领先地位，已经在开展上市前

辅导,但本案暴露出 Y 公司在制度建设和日常管理中存在较大漏洞。检察机关与 Y 公司签署合规监管协议后,围绕与商业贿赂犯罪有密切联系的企业内部治理结构、规章制度、人员管理等方面存在的问题,制定可行的合规管理规范,构建有效的合规组织体系,健全合规风险防范报告机制,弥补企业制度建设和监督管理漏洞,防止再次发生相同或者类似的违法犯罪。Y 公司对内部架构和人员进行了重整,着手制定企业内部反舞弊和防止商业贿赂指引等一系列规章制度,增加企业合规的专门人员。检察机关通过回访 Y 公司合规建设情况,针对企业可能涉及的知识产权等合规问题进一步提出指导意见,推动企业查漏补缺并重启了上市申报程序。

三、典型意义

本案中,检察机关积极推动企业合规与依法适用不起诉相结合。依法对涉案企业负责人作出不起诉决定,不是简单一放了之,而是通过对企业提出整改意见,推动企业合规建设,进行合规考察等后续工作,让涉案企业既为违法犯罪付出代价,又吸取教训建立健全防范再犯的合规制度,维护正常经济秩序。

案例四

新泰市 J 公司等建筑企业串通投标系列案

一、基本案情

2013 年以来,山东省新泰市 J 工程有限公司(以下简称 J 公司)等 6 家建筑企业,迫于张某黑社会性质组织的影响力,被要挟参与该涉黑组织骨干成员李某某(新城建筑工程公司经理,犯串通投标罪被判处有期徒刑一年零六个月)组织的串通投标。李某某"暗箱操作"统一制作标书、统一控制报价,导致新泰市涉及管道节能改造、道路维修、楼房建设等全市 13 个建设工程项目被新城建筑工程公司中标。由张某黑社会性质组织案带出的 5 起串通投标案件,涉及该市 1 家民营企业、2 家国有企业、3 家集体企业,均为当地建筑业龙头企业，牵扯面大，社会关注度高。

2020 年三四月，公安机关将上述 5 起串通投标案件移送新泰市检察院审查起诉。检察机关受理案件后，通过自行补充侦查进一步查清案件事实，同时深入企业开展调查，于 2020 年 5 月召开公开听证会，对 J 公司等 6 家企业作出不起诉决定。

二、企业合规整改情况及效果

检察机关通过自行补充侦查，查清 J 公司等 6 家企业被胁迫陪标的案件事实。6 家企业案发时均受到涉黑组织骨干成员李某某的要挟，处于张某黑社会性质组织控制范围内，被迫出借建筑资质参与陪标，且没有获得任何非法利益。同时，检察机关实地到 6 家企业走访调查，掌握企业疫情防控常态化下复工复产情况及存在的困难问题；多次到住建部门座谈，了解到 6 家企业常年承接全市重点工程项目，年创税均达 1000 万元以上，其中 1 家企业年创税 1 亿余元，在繁荣地方经济、城乡建设、劳动力就业等方面作出了突出贡献。如作出起诉决定，6 家企业三年内将无法参加任何招投标工程，并被列入银行贷款黑名单，将对企业发展、劳动力就业和全市经济社会稳定造成一定的影响。

2020 年 5 月，泰安市两级检察机关邀请人民监督员等各界代表召开公开听证会，参会人员一致同意对 J 公司等 6 家企业及其负责人作不起诉处理。检察机关当场公开宣告不起诉决定，并依法向住建部门提出对 6 家企业给予行政处罚的检察意见，同时建议对近年来建筑行业的招投标情况进行全面细致摸排自查，净化建筑业招投标环境。听证会结束后，检察机关组织当地 10 家建筑企业、连同 6 家涉案企业负责人召开专题座谈会，宣讲企业合规知识，用身边案例警醒企业依法规范经营，从而实现了“办理一案、教育一片、治理社会面”的目的。

检察机关还向 6 家涉案企业发出检察建议，要求企业围绕所涉罪名及相关领域开展合规建设，并对合规建设情况进行跟踪监督，最后举办检察建议落实情况公开回复会，对合规建设情况进行验收，从源头上避免再发生类似违法犯罪问题。在合规建设过程中，6 家涉案企业缴纳 171 万余元行政罚款，并对公司监事会作出人事调整，完善公司重大法务风险防控机制。此后6家被不起诉企业积极扩大就业规模，安置就业人数2000余人，先后中标20余项重大民生工程，中标工程总造价20余亿元。

三、典型意义

本案中，检察机关充分履行自行补充侦查职权，全面查清案件事实，开展社会调查，为适用企业合规提供充分依据。同时，检察机关推动企业合规与不起诉决定、检察听证、检察意见、检察建议等相关工作紧密结合，既推动对企业违法犯罪行为依法处罚、教育、矫治，使企业能够改过自新、合规守法经营，又能减少和预防企业再犯罪，使企业更主动地承担社会责任，同时推动当地建筑行业深层次问题的解决，为企业合规建设提供了生动的检察实践。

案例五

上海J公司、朱某某假冒注册商标案

——依托长三角一体化协作平台，对涉案企业异地适用第三方监督评估机制

【关键词】

企业合规　异地监督考察　长三角协作　检察一体化

【要旨】

针对涉案企业注册地、生产经营地和犯罪地分离的情况，依托长三角区域检察协作平台，联合探索建立涉案企业合规异地协作工作机制，合力破解异地社会调查、监督考察、行刑衔接等难题，以检察机关企业合规工作协同化推动长三角营商环境一体化建设，为企业合规异地检察协作提供参考和借鉴。

一、基本案情

上海市J智能电器有限公司（以下简称J公司）注册成立于2016年1

月，住所地位于浙江省嘉兴市秀洲区，公司以生产智能家居电器为主，拥有专利数百件，有效注册商标3件，近年来先后被评定为浙江省科技型中小企业、国家高新技术企业。公司有员工2000余人，年纳税总额1亿余元，被不起诉人朱某某系该公司股东及实际控制人。

2018年8月，上海T智能科技有限公司（以下简称T公司）与J公司洽谈委托代加工事宜，约定由J公司为T公司代为加工智能垃圾桶，后因试产样品未达质量标准，且无法按时交货等原因，双方于2018年12月终止合作。为了挽回前期投资损失，2018年12月至2019年11月，朱某某在未获得商标权利人T公司许可的情况下，组织公司员工生产假冒T公司注册商标的智能垃圾桶、垃圾盒，并对外销售获利，涉案金额达560万余元。2020年9月11日，朱某某主动投案后被取保候审。案发后，J公司认罪认罚，赔偿权利人700万元并取得谅解。2020年12月14日，上海市公安局浦东分局以犯罪嫌疑单位J公司、犯罪嫌疑人朱某某涉嫌假冒注册商标罪移送浦东新区检察院审查起诉。

二、企业合规整改情况及效果

一是认真审查，对符合适用条件的企业开展合规试点。浦东新区检察院经审查认为，J公司是一家高新技术企业，但公司管理层及员工法律意识淡薄，尤其对涉及商业秘密、专利权、商标权等民事侵权及刑事犯罪认识淡薄，在合同审核、财务审批、采购销售等环节均存在管理不善问题。鉴于J公司具有良好发展前景，犯罪嫌疑人朱某某有自首情节，并认罪认罚赔偿了T公司的损失，且该公司有合规建设意愿，具备启动第三方机制的基本条件，考虑其注册地、生产经营地和犯罪地分离的情况，有必要启动跨区域合规考察。

二是三级联动，开启跨区域合规第三方机制“绿色通道”。2021年4月，浦东新区检察院根据沪浙苏皖四地检察院联合制定的《长三角区域检察协作工作办法》，向上海市检察院申请启动长三角跨区域协作机制，委托企业所在地的浙江省嘉兴市检察院、秀洲区检察院协助开展企业合规社会调查及第三方监督考察。两地检察机关签订《第三方监督评估委托函》，明确委托事项及各方职责,确立了“委托方发起”“受托方协助”“第三方执行”的合规考察异地协作模式,由秀洲区检察院根据最高检等九部门联合下发的《关于建立涉案企业合规第三方监督评估机制的指导意见(试行)》成立第三方监督评估组织。随后,秀洲区检察院成立了由律师、区市场监督管理局、区科技局熟悉知识产权工作的专业人员组成的第三方监督评估组织,并邀请人大代表、政协委员对涉案企业同步开展监督考察。

三是有的放矢,确保合规计划“治标更治本”。浦东新区检察院结合办案中发现的经营管理不善情况,向J公司制发《合规风险告知书》,从合规风险排查、合规制度建设、合规运行体系及合规文化养成等方面提出整改建议,引导J公司作出合规承诺。第三方组织结合风险告知内容指导企业制订合规计划,明确合规计划的政策性和程序性规定,从责任分配、培训方案到奖惩制度,确保合规计划的针对性和实效性。同时,督促企业对合规计划涉及的组织体系、政策体系、程序体系和风险防控体系等主题进行分解,保证计划的可行性和有效性。J公司制定了包括制定合规章程、健全基层党组织、建立合规组织体系、制定知识产权专项合规政策体系、打造合规程序体系、提升企业合规意识等方面的递进式合规计划,并严格按照时间表扎实推进。

四是找准定位,动态衔接实现异地监管“客观有效”。监督考察期间,第三方组织通过问询谈话、走访调查,深入了解案件背景,帮助企业梳理合规、风控方面的管理漏洞,督促制定专项整改措施。根据第三方组织建议,J公司成立合规工作领导小组,修改公司章程,强化管理职责,先后制定知识产权管理、合同审批、保密管理、员工培训、风险控制等多项合规专项制度,设立合规专岗,实行管理、销售分离,建立合规举报途径,连续开展刑事合规、民事合规及知识产权保护专项培训,外聘合规专业团队定期对企业进行法律风险全面体检,并且每半个月提交一次阶段性书面报告。第三方组织通过书面审查、实地走访、听取汇报等形式,对合规阶段性成效进行监督检查。同时,浦东新区检察院为确保异地合规监管的有效性,制作了《企业合规监督考察反馈意见表》,实时动态跟进监督评估进度,对第三方组织成员组成、合规计划执行、企业定期书面报告、申诉控告处理等提出意见建议。

五是充分评估,确保监督考察及处理结果“公平公正”。考察期限届满,第三方组织评估认为,经过合规管理,J公司提升合规意识,完善组织架构,设立合规专岗,开展专项检查,建立制度指引,强化流程管理,健全风控机制,加强学习培训,完成了从合规组织体系建立到合规政策制定,从合规程序完善到合规文化建设等一系列整改,评定J公司合规整改合格。浦东新区检察院联合嘉兴市检察院、秀洲区检察院通过听取汇报、现场验收、公开评议等方式对监督考察结果的客观性充分论证。2021年9月10日,浦东新区检察院邀请人民监督员、侦查机关、异地检察机关代表等进行公开听证。经评议,参与听证各方一致同意对涉案企业及个人作出不起诉决定。

三、典型意义

第一,积极探索,为企业合规异地适用第三方机制开拓实践思路。针对涉案企业注册地、生产经营地和犯罪地分离的情况,上海、浙江检察机关依托长三角区域检察协作平台,通过个案办理探索建立企业合规异地协作工作机制,确立了“委托方发起”“受托方协助”“第三方执行”的合规考察异地协作模式,合力破解异地社会调查、监督考察、行刑衔接等难题,降低司法办案成本,提升办案质效,为推动区域行业现代化治理提供了实践样本。

第二,有序推进,切实防止社会调查“一托了之”。本案中,检察机关采取层层递进的工作方式,确保社会调查重点明确、调查结果全面客观。一是事前细化调查提纲。重点围绕涉案企业社会贡献度、企业发展前景、社会综合评价等开展协助调查,一并考察企业家的一贯表现,确保社会调查结果全面客观。二是事中加强沟通协调。浦东新区检察院多次赴浙江会商,就调查方式、调查内容及相关要求达成共识,形成办案合力。秀洲区检察院协调区市场监管、人社、税务、科技、工商联及行业协会,对涉案公司及个人开展全面调查。三是事后进行专项研讨。检察机关深入审查全部协查材料,研究认为涉案企业符合企业合规改革试点适用条件,并层报上级机关审核备案。

第三,完善机制,提升监督评估实际效果。本案中,秀洲区检察院联合当地13个部门出台规范性文件,探索构建企业合规“双组六机制”工作模式。“双组”,即检察机关牵头成立“合规监管考察组”和“合规指导组”两个工作组;“六机制”,即联席会议、合规培育、提前介入、会商通报、指导帮扶、审查监管六个协作机制。合规考察中,由合规监管考察组和合规指导组共同研究形成专业意见,并邀请人大代表、政协委员全程参与,提高监管考察的透明度和公信力。

第四,标本兼治,有效防治企业违法犯罪。从司法实践来看,涉企经济犯罪成因复杂,许多涉及经济社会系统性、深层次矛盾问题,单靠刑事法律的“孤军作战”,难以取得良好的社会治理效果。本案中,检察机关开展企业合规改革以推动源头治理为着力点,针对办案发现的企业经营管理中的突出问题,通过第三方监督评估机制对涉案企业开展扎实有效的合规整改,促进企业依法合规经营发展,对于完善制度机制、形成治理合力具有积极意义。

案例六

张家港S公司、睢某某销售假冒注册商标的商品案

——介入侦查认定“挂案”性质,积极引导涉案小微企业开展合规建设

【关键词】

假冒注册商标　“挂案”清理　小微企业合规建设　第三方监督评估

【要旨】

检察机关推进涉企“挂案”清理过程中,对尚未进入检察环节的案件,可采取介入侦查的形式开展个案会商,认定“挂案”性质,能动清理。对符合企业刑事合规条件的案件,积极引导涉案企业开展合规建设,引入第三方组织进行监督评估,规范推进合规监督考察和“挂案”清理工作。检察机关与公安机关等有关部门积极配合,多措并举合力护航民营经济健康发展。

一、基本案情

张家港市S五交化贸易有限公司(以下简称S公司)2015年6月注册成

立,注册资本200万元,在职员工3人,睢某某系该公司法定代表人、实际控制人。

2018年11月22日,张家港市市场监督管理局在对S公司进行检查时,发现该公司疑似销售假冒"SKF"商标的轴承,并在其门店及仓库内查获标注"SKF"商标的各种型号轴承27829个,金额共计68万余元。2018年12月17日,张家港市市场监督管理局将该案移送至张家港市公安局。2019年2月14日,斯凯孚(中国)有限公司出具书面的鉴别报告,认为所查获的标有"SKF"商标的轴承产品均为侵犯该公司注册商标专用权的产品。2019年2月15日,张家港市公安局对本案立案侦查。

二、企业合规整改情况及效果

一是应公安机关邀请介入侦查。2021年5月初,张家港市检察院应张家港市公安局邀请,派员介入听取案件情况。梳理在案证据,本案侦查工作的主要情况如下:第一,睢某某辩称涉案的轴承部分是从山东威海一旧货调剂市场打包购买,部分是从广州H公司、上海J公司购买,认为自己购进的都应该是正品。第二,公安机关经与广州H公司、上海J公司核实,上海J公司系授权的一级代理商,主要经营SKF等品牌轴承。广州H公司从上海J公司进购SKF轴承后进行销售,曾3次通过上海J公司直接发货给S公司,共计54万元。同时,公安机关对山东威海的旧货调剂市场进行了现场调查,发现该市场确实是二手交易市场,无法追溯货品源头。第三,斯凯孚(中国)有限公司出具书面鉴别报告时,未对查获的轴承及包装的真伪进行现场勘查,仅根据清点明细材料出具了鉴别说明和比对示例,且不愿再重新鉴定。此外,该案立案距今超过两年,已属"挂案"状态。

二是及时启动社会调查。检察机关向S公司、睢某某告知企业合规相关政策后,该公司分别向检察机关、公安机关递交了《提请开展刑事合规监督考察的申请书》。随后承办检察官走访企业和市场监督管理局、税务局等行政部门,实地查看公司经营现状、指导填写合规承诺、撰写调查报告。走访调查了解到,该公司系已实际经营六年的小微民营企业,因涉嫌犯罪被立案,一定程度上影响经营,资金周转困难,公司面临危机。该公司规章制度不健全，内部管理不完善，尤其是企业采购程序不规范，对供货商资质和货品来源审查不严，单据留存不全，还曾因接受虚开的增值税发票被税务机关行政处罚。检察机关经综合考虑，鉴于S公司有整改行为和较强的合规愿望，认为可以开展企业合规监督考察。

三是深入会商达成共识。检察机关认为，该案证明S公司及睢某某犯罪故意的证据不确实、不充分，公安机关也难以再查明轴承及包装的来源是否合法，案件久拖不决已处于"挂案"状态，亟待清理。检察机关与公安机关共同分析了相关情况，并就该案下一步处理进行会商，双方就企业合规、"挂案"清理工作达成共识。公安机关明确表示，如该公司通过企业合规监督考察时还没有新的证据进展，将作出撤案处理。

四是扎实推进合规考察。经向上级检察机关请示并向张家港市企业合规监管委员会报告后，张家港市检察院联合公安机关对S公司启动合规监督考察程序，确定6个月的整改考察期。同时，张家港市企业合规监管委员会根据第三方监督评估机制，从第三方监管人员库中随机抽取组建监督评估小组，跟踪S公司整改、评估合规计划落实情况。按照合规计划，S公司梳理企业风险点，制定《财务管理合规建设制度》《发票制发流程》《货物销售采购流程》等内部制度，并形成规范的公司合同模板。在税务方面，公司从以往直接与代账会计单线联系，转变为与会计所在单位签订合同，对财务人员应尽责任、单位管理职责进行书面约定。在知识产权方面，公司明确渠道商应提供品牌授权证明并备案，每笔发货都注明产品明细，做到采购来路明晰、底数清晰。合规整改期间，检察机关会同第三方监督评估小组，每月通过座谈会议、电话联系、查阅资料、实地检查等方式，特别是通过"不打招呼"的随机方式，检查企业合规建设情况。同时，检察机关还向公安机关通报企业合规建设进展情况，邀请参与合规检查，并认真吸收公安机关对合规制度完善提出的意见。2021年8月5日，鉴于该公司员工数少、业务单一、合规建设相对简易的情况，第三方监督评估小组提出缩短合规监督考察期限的建议。检察机关听取市场监督管理部门、税务部门意见后，决定将合规监督考察期限缩短至3个月。2021年8月16日至18日，第三方监督评估小组对该公司合规有效性进行评估，出具了合规建设合格有效的评估报告。

五是参考考察结果作出处理。2021 年 8 月 20 日，张家港市检察院组织公开听证，综合考虑企业合规整改效果，就是否建议公安机关撤销案件听取意见，听证与会人员一致同意检察机关制发相关检察建议。当日，检察机关向公安机关发出检察建议，公安机关根据检察建议及时作出撤案处理，并移送市场监督管理部门作行政处罚。检察机关两个月后回访发现，S 公司各项经营已步入正轨，因为合规建设，两家大型企业看中 S 公司合规资质与其建立了长期合作关系，业务预期翻几番，发展势头强劲。

三、典型意义

第一，对尚未进入检察环节的涉企“挂案”进行排查，采取与企业合规改革试点结合等方式能动清理。检察机关推进涉企“挂案”清理过程中，除依托统一业务应用系统中排除出相关数据外，还可以通过控告申诉、日常走访、服务企业平台等了解“挂案”线索。对尚未进入检察环节的案件，可采取介入侦查的形式，积极与公安机关开展个案会商。通过听取案件情况、审查在案证据、实地走访调查等工作，与公安机关共同分析是否属于“挂案”、“挂案”原因、“挂案”影响以及侦查取证方向、可行性等因素，分类施策、妥善处理。对符合合规监督考察的条件的案件，积极引导涉案企业开展合规整改，促进涉企“挂案”清理，最大限度降低“挂案”对企业生产经营的影响。

第二，严格把握企业合规监督考察条件、标准和工作程序，规范清理涉企“挂案”。通过企业合规促进“挂案”清理，在具体操作中应该重点把握三点：一是要通过走访调查，深入了解犯罪嫌疑人认罪悔罪态度、企业经营状况、社会贡献、合规意愿以及违法犯罪既往历史等情况，评估涉案企业是否符合开展合规监督考察的条件。二是要加强对外沟通，向公安机关讲清企业合规政策和涉企“挂案”清理意义，争取理解和支持。三是要依托第三方监督评估机制，客观公正地跟踪指导企业合规建设、评估合规有效性，以第三方监督评估结论为主要依据，听取行政机关以及公开听证等多方意见，做到“阳光”清理、规范清理。本案中，检察机关按照申请、调查、会商、考察等程序，规范推进企业合规，同时引入第三方组织对企业合规建设进行全程监督，值得肯定。

第三，与公安机关等有关部门积极配合，多措并举合力护航民营经济健康发展。为加强民营经济平等保护，2020 年 10 月以来，最高检与公安部联合部署开展涉民营企业刑事诉讼“挂案”专项清理工作。全国检察机关、公安机关强化协作、多措并举，一大批“挂案”得到有效清理，该撤案的及时撤案，该继续侦办的尽快突破，以实际行动服务“六稳”“六保”大局，受到社会各界的广泛好评。同时，检察机关正在深入开展涉案企业合规改革试点，落实少捕、慎诉、慎押刑事司法政策，依法保护涉案企业和企业家人身和财产合法权益，向涉案企业提出整改意见，督促涉案企业作出合规承诺并积极整改。在日常“挂案”清理工作中，检察机关要针对涉案企业暴露出的经营管理、法律风险方面的突出问题，自觉开展企业合规工作，积极适用第三方监督评估机制，会同公安机关等有关部门综合运用经济、行政、刑事等手段，既促进涉案企业合规守法经营，也警示潜在缺乏规制约束的企业遵纪守法发展，逐步建立长效机制，实现精准监督。

案例七

山东沂南县 Y 公司、姚某明等人串通投标案

——异地协作开展第三方监督评估，对第三方组织开展“飞行监管”，促进当地招投标领域行业治理

【关键词】

串通投标　异地协作　飞行监管　关联企业共同整改　行业治理

【要旨】

在办理企业合规案件过程中，依托第三方监督评估机制，充分发挥异地协作、公开听证、检察建议等作用，促进涉案企业及关联企业共同整改，形成工作合力。组建巡回检查小组，对第三方组织履职情况开展“飞行监管”，确保对涉案企业的监督评估客观公正有效。延伸检察职能，推动行业治理，实

现“办理一案、治理一片”效果。

一、基本案情

山东省沂南县Y有限公司（以下简称Y公司）系专门从事家电销售及售后服务的有限责任公司，法定代表人姚某明。除Y公司外，姚某明还实际控制由其表哥姚某柱担任法定代表人的沂水县H电器有限公司（以下简称H公司）。

2016年9月、2018年3月、2020年6月，犯罪嫌疑人姚某明为让Y公司中标沂水县农村义务教育学校取暖空调设备采购、沂水县第一、第四中学教室空调等招标项目，安排犯罪嫌疑人徐某（Y公司员工）借用H公司等三家公司资质，通过“暗箱操作”统一制作标书、统一控制报价、协调专家评委等方式串通投标，后分别中标，中标金额共计1134万余元。2021年1月，沂水县公安局以Y公司、姚某明等人涉嫌串通投标罪移送沂水县检察院审查起诉。

二、企业合规整改情况及效果

一是综合审查，确定案件纳入企业合规考察范围。沂水县检察院经审查认为，虽然该案中标金额较大，但Y公司姚某明等人有自首情节，主动认罪认罚，Y公司正处于快速发展阶段，在沂南县、沂水县空调销售市场占据较大份额，疫情期间带头捐款捐物，综合考虑企业社会贡献度、发展前景、社会综合评价、企业负责人一贯表现等情况，以及该企业在法律意识、商业伦理、人员管理、财务管理等方面存在的问题，决定对该案适用企业合规试点工作。2021年6月，沂水县检察院经征询涉案企业、个人同意，层报山东省检察院审核批准，对该案正式启动企业合规考察。

二是探索异地协作，对涉案企业开展第三方监督评估。结合涉案企业Y公司所在地为沂南县、犯罪地为沂水县的实际，沂水县检察院多次与两地第三方机制管委会及沂南县检察院沟通交流，共同签订《企业合规异地协作协议》，并由沂南、沂水两地第三方机制管委会从专业人员名录库中抽取律师、市场监管、工商联人员5人组建第三方组织，对Y公司合规建设开展监督评估。第三方组织多次深入企业实地走访、考察，主动约谈企业负责人，全面了解企业情况，诊断出Y公司在风险防控、日常管理方面存在缺乏招投标管理制度，内部审批不严，账簿登记不实，守法意识不强，工资发放不规范等诸多问题，指导企业制定覆盖生产经营全过程、各环节和管理层级的合规计划，确定3个月的考察期。整改过程中，第三方组织每月将合规计划执行情况通报双方检察机关及第三方机制管委会，四方会商后对合规计划及执行情况提出修改完善意见建议，定期跟踪调度，并于考察期满后出具对涉案企业的合规考察报告。同时，沂水县检察院积极建议县工商联、县市场监管局指派专人，参照Y公司合规计划，一并督促做好关联企业H公司的合规整改。

三是组建巡回检查小组，对第三方组织履职情况开展"飞行监管"。沂水县第三方机制管委会制定《沂水县企业合规改革试点巡回检查小组工作方案》，结合本案案情，选取6名熟悉企业经营和法律知识的人大代表、政协委员、人民监督员组成巡回检查小组。巡回检查小组和办案检察官通过不预先告知的方式，深入两个企业进行实地座谈，现场抽查Y公司近期中标的招标项目，对第三方组织履职情况以及企业合规整改情况进行"飞行监管"。通过现场核查，认为涉案企业整改到位，未发现第三方组织不客观公正履职情况。

四是延伸检察职能，扩大办案效果。承办检察官在全面审查合规考察报告和案件情况的基础上，提出拟不起诉意见。为确保公开公正，检察机关邀请政协委员、人民监督员和第三方机制管委会成员等5人组成听证团，对该案进行合规验收听证，听证人员一致同意检察机关意见。2021年10月，沂水县检察院经综合评估案情、企业合规整改、公开听证等情况，认为Y公司、姚某明等人主动投案、认罪认罚，主观恶性较小，串通投标次数较少，且案发后有效进行企业合规整改，建立健全相关制度机制堵塞管理漏洞，依法合规经营不断创造利税，社会危害性较小，对Y公司、姚某明等人依法作出相对不起诉决定。同时，针对办案过程中发现的问题，沂水县检察院建议行政主管部门对Y公司及其他公司出借资质的行为依法处理；向财政、教育、市场监管三部门发出完善招投标管理、堵塞制度漏洞等检察建议，建议进一步严格落实行贿犯罪查询、政府采购活动中违法违规行为查询等制度规定，加强对招标代理公司管理。

当地市场监管等部门积极采纳检察建议，开展招投标领域专项整治，对2021年以来60余个招投标项目全面清查，发现标前审查不严格、招标代理机构管理不规范等问题21个，并针对问题逐项整改；举办行业管理人员、招标代理机构专题培训，建立健全投标单位标前承诺制度、违法违规行为强制查询制度，对专项整治以来中标项目进行动态跟踪，畅通违法行为举报途径、加大惩罚力度，强化行政监管，有效遏制了串标、围标等违法行为发生。

三、典型意义

第一，积极探索，对第三方组织开展“飞行监管”。该案中，为确保企业合规建设和第三方组织监督工作依法、规范、有序进行，第三方机制管委会组建巡回检查小组，探索建立“飞行监管”机制，对第三方组织及其组成人员的履职情况开展不预先告知的现场抽查和跟踪监督。实践中，第三方机制管委会可以牵头组建巡回检查小组，邀请人大代表、政协委员、人民监督员、退休法官、检察官以及会计、审计、法律、合规等相关领域的专家学者担任巡回检查小组成员开展巡回检查，并将检查情况及时报告第三方机制管委会及其联席会议，提出改进工作的意见建议。

第二，强化协作配合，促进关联企业共同整改。该案探索建立第三方监督评估异地协作模式，对涉案企业开展合规建设。同时由行政主管部门加强对关联企业合规整改的监督指导。经过共同监管，涉案企业及关联企业专门聘请法律顾问进行合规建设，同时建立每月述职谈合规、合规学习、员工管理、财务管理、举报制度等相关机制。整改期间，Y公司参与了六个项目的招投标，依法合规承揽工程2000余万元，稳定持续提供就业岗位200余个。同时，各职能部门在各自管理环节落实“谁执法，谁普法”，加强正面引导和反面警示，让招投标领域相关从业人员正确判断自己的行为性质，遵规守法，加强行业自律。

第三，注重行业治理，实现“办理一案、治理一片”效果。近年来，不法分子为经济利益所驱动，在工程建设、设备采购等多个领域大肆“串标”“围标”,不仅严重扰乱市场经济秩序,侵害其他招投标当事人合法利益,还给工程质量、安全管理带来隐患,各方务必高度重视,采取有力措施加以解决。该案中,检察机关积极延伸办案职能,主动作为,注重加强与相关行政主管部门的沟通协作,用好公开听证、检察意见、检察建议组合拳,促进从个案合规提升为行业合规,助力在招投标领域形成合规建设的法治氛围,努力实现“办理一起案件、扶助一批企业、规范一个行业”的良好示范效应。

案例八

随州市 Z 公司康某某等人重大责任事故案

——在涉企危害生产安全犯罪案件中适用企业合规推动当地企业强化安全生产意识

【关键词】

重大责任事故　专项合规整改　第三方监督评估　安全生产

【要旨】

针对涉案企业安全生产管理中漏洞,检察机关深入开展社会调查,积极引导企业开展合规建设。检察机关委托应急管理局、市场监督管理局、工商联等第三方监督评估机制管委会成员单位以及安全生产协会,共同组成第三方监督评估组织,指导涉案企业及其相关人员结合履行合规计划,认真落实安全生产职责。检察机关对合规考察结果认真审查,组织召开公开听证会,确保合规整改效果,推动当地企业强化安全生产意识。

一、基本案情

湖北省随州市 Z 有限公司(以下简称 Z 公司)系当地重点引进的外资在华食品加工企业,康某某、周某某、朱某某分别系该公司行政总监、安环部责任人、行政部负责人。

2020 年 4 月 15 日,Z 公司与随州市高新区某保洁经营部法定代表人曹某某签订污水沟清理协议,将食品厂洗衣房至污水站下水道、污水沟内垃圾、污泥的清理工作交由曹某某承包。2020 年 4 月 23 日，曹某某与其同事刘某某违规进入未将盖板挖开的污水沟内作业时，有硫化氢等有毒气体溢出，导致二人与前来救助的吴某某先后中毒身亡。随州市政府事故调查组经调查后认定该事故为一起生产安全责任事故。曹某某作为清污工程的承包方，不具备有限空间作业的安全生产条件，在未为作业人员配备应急救援装备及物资，未对作业人员进行安全培训的情况下，违规从事污水沟清淤作业，导致事故发生，对事故负有直接责任。康某某、周某某、朱某某作为 Z 公司分管和负责安全生产的责任人，在与曹某某签订合同以及曹某某实施清污工程期间把关不严，未认真履行相关工作职责，未及时发现事故隐患，导致发生较大生产安全事故。案发后，康某某、周某某、朱某某先后被公安机关采取取保候审措施，Z 公司分别对曹某某等三人的家属进行赔偿，取得了谅解。2021 年 1 月 22 日，随州市公安局曾都区分局以康某某、周某某、朱某某涉嫌重大责任事故罪移送随州市曾都区检察院审查起诉。

二、企业合规整改情况及效果

一是审查启动企业合规考察。曾都区检察院经审查认为，康某某等人涉嫌重大责任事故罪，属于企业人员在生产经营履职过程中的过失犯罪，同时反映出涉案企业存在安全生产管理制度不健全、操作规程执行不到位等问题。事故报告认定被害人曹某某对事故负有直接责任，结合三名犯罪嫌疑人的相应管理职责，应当属于次要责任。三人认罪认罚，有自首情节，依法可以从宽、减轻处罚。Z 公司系外资在华企业，是当地引进的重点企业，每年依法纳税，并解决 2500 余人的就业问题，对当地经济助力很大。且 Z 公司所属集团正在积极准备上市，如果公司管理人员被判刑，对公司发展将造成较大影响。2021 年 5 月，检察机关征询 Z 公司意见后，Z 公司提交了开展企业合规的申请书、书面合规承诺以及企业经营状况、纳税就业、社会贡献度等证明材料，检察机关经审查对 Z 公司作出合规考察决定。

二是精心组织第三方监督评估。检察机关委托当地应急管理局、市场监督管理局、工商联等第三方监督评估机制管委会成员单位以及安全生产协会，共同组成了第三方监督评估组织。第三方组织指导涉案企业结合事故调查报告和整改要求，按照合规管理体系的标准格式制定、完善合规计划；建立以法定代表人为负责人、企业部门全覆盖的合规组织架构；健全企业经营管理需接受合规审查和评估的审查监督、风险预警机制；完善安全生产管理制度和定期检查排查机制，从制度上预防安全事故再发生，初步形成安全生产领域“合规模板”。Z 公司在合规监管过程中积极整改并向第三方组织书面汇报合规计划实施情况。2021 年 8 月，第三方组织对 Z 公司合规整改及合规建设情况进行评估，并报第三方机制管委会审核，Z 公司通过企业合规考察。

三是公开听证依法作出不起诉决定。检察机关在收到评估报告和审核意见后组织召开公开听证会，邀请省人大代表、省政协委员、人民监督员、公安机关和行政监管部门代表、工商联代表以及第三方组织代表参加听证，参会人员一致同意检察机关对康某某等三人作不起诉处理。2021 年 8 月 24 日，检察机关依法对康某某、周某某、朱某某作出不起诉决定。

Z 公司通过开展合规建设，逐步建立起完备的生产经营、安全防范、合规内控的管理体系，企业管理人员和员工的安全生产意识和责任感明显增强，生产效益得到进一步提升。

三、典型意义

第一，检察机关积极稳妥在涉企危害生产安全犯罪案件中适用企业合规，推动当地企业强化安全生产意识。检察机关为遏制本地生产安全事故多发频发势头，保护人民群众生命财产安全，教育警示相关企业建立健全安全生产管理制度，积极稳妥选择在安全生产领域开展企业合规改革试点。涉企危害生产安全犯罪具有不同于涉企经济犯罪、职务犯罪的特点，检察机关需要更加深入细致开展社会调查，对涉企危害生产安全犯罪的社会危害性以及合规整改的必要性、可行性进行全面评估，确保涉案企业“真整改”“真合规”，切实防止“边整改”“边违规”。

第二，检察机关在企业合规试点中注意“因罪施救”“因案明规”。在合规整改期间，检察机关针对危害生产安全犯罪的特点，建议第三方组织对企业合规整改情况定期或不定期进行检查，确保企业合规整改措施落实落细。

同时,第三方组织还根据检察机关建议,要求企业定期组织安全生产全面排查和专项检查,组织作业人员学习生产安全操作规程,加强施工承包方安全资质审查,配备生产作业防护设备,聘请专家对企业人员进行专项安全教育培训并考试考核。涉案企业通过合规整改,提高了安全生产隐患排查和事故防范能力,有效防止再次发生危害生产安全违法行为。

第三,检察机关积极适用第三方机制,确保监督评估的专业性。本案中,检察机关紧密结合涉企危害生产安全犯罪特点,有针对性加强与第三方机制管委会沟通协调,由安全生产领域相关行政执法机关、行业协会人员组成第三方组织,应急管理部门相关人员担任牵头人,提升监督评估专业性。第三方组织围绕本案中造成生产安全责任事故的重要因素,如未认真核验承包方作业人员劳动防护用品、应急救援物资配备等情况,未及时发现承包方劳动防护用品配备不到位等问题,指导涉案企业及其相关人员结合履行合规计划,认真落实安全生产职责,细致排查消除安全生产隐患,确保合规整改取得实效。

案例九

深圳X公司走私普通货物案

——持续开展合规引导,做好刑事司法与行政管理行业治理的衔接贯通

【关键词】

合规激励　第三方监督评估　行刑衔接　合规传导

【要旨】

积极探索检察履职与企业合规的结合方式,发挥少捕、慎诉等刑事司法政策的优势,激励企业加强合规管理。在涉案企业进行合规整改的过程中,检察机关应发挥程序性主导作用及保持中立性,推动企业真正依法合规经营。通过检察履职传导合规理念,加强与行政机关的沟通协作,促进“合规

互认”,提升合规效果,增强参与力量,形成保护民营经济健康发展合力。

一、基本案情

X股份有限公司(以下简称X公司)系国内水果行业的龙头企业。2018年开始,X公司从其收购的T公司进口榴梿销售给国内客户。张某某为T公司总经理,负责在泰国采购榴梿并包装、报关运输至香港;曲某某为X公司副总裁,分管公司进口业务;李某、程某分别为X公司业务经理,负责具体对接榴梿进口报关、财务记账、货款支付等。

X公司进口榴梿海运主要委托深圳、珠海两地的S公司(另案处理)代理报关。在报关过程中,由S公司每月发布虚假“指导价”,X公司根据指导价制作虚假采购合同及发票用于报关,报关价格低于实际成本价格。2018年至2019年,X公司多次要求以实际成本价报关,均被S公司以统一报价容易快速通关等行业惯例为由拒绝。2019年4月后,经双方商议最终决定以实际成本价报关。

2019年12月12日,张某某、曲某某、李某、程某被抓获归案。经深圳海关计核,2018年3月至2019年4月,X公司通过S公司低报价格进口榴梿415柜,偷逃税款合计397万余元。案发后,X公司规范了报关行为,主动补缴了税款。2020年1月17日,深圳市检察院以走私普通货物罪对张某某、曲某某批准逮捕,以无新的社会危险性为由对程某、李某作出不批准逮捕决定。2020年3月3日,为支持疫情期间企业复工复产,根据深圳市检察院建议,张某某、曲某某变更强制措施为取保候审。2020年6月17日,深圳海关缉私局以X公司、张某某、曲某某、李某、程某涉嫌走私普通货物罪移送深圳市检察院审查起诉。

二、企业合规整改情况及效果

一是精准问诊,指导涉案企业扎实开展合规建设。2020年3月,在深圳市检察院的建议下,X公司开始启动为期一年的进口业务合规整改工作。X公司制订的合规计划主要针对与走私犯罪有密切联系的企业内部治理结构、规章制度、人员管理等方面存在的问题,制定可行的合规管理规范,构建有效的合规组织体系,完善相关业务管理流程,健全合规风险防范报告机制,弥补企业制度建设和监督管理漏洞,防止再次发生类似违法犯罪。经过前期合规整改,X公司在集团层面设立了合规管理委员会,合规部、内控部与审计部形成合规风险管理的三道防线。加强代理报关公司合规管理,明确在合同履行时的责任划分。聘请进口合规领域的律师事务所、会计师事务所对重点法律风险及其防范措施提供专业意见,完善业务流程和内控制度。建立合规风险识别、合规培训、合规举报调查、合规绩效考核等合规体系运行机制,积极开展合规文化建设。X公司还制定专项预算,为企业合规体系建设和维护提供持续的人力和资金保障。合规建设期间,X公司被宝安区促进企业合规建设委员会(以下简称宝安区合规委)列为首批合规建设示范企业。鉴于该公司积极开展企业合规整改,建立了较为完善的合规管理体系,实现合规管理对所有业务及流程的全覆盖,取得阶段性良好效果,为进一步支持民营企业复工复产,深圳市检察院于2020年9月9日对X公司及涉案人员作出相对不起诉处理,X公司被不起诉后继续进行合规整改。

二是认真开展第三方监督评估,确保企业合规整改效果。为检验合规整改效果,避免“纸面合规”“形式合规”,深圳市宝安区检察院受深圳市检察院委托,于2021年6月向宝安区合规委提出申请,宝安区合规委组织成立了企业合规第三方监督评估工作组,对X公司合规整改情况进行评估验收和回访考察。第三方工作组通过查阅资料、现场检查、听取汇报、针对性提问、调查问卷等方式进行考察评估并形成考察意见。工作组经考察认为,X集团的合规整改取得了明显效果,制定了可行的合规管理规范,在合规组织体系、制度体系、运行机制、合规文化建设等方面搭建起了基本有效的合规管理体系,弥补了企业违法违规行为的管理漏洞,从而能够有效防范企业再次发生相同或者类似的违法犯罪。通过合规互认的方式,相关考察意见将作为深圳海关对X公司作出行政处理决定的重要参考。为了确保合规整改的持续性,考察结束后,第三方工作组继续对X集团进行为期一年的回访考察。

三是强化合规引导,做好刑事司法与行政管理、行业治理的衔接贯通。深圳市检察院在该案办理过程中,在合规整改结果互认、合规从宽处理等方面加强与深圳海关的沟通协作,形成治理合力,共同指导 X 公司做好合规整改,发挥龙头企业在行业治理的示范作用。整改期间,X 公司积极推动行业生态良性发展,不仅主动配合海关总署关税司工作,不定期提供公司进口水果的采购价格,作为海关总署出具验估价格参数的参照标准,还参与行业协会调研、探讨开展定期价格审查评估与监督机制。针对案件办理过程中发现的行政监管漏洞、价格低报等行业普遍性问题,深圳市检察院依法向深圳海关发出《检察建议书》并得到采纳。深圳海关已就完善进口水果价格管理机制向海关总署提出合理化建议,并对报关行业开展规范化管理以及加强普法宣讲,引导企业守法自律。

开展合规整改以来,X 集团在合法合规的基础上,实现了年营业收入 25%、年进口额 60% 的逆势同比增长。2021 年 8 月 10 日 X 集团被评为深圳市宝安区"3A"信用企业(3A:海关认证、纳税信用、公共信用),同年 9 月 9 日被评为诚信合规示范企业。

三、典型意义

第一,落实少捕、慎诉、慎押刑事司法政策,降低办案对企业正常生产经营的影响。该案中,鉴于 X 公司长期以正规报关为主,不是低报走私犯意的提起者,系共同犯罪的从犯,案发后积极与海关、银行合作,探索水果进口合规经营模式,深圳市检察院经过社会危险性量化评估,对重要业务人员李某、程某作出不捕决定。在跟踪侦查进展,深入了解涉案企业复工复产状况的基础上,深圳市检察院对两名高管张某某、曲某某启动捕后羁押必要性审查。经审查,深圳市检察院认为该案事实已经查清,主要证据已收集完毕,建议侦查机关将两名高管变更强制措施回归企业。后侦查机关根据建议及时对张某某、曲某某变更为取保候审,有效避免企业生产停顿带来的严重影响。

第二,坚守法定办案期限,探索合规考察不局限于办案期限的模式。企业合规改革试点要依法有序推进,不能随意突破法律。改革试点中,如何处理合规考察期限和办案期限的关系是亟须厘清的重要问题。根据案件采取强制措施方式的不同,至多存在六个半月或一年的不同办案期限。本案中,涉案企业作为大型民营企业,其涉案合规风险点及合规管理体系建设较为复杂,合规整改时间无法在案件办理期限内完成。作为企业合规改革第一批试点地区,深圳检察机关根据涉案企业阶段性的合规整改情况作出不起诉决定后,持续督促其进行合规整改,合规考察期限届满后通过第三方工作组开展合规监督评估,确保合规整改充分开展、取得实效。

第三,积极促成“合规互认”,彰显企业合规程序价值。检察机关对涉案企业作出不起诉决定后,行政执法机关仍需对涉案企业行政处罚的,检察机关可以提出检察意见。在企业合规整改期限较长的情况下,合规程序往往横跨多个法律程序,前一法律程序中已经开展的企业合规能否得到下一法律程序的认可,是改革试点实践中普遍存在的问题。本案中,深圳市检察机关对涉案企业开展第三方监督评估后,积极促成“合规互认”,将企业合规计划、定期书面报告、合规考察报告等移送深圳海关,作为海关作出处理决定的重要参考,彰显了企业合规的程序价值。

第四,设置考察回访程序,确保合规监管延续性。企业合规监督评估后,涉案企业合规体系是否能实现持续有效地运转,直接关系到合规整改的实效。本案中,第三方工作组针对涉案企业合规管理体系建设尚待完善之处,再进行为期一年的企业合规跟踪回访,助力企业通过持续、全面合规打造核心竞争力。

案例十
海南文昌市S公司、翁某某掩饰、隐瞒犯罪所得案

——非试点地区在法律框架内积极开展企业合规改革相关工作
因地制宜推动第三方监督评估机制规范运行

【关键词】

掩饰、隐瞒犯罪所得　第三方监督评估　公开听证　轻缓量刑建议

【要旨】

非试点地区严格按照法律规定和企业合规改革的精神,在本地选择符

合条件的涉案高新技术民营企业开展企业合规考察。结合案发原因指导企业制订切实可行的合规计划,根据地方实际,推动第三方监督评估机制规范运行。企业合规整改结束后,检察机关组织公开听证,综合考虑案情及合规考察效果,对涉案企业及责任人依法提起公诉,并提出轻缓量刑建议。

一、基本案情

海南省文昌市S科技开发有限公司(以下简称S公司)系当地高新技术民营企业,翁某某系该公司厂长。

2015年至2016年,张某某(另案处理)在海南省文昌市翁田镇某处实施非法采矿,经张某某雇请的王某某(另案处理)联系,将采挖的石英砂出售给S公司。S公司厂长翁某某为解决生产原料来源问题,在明知石英砂为非法采挖的情况下,仍予以收购,共计3.69万吨。随后,翁某某安排公司财务部门通过公司员工陈某某及翁某某个人账户,将购砂款转账支付给王某某,王某某再将钱取出交给张某某。经审计,S公司支付石英砂款共计125万余元。

2020年2月,文昌市公安局在侦查张某某涉恶犯罪团伙案件时,发现翁某某涉嫌掩饰、隐瞒犯罪所得犯罪线索。2021年1月,翁某某经公安机关传唤到案后,如实供述犯罪事实,自愿认罪认罚。2021年2月,文昌市公安局以翁某某涉嫌掩饰、隐瞒犯罪所得罪移送文昌市检察院审查起诉。检察机关经审查,以涉嫌掩饰、隐瞒犯罪所得罪追加S公司为被告单位。

二、企业合规整改情况及效果

一是认真审查启动企业合规。检察机关经审查了解,S公司、翁某某涉嫌掩饰、隐瞒犯罪所得罪,反映出该公司及其管理人员过度关注生产效益,片面追求经济利益,法律意识较为淡薄。S公司系高新技术民营企业,生产的产品广泛应用于航天、新能源、芯片等领域,曾荣获全国优秀民营科技企业创新奖,现有员工80余人,年产值2000余万元。2021年3月,经S公司申请,检察机关启动合规整改程序,要求该公司对自身存在的管理漏洞进行全面自查并开展合规整改。2021年4月,S公司提交了合规整改承诺书,由公司董事会审核通过,并经检察机关审查同意,企业按照要求进行合规整改。

二是扎实开展第三方监督评估。2021 年 7 月，由文昌市自然资源和规划局、市场监督管理局、税务局、综合行政执法局、工商联等单位的相关人员以及人大代表、政协委员、律师代表等组成的第三方监督评估组织，对 S 公司合规整改情况进行评估验收。2021 年 8 月，第三方监督评估组织出具评估验收报告，认为 S 公司已经按照要求进行合规整改，建立了较为完善的内控制度和管理机制，可以对类似的刑事合规风险进行识别并有效预防违法犯罪。检察机关就 S 公司是否符合从宽处理条件及案发后合规整改评估情况举行公开听证会，充分听取人大代表、政协委员、律师代表和相关行政部门负责人的意见，还邀请人民监督员参加，全程接受监督。听证会上，听证员、人民监督员一致同意检察机关对 S 公司和翁某某的从宽处理意见，同时认可该企业的整改结果。

三是综合考虑提出轻缓量刑建议。2021 年 9 月，文昌市检察院根据案情，结合企业合规整改情况，以 S 公司、翁某某涉嫌掩饰、隐瞒犯罪所得罪依法提起公诉，并提出轻缓量刑建议。2021 年 11 月，文昌市法院采纳检察机关全部量刑建议，以掩饰、隐瞒犯罪所得罪分别判处被告单位 S 公司罚金 3 万元；被告人翁某某有期徒刑一年，缓刑一年六个月，并处罚金人民币 1 万元；退缴的赃款 125 万余元予以没收，上缴国库。判决已生效。

三、典型意义

第一，非试点地区在法律框架内积极开展企业合规改革相关工作。文昌市检察院充分认识开展涉案企业合规改革工作的重大意义，作为非试点地区积极主动作为，全面梳理排查 2020 年以来受理的涉企刑事案件，建立涉企案件台账，通过严把企业合规案件的条件和范围，精心选定开展企业合规改革工作的重点案件。

第二，结合案发原因，指导企业制订切实可行的合规计划。检察机关经审查认为，S 公司在合规经营方面主要存在两个方面的明显漏洞，首先是合同签订履行存在违法风险，其次是财务管理存在违规漏洞。有鉴于此，有针对性地指导企业重点围绕建立健全内部监督管理制度进行整改，督促企业在业务审批流程中增加合规性审查环节，建立起业务流程审批—法律事务审核(合规性审查)—资金收支规范—集团公司审计四个方面全流程监管体系,有效防控无书面合同交易、坐支现金等突出问题。

第三,根据本地实际,推动第三方监督评估机制规范运行。作为非试点地区,检察机关商请当地自然资源和规划局、市场监督管理局、税务局、综合行政执法局、工商联等单位的业务骨干以及人大代表、律师代表组成第三方组织对S公司合规整改情况进行评估验收,评估方式包括召开座谈会、查阅公司资料和台账、对经营场所检查走访等。各方面专业人员在此基础上结合各自职责范围出具评估验收报告,督促涉案企业履行合规承诺,促进企业合规经营。

第四,充分履行检察职能,确保合规工作取得实效。本案中,检察机关结合办案发现、研判企业管理制度上的漏洞,向涉案企业制发检察建议,有针对性地指出问题,提出整改建议要求,督促涉案企业履行合规承诺。同时,还派员不定期走访S公司及相关单位,持续对合规整改进行跟踪检查并提出意见建议。整改完成后,及时公开听证,做到“能听证、尽听证”。目前,S公司在合规整改完成后,已妥善解决生产原料来源问题,经营状况良好。

附录二

及时推广试点工作经验
深入推进企业合规改革

——最高人民检察院第四检察厅负责人就

《企业合规典型案例(第二批)》答记者问

(2021 年 12 月)

日前,最高人民检察院对外发布了第二批《企业合规典型案例》。记者就这批典型案例的背景、主要内容和意义专门采访了最高人民检察院第四检察厅负责人。

问:最高检就企业合规改革试点工作连续发布两批典型案例,主要考虑是什么?

答:企业合规改革试点工作是检察机关全面贯彻习近平法治思想,充分发挥检察职能作用,服务保障经济社会高质量发展,助力推进国家治理体系和治理能力现代化的改革创新举措。2020 年 3 月起,最高检在上海、江苏、山东、广东的 6 家基层检察院试点开展"企业犯罪相对不起诉适用机制改革",围绕推进企业合规建设做了一些探索实践,积累了一些经验做法,受到企业欢迎,也得到当地党委政府和社会各界的认可、支持。在今年全国两会上,这项工作得到全国人大代表、全国政协委员的充分肯定。两会后,全国人大常委会将"平等保护民营企业,促进企业合规经营"列为重点督办建议选题,由最高检主办。为进一步推进涉案企业合规改革试点向纵深发展,2021 年 3 月最高检决定扩大试点范围,部署在北京、上海、江苏、浙江等 10 个省份开展为期一年的第二期试点工作。6 月 3 日,最高检会同国务院国资委、财政部、全国工商联等部门联合发布《关于建立涉案企业合规第三方监督评估机制的指导意见(试行)》(以下简称《指导意见》),对在依法推进企业合规改革试点中建立健全第三方监督评估机制作出具体规定,同时发布第一批4件企业合规典型案例。

目前,第二期改革试点工作已取得显著进展,截至11月底10个试点省份共办理涉案企业合规案件525件,其中适用第三方监督评估机制案件254件。案件类型、适用罪名逐步多样化,案例的代表性、影响力逐步提升。"一个案例胜过一沓文件"。为贯彻落实最高检党组关于常态化发布企业合规典型案例的指示精神,根据改革试点工作形势发展需要,我们及时总结改革实践中的成功经验,从各地办理的案例中选出6件不同类型的案例,作为第二批企业合规典型案例对外发布。第二批企业合规典型案例与第一批相比,涉及面更广,内容更丰富,体例也有较大变化。第二批典型案例按照基本案情、企业合规整改情况及效果、典型意义三个部分编写,每个案例除了副标题,还增加了关键词和要旨,以突出体现企业合规试点工作的做法和意义,其中典型意义分层次列出要点,以便各地参考借鉴。

问:此次公布的企业合规典型案例,主要涉及哪些类型?

答:此次公布的6件企业合规典型案例,立足于正面引导,以适用第三方监督评估机制为重点,着力反映企业合规流程、第三方机制的启动与运行、合规整改效果、检察机关的主导作用以及典型意义等,既体现检察机关对涉案合规企业的"真严管、真厚爱",又较好发挥案例本身的指导意义。这批案例都是检察机关在试点实践中刚刚办理的案件,地域涉及上海(浙江)、江苏、山东、湖北、广东、海南等省市,罪名涉及假冒注册商标、销售假冒注册商标的商品、串通投标、重大责任事故、走私普通货物、掩饰、隐瞒犯罪所得等。特点包括企业合规异地适用第三方机制、与"挂案"清理相结合、行刑衔接、推动行业治理、巡回检查、与认罪认罚从宽制度相结合、非试点地区在法律框架内积极开展合规试点等。其中既有合规考察以后作出不起诉决定的,也有提起公诉判处轻缓刑罚的。既有试点地区的案例,也有非试点地区海南的案例。

具体而言,上海J公司、朱某某假冒注册商标案,是上海、浙江两地检察机关依托长三角一体化协作平台，对涉案企业异地适用第三方监督评估机制的案例；张家港S公司、睢某某销售假冒注册商标的商品案，是检察机关应公安机关邀请介入侦查认定“挂案”性质，积极引导涉案小微企业开展合规建设的案例；山东沂南县Y公司、姚某明等人串通投标案，是检察机关异地协作开展第三方监督评估，对第三方组织开展“飞行监管”，促进当地招投标领域行业治理的案例；随州市Z公司康某某等人重大责任事故案，是检察机关在涉企危害生产安全犯罪案件中适用企业合规，推动当地企业强化安全生产意识的案例；深圳X公司走私普通货物案，是检察机关持续开展合规引导，做好刑事司法与行政管理、行业治理衔接贯通的案例；海南文昌市S公司、翁某某掩饰、隐瞒犯罪所得案，是非试点地区检察机关在法律框架内积极开展企业合规改革相关工作，因地制宜推动第三方监督评估机制规范运行的案例。

问：这批典型案例体现了企业合规改革试点哪些经验做法？

答：结合前期试点工作情况，这批案例主要体现了以下几方面的经验做法。一是推动企业合规与依法适用认罪认罚从宽制度和检察建议相结合。对于涉企案件，在坚持和落实能不捕的不捕、能不诉的不诉、能不判实刑的提出判缓刑的量刑建议等司法政策的同时，通过检察建议督促企业进行合规建设、履行合规承诺。这批6个典型案例中，都是检察机关针对办案发现的企业经营管理中的突出问题，通过第三方监督评估机制对涉案企业开展扎实有效的合规整改，涉案企业和涉案人员在认罪认罚的基础上都得到了不起诉或轻缓的刑事处理。二是推动企业合规与依法清理“挂案”相结合。在张家港S公司、睢某某销售假冒注册商标的商品案中，检察机关对尚未进入检察环节的案件，应公安机关邀请介入侦查，深入开展个案会商认定“挂案”性质，共同推进清理。对适用企业刑事合规条件的案件，积极引导涉案企业开展合规建设，引入第三方组织进行监督评估，规范推进合规监督考察和“挂案”清理工作，建立长效机制，实现精准监督。三是推动企业合规与依法适用不起诉相结合。依法对涉案企业及其负责人作出不捕、不诉决定，不是简单一放了之，而是通过对企业提出整改意见，推动企业合规建设，建立第三方评估制度，进行合规考察等后续工作，让涉案企业既为违法犯罪付出代价，又吸取教训建立健全防范再犯的合规制度，维护正常经济秩序。比如，在随州市Z公司康某某等人重大责任事故案中，检察机关在对康某某等人作出相对不起诉决定的同时，督促该公司通过合规建设，建立起完备的生产经营、安全防范、合规内控的管理体系，企业安全生产意识明显增强，生产效益得到进一步提升。四是推动企业合规与经济、行政处罚相衔接。对于涉企案件，依法可以不予追诉但经济上、行政上需要追责的，向有关主管部门提出检察意见。在深圳X公司走私普通货物案中，通过合规互认的方式，相关考察意见成为行政处理的重要参考。同时，深圳市检察机关针对办案中发现的行政监管漏洞、价格低报等行业普遍性问题，依法向深圳海关发出检察建议书并得到采纳。深圳海关已就完善进口水果价格管理机制向海关总署提出合理化建议，并对报关行业开展规范化管理，加强普法宣讲，引导企业守法自律。

问：这批企业合规典型案例中有两个案例涉及异地适用第三方机制，请您简要介绍一下相关情况。

答：在上海J公司、朱某某假冒注册商标案中，针对涉案企业注册地、生产经营地和犯罪地分离的情况，上海、浙江检察机关依托长三角区域检察协作平台，通过个案办理探索建立企业合规异地协作工作机制，确立了“委托方发起”“受托方协助”“第三方执行”的合规考察异地协作模式。在山东沂南县Y公司、姚某明等人串通投标案中，沂水县检察院结合涉案企业所在地为沂南县、犯罪地为沂水县的实际，多次与两地第三方机制管委会及沂南县检察院沟通交流，共同签订企业合规异地协作协议，并由沂南、沂水两地第三方机制管委会从专业人员名录库中抽取律师、市场监管、工商联人员5人组建第三方组织，对涉案企业合规建设开展监督评估。两个案例在合力破解异地社会调查、监督考察、行刑衔接等难题方面作出积极探索，降低了司法办案成本，提升了办案质效，为推动区域行业现代化治理提供了实践样本。

根据试点实践对第三方监督评估异地协作的迫切需要，最高检在《指导意见》实施细则中作出规定，明确涉案企业、人员的居住地与案件办理地不一致的，案件办理地第三方机制管委会可以委托涉案企业、人员居住地第三方机制管委会选任组成第三方组织并开展监督评估，或者可以通过第三方机制管委会成员单位及其所属或者主管的行业协会、商会、机构的异地协作机制，协助开展监督评估。

问：请您解释一下案例中提到的"巡回检查小组""飞行监管"的具体含义是什么。

答：为确保企业合规建设和第三方组织公正规范履职，切实防止和避免诸如"虚假整改""合规腐败"等问题，《指导意见》第九条对巡回检查制度作出明确规定。在山东沂南县 Y 公司、姚某明等人串通投标案中，第三方机制管委会选取 6 名熟悉企业经营和法律知识的人大代表、政协委员、人民监督员组成巡回检查小组，探索建立"飞行监管"机制。巡回检查小组和办案检察官通过不预先告知的方式，深入到两个企业进行实地座谈，现场抽查涉案企业近期中标的招标项目，对第三方组织履职情况以及企业合规整改情况进行"飞行监管"。

根据《指导意见》精神，第三方机制管委会可以牵头组建巡回检查小组，邀请人大代表、政协委员、人民监督员、退休法官、检察官以及会计、审计、法律、合规等相关领域的专家学者担任巡回检查小组成员开展巡回检查，对第三方组织及其组成人员的履职情况开展不预先告知的现场抽查和跟踪监督，并将检查情况及时报告第三方机制管委会及其联席会议，提出改进工作的意见建议。

问：海南作为非试点省份这次也有案例入选第二批企业合规典型案例，出于何种考虑？

答：第二期企业合规改革试点开展以来，不少非试点省份以及试点省份的非试点地区也积极要求开展试点。今年 8 月，最高检党组经过慎重研究，明确非试点地区也可以在法律框架内探索推进企业合规改革。一些非试点省份不等不靠，积极发挥主观能动性，结合自身实际在法律框架内不同程度开展企业合规工作，目前已有部分案件适用了企业合规考察机制。其中，吉林已办理合规案件 34 件,安徽、四川、广西、河北、江西、海南等地也有一定数量的合规案件。本批案例中,海南文昌市 S 公司、翁某某掩饰、隐瞒犯罪所得案就是非试点地区入选的企业合规典型案例。

该案中,文昌市检察院首先全面梳理排查 2020 年以来受理的涉企刑事案件,严把企业合规案件的条件和范围,确定该案开展企业合规。检察机关结合办案发现、研判企业管理制度上的漏洞,向涉案企业制发检察建议,有针对性地指出问题,提出整改建议要求,督促涉案企业履行合规承诺。作为非试点地区,检察机关商请当地自然资源和规划局、市场监督管理局、税务局、综合行政执法局、工商联等单位的业务骨干以及人大代表、律师代表组成第三方组织对涉案企业合规整改情况进行评估验收,评估方式包括召开座谈会、查阅公司资料和台账、对经营场所检查走访等。各方面专业人员在此基础上结合各自职责范围出具评估验收报告,督促涉案企业履行合规承诺,促进企业合规经营。同时,检察机关还派员不定期走访涉案企业及相关单位,持续对合规整改进行跟踪检查并提出意见建议。整改完成后,及时组织公开听证。目前,涉案企业在合规整改完成后,已妥善解决生产原料来源问题,经营状况良好。综上,我们认为,该案例合规程序完备,合规工作扎实,合规效果明显,值得广大非试点地区学习借鉴。同时,我们将进一步加强对非试点地区企业合规办案工作的引导,及时掌握情况,确保规范有序。

问:这批企业合规典型案例公布后,最高检还有哪些后续措施?

答:下一步,最高检将根据企业合规改革形势发展需要,加强办案指导,严格备案审查,指导各地加大办案力度,扩展案件类型,提升办案质效,积极培育有代表性、有影响力的企业合规典型案例。同时,我们将针对试点实践中遇到的新情况、新问题,继续整理发布多种类型的企业合规典型案例,持续为各地开展企业合规提供办案指导。除了常态化发布企业合规典型案例之外,我们还计划明年发布一批企业合规指导性案例。

最后,我想强调的是,检察机关办理涉案企业合规案件,任何时候都要严格依法,绝不能搞“法外开恩”。要准确理解企业合规制度的原则精神,认真贯彻宽严相济、少捕慎诉慎押刑事司法政策,在保护企业合法权益的同时，促进企业合规守法经营，预防和减少企业违法犯罪，实现司法办案政治效果、法律效果、社会效果的有机统一。对于涉案企业不能按照合规承诺落实到位，再涉嫌犯罪的，要依法从严追究刑事责任，形成威慑和警示。

附录三

企业合规视角下的虚假诉讼

王朝勇

2020年年初，最高人民检察院提出“依法能不捕的不捕、能不诉的不诉、能不判实刑的就提出适用缓刑建议”的检察政策。2020年3月，最高人民检察院在上海浦东、金山，江苏张家港，山东郯城，广东深圳南山、宝安等6家基层检察院，涉案违法犯罪依法不捕、不诉、不判处实刑的企业合规试点改革正式拉开帷幕。最高人民检察院党组书记、检察长张军在第三届民营经济法治建设峰会上做主旨演讲时指出，企业合规，旨在检察机关在落实“少捕、慎诉、慎押”刑事司法政策的同时，督促涉案企业作出合规承诺并积极整改，既促进涉案企业合规守法经营，也警示潜在缺乏规制约束的企业遵纪守法发展，营造法治化营商环境。

但近年来，一些市场活动参与者为了追求非法利益或逃避应负的法律责任，不惜以捏造的事实向法院起诉。其中不乏一些公司企业，风险防范的管理意识缺失，亦没有守法合规的经营意识，在企业治理过程中奉行经济利益至上的价值导向，不惜违背信用原则，参与虚假诉讼，借此获得非法债权，或者逃避债务，此举不仅侵害了第三方民商事主体的合法权益，也扰乱了司法秩序，更是损害社会诚信，阻碍民营经济发展和优化营商环境建设。可以说，对虚假诉讼行为的打击，亦是规范企业合规、优化法治营商环境的重要手段。

近几年，虚假诉讼出现率逐年递增。根据“中国裁判文书网”司法案例数据库的大数据显示：2015年11月至2020年12月全国虚假诉讼罪案件共计1081件，其中包含一审案件1017件，二审案件63件，再审案件1件，案件类别包括公诉案件与自诉案件，案件审级包括一审、二审和再审。各年份虚假诉讼案件数量分别为 2015 年 1 件、2016 年 39 件、2017 年 105 件、2018 年 206 件、2019 年 341 件、2020 年 389 件。2015 年至 2020 年度全国虚假诉讼罪案件中，民间借贷、建筑业及服务业是本罪发生的主要领域，其余领域为房屋买卖、婚姻、租赁、征地拆迁、股权纠纷、担保纠纷、继承等。虚假诉讼罪案件地域分布情况中，前十省份占案件总数 70% 以上，其中浙江省 219 件、江苏省 112 件、山东省 77 件、上海市 65 件、辽宁省 61 件、河南省 58 件、福建省 51 件、广东省 48 件、安徽省 43 件、黑龙江省 39 件。2015 年至 2020 年度虚假诉讼罪案件中，涉案金额在 1 万元以下的 4 件、1 万元（含）至 5 万元的 50 件、5 万元（含）至 10 万元的 125 件、10 万元（含）至 100 万元的 373 件、100 万元（含）至 1000 万元的 290 件、1000 万元（含）至 5000 万元的 78 件、5000 万元以上的 5 件，涉案金额不详的 206 件。

一、司法改革进程对虚假诉讼的规制

基于虚构证据而提起虚假诉讼的现象一直存在，只是近年来频率增加，就目前看，我国对虚假诉讼的规制主要表现在：

1. 虚假诉讼符合侵权责任的构成，民法中可适用侵权归责

“诚实信用原则”在民法领域被称为“帝王条款”，《民法典》第 6 条规定：“民事主体从事民事活动，应当遵循公平原则，合理确定各方的权利和义务。”第 7 条规定：“民事主体从事民事活动，应当遵循诚信原则，秉持诚实，恪守承诺。”《民事诉讼法》第 13 条第 1 款也规定了诚信原则。对此，相关教授认为，诚实信用要求处于法律上特殊联系的民事主体应忠诚、守信，做到谨慎维护对方的利益、满足对方的正当期待、给对方提供必要的信息等。这虽属法律原则而不能直接适用，但这种法治精神是贯穿在整个诉讼过程中的。虚假诉讼是对诚实信用原则的践踏，在民法领域其完全可归为侵权责任领域，适用“过错归责”。

2. 2021 年《民事诉讼法》对虚假诉讼的最新修订

2021 年《民事诉讼法》出台后，其第 13 条第 1 款规定，“民事诉讼应当遵循诚信原则”。以法条的形式确定了诚信原则在诉讼法的地位。有关教授认为，诚信原则在《民事诉讼法》中主要体现在：当事人真实陈述义务，促进

诉讼进行的义务,禁止以欺骗方法形成不正当的诉讼状态,诉讼上权能的滥用等。尽管法律以条文的形式规定了当事人的诚信义务,但囿于经济利益的诱惑,许多人倾向于利用虚假诉讼的外衣掩盖其非法获取利益的行为。2021 年《民事诉讼法》在法律层面上对其作出了明确规定,该法第 115 条规定,“当事人之间恶意串通,企图通过诉讼、调解等方式侵害他人合法权益的,人民法院应当驳回其请求,并根据情节轻重予以罚款、拘留;构成犯罪的,依法追究刑事责任”。第 116 条规定,“被执行人与他人恶意串通,通过诉讼、仲裁、调解等方式逃避履行法律文书确定的义务的,人民法院应当根据情节轻重予以罚款、拘留;构成犯罪的,依法追究刑事责任”。

3. 2021 年《最高人民法院关于适用〈中华人民共和国民事诉讼法〉的解释》关于虚假诉讼的规定

第 110 条规定,人民法院认为有必要的,可以要求当事人本人到庭,就案件有关事实接受询问。在询问当事人之前,可以要求其签署保证书。保证书应当载明据实陈述、如有虚假陈述愿意接受处罚等内容。当事人应当在保证书上签名或者捺印。负有举证证明责任的当事人拒绝到庭、拒绝接受询问或者拒绝签署保证书,待证事实又欠缺其他证据证明的,人民法院对其主张的事实不予认定。

第 190 条规定,《民事诉讼法》第 115 条规定的他人合法权益,包括案外人的合法权益、国家利益、社会公共利益。第三人根据《民事诉讼法》第 59 条第 3 款规定提起撤销之诉,经审查,原案当事人之间恶意串通进行虚假诉讼的,适用《民事诉讼法》第 115 条规定处理。

第 191 条规定,单位有《民事诉讼法》第 115 条或者第 116 条规定行为的,人民法院应当对该单位进行罚款,并可以对其主要负责人或者直接责任人员予以罚款、拘留;构成犯罪的,依法追究刑事责任。

第 299 条规定,第三人撤销之诉案件审理期间,人民法院对生效判决、裁定、调解书裁定再审的,受理第三人撤销之诉的人民法院应当裁定将第三人的诉讼请求并入再审程序。但有证据证明原审当事人之间恶意串通损害第三人合法权益的,人民法院应当先行审理第三人撤销之诉案件,裁定中止再审诉讼。

4.《最高人民法院关于审理民间借贷案件适用法律若干问题的规定》关于虚假诉讼的规定

第18条规定，人民法院审理民间借贷纠纷案件时发现有下列情形之一的，应当严格审查借贷发生的原因、时间、地点、款项来源、交付方式、款项流向以及借贷双方的关系、经济状况等事实，综合判断是否属于虚假民事诉讼：(1)出借人明显不具备出借能力；(2)出借人起诉所依据的事实和理由明显不符合常理；(3)出借人不能提交债权凭证或者提交的债权凭证存在伪造的可能；(4)当事人双方在一定期限内多次参加民间借贷诉讼；(5)当事人无正当理由拒不到庭参加诉讼，委托代理人对借贷事实陈述不清或者陈述前后矛盾；(6)当事人双方对借贷事实的发生没有任何争议或者诉辩明显不符合常理；(7)借款人的配偶或者合伙人、案外人的其他债权人提出有事实依据的异议；(8)当事人在其他纠纷中存在低价转让财产的情形；(9)当事人不正当放弃权利；(10)其他可能存在虚假民间借贷诉讼的情形。

第19条规定，经查明属于虚假民间借贷诉讼，原告申请撤诉的，人民法院不予准许，并应当依据《民事诉讼法》第115条之规定，判决驳回其请求。诉讼参与人或者其他人恶意制造、参与虚假诉讼，人民法院应当依据《民事诉讼法》第114条、第115条和第116条之规定，依法予以罚款、拘留；构成犯罪的，应当移送有管辖权的司法机关追究刑事责任。单位恶意制造、参与虚假诉讼的，人民法院应当对该单位进行罚款，并可以对其主要负责人或者直接责任人员予以罚款、拘留；构成犯罪的，应当移送有管辖权的司法机关追究刑事责任。

5.《最高人民法院关于防范和制裁虚假诉讼的指导意见》

2016年6月20日，最高人民法院针对当前虚假诉讼常发的现状出台《关于防范和制裁虚假诉讼的指导意见》(以下简称《意见》)。其中明确了虚假诉讼的构成要件，即双方当事人恶意串通，虚构事实，以规避法律、法规或国家政策谋取非法利益为目的，借用合法的民事程序侵害国家利益、社会公共利益或者案外人的合法权益。

《意见》列举了几种虚假诉讼的表现形式如当事人之间关系密切，当事人诉求不合常理，双方积极申请调解并迅速达成调解协议等，以此提醒各级法院在审理此类民事诉讼中应加大对各种证据的审查力度，并尝试使用作证前宣誓制度来提升证人证言的可采性。

本次《意见》的亮点在于对虚假诉讼的惩治配套措施，《意见》第 11 - 13 条规制了制造虚假诉讼的当事人，其承担的比例后果如将其列入“失信人名单制度”、驳回撤诉请求、承担刑事责任等；《意见》第 14 - 16 条是对除当事人以外其他参与诉讼的主体应承担的惩罚性后果列举，由此可以看出在惩治虚假诉讼相关责任人方面，最高人民法院正在构建一个综合性立体式的责任承担框架，其糅合民事责任、刑事责任、行政责任于一体，有效地威慑了试图虚构诉讼损害国家、集体、第三人利益的行为人。此外，《意见》为执法部门提出了更高的要求，督促执法人员加强学习，提高对虚假诉讼的识别能力；各部门之间应积极探索建立多部门协调配合的综合治理机制。该《意见》的出台不仅是最高人民法院对当下虚假诉讼现象的大力出击，更是司法部门从司法领域维护市场经济有序进行的表现。

2016 年 6 月 20 日，最高人民法院发布了《关于防范和制裁虚假诉讼的指导意见》（以下简称《指导意见》），对虚假诉讼再出组合拳。《指导意见》根据《民事诉讼法》等法律，结合司法领域虚假诉讼实际情况，对虚假诉讼的界定、虚假诉讼的表现特征、认定虚假诉讼的途径和方法、对参与虚假诉讼不同主体的制裁以及对虚假诉讼的防范等问题作出详细规定。

《指导意见》共 18 条，比较全面地构建起包括虚假诉讼的释明机制、发现机制、识别机制和制裁机制在内的一整套制度体系。主要包括以下内容：一是明确虚假诉讼的构成要素，使制裁更有针对性，有的放矢。明确虚假诉讼包括以规避法律法规或国家政策谋取非法利益为目的、恶意串通、虚构事实、借用合法的民事程序以及侵害国家利益、社会公共利益或者案外人的合法权益等五个核心要素。二是对审判实践中经常发生的虚假诉讼特征进行归纳总结，要求对具有一个或多个特征的案件高度警惕，严格审查。三是要求在查证事实过程中，严格准确适用《民事诉讼法》及司法解释的相关规定。

比如，适当加大依职权调查取证力度，探索建立当事人和证人宣誓制度，严格适用自认规则等。四是建立多维度立体的虚假诉讼惩罚制度，从妨碍民事诉讼的强制措施、民事赔偿责任到追究刑事责任，层层递进，逐步加重。五是多管齐下，力争让虚假诉讼无所遁形。要求各级法院逐步建立与现有相关信息平台和国家征信体系接轨工作，加大与其他部门协调力度。六是区分人民法院工作人员、诉讼代理人、鉴定机构等不同主体，在现有法律框架内，分别规定具有针对性的惩罚措施。此外，该《指导意见》还对设立立案警示制度、加强司法能力建设等方面作出了规定。以上规定对于防范和制裁虚假诉讼、维护司法权威、推进社会诚信建设将起到重要作用。

据介绍，2013 年以来，最高人民法院先后下发了《关于房地产调控政策下人民法院严格审查各类虚假诉讼的紧急通知》和《关于清查“以房抵债”等虚假诉讼案件的意见》，严厉打击房地产领域虚假诉讼行为。此次《指导意见》的发布，旨在对所有虚假诉讼行为进行全面防范和制裁，表明“零容忍”的态度和立场，引导当事人诚信诉讼。该《指导意见》是在充分调研、总结相关工作经验的基础上制定的。

6.《最高人民法院、最高人民检察院关于办理虚假诉讼刑事案件适用法律若干问题的解释》

最高人民法院、最高人民检察院发布《关于办理虚假诉讼刑事案件适用法律若干问题的解释》（以下简称《解释》）。《解释》分别于 2018 年 1 月 25 日由最高人民法院审判委员会第 1732 次会议、2018 年 6 月 13 日由最高人民检察院第十三届检察委员会第二次会议通过，自 2018 年 10 月 1 日起施行。

近年来，民商事审判领域中的虚假诉讼现象呈现多发态势。虚假诉讼违法犯罪行为严重侵害他人合法权益，损害司法权威和司法公信力，人民群众反映强烈。为依法惩治此类行为，最高人民法院、最高人民检察院相继出台了一系列规定。

《解释》结合刑事司法工作实际，对《刑法》中规定的虚假诉讼罪在具体适用方面的若干问题作出了明确规定，对于实践中综合运用民事、刑事等多种手段,依法惩治发生在民商事案件审判、执行程序中的虚假诉讼违法犯罪行为,维护正常司法秩序,保护公民、法人和其他组织的合法权益,具有重要意义。

《解释》共12个条文,从虚假诉讼犯罪行为的界定、定罪量刑标准、数罪竞合的处罚原则、刑事政策的把握、地域管辖的确定等方面作出了规定。

针对理论和实践中广泛关注和存在争议的虚假诉讼犯罪行为的界定和定罪量刑标准问题,《解释》规定,单方或者与他人恶意串通,采取伪造证据、虚假陈述等手段,捏造民事法律关系,虚构民事纠纷,向人民法院提起民事诉讼的,应当认定为《刑法》规定的虚假诉讼犯罪行为;向人民法院申请执行以捏造的事实作出的仲裁裁决、公证债权文书,或者以捏造的事实对执行标的提出异议、申请参与执行财产分配的,属于《刑法》规定的虚假诉讼犯罪行为;以捏造的事实提起民事诉讼,致使人民法院基于捏造的事实作出裁判文书的,应当认定为虚假诉讼罪,在未作出裁判文书的情况下,行为人具有虚假诉讼违法犯罪前科,或者多次以捏造的事实提起民事诉讼,或者具有致使人民法院采取保全措施、致使人民法院开庭审理、干扰正常司法活动等情形的,也应当以虚假诉讼罪定罪处罚。

虚假诉讼刑事案件由虚假民事诉讼案件的受理法院所在地或者执行法院所在地人民法院管辖,以有利于侦办机关及时调取和固定证据,同时避免部分民事诉讼当事人故意利用刑事手段恶意干扰民商事案件的正常审理;在司法工作人员利用职权与他人共同实施虚假诉讼犯罪行为的情况下,可以实行异地管辖,确保此类案件公正审理。

7.《刑法修正案(九)》新增了"虚假诉讼罪"对虚假诉讼的行为进行罪行化规制

从2021年《民事诉讼法》的规定中不难看出,这两条规定还对虚假诉讼的行为进行了附属《刑法》的规定。虽然这两条规定并未直接指明构成犯罪后所应当适用的条款,但是附属《刑法》作为连接《刑法》和其他部门法的纽带,指明了《刑法》之中必然应当存有与之对应的刑罚规范。为了倡导社会诚信,树立民众正确的民事诉讼观,加大对虚假民事诉讼行为的打击力度,以及有效衔接民事诉讼法和刑法的规定,《刑法修正案(九)》第35条在刑法第307条之后增加1条,对虚假民事诉讼行为进行犯罪化。

2020年《刑法》第307条之一规定,以捏造的事实提起民事诉讼,妨害司法秩序或者严重侵害他人合法权益的,处3年以下有期徒刑、拘役或者管制,并处或者单处罚金;情节严重的,处3年以上7年以下有期徒刑,并处罚金。单位犯虚假诉讼罪的,对单位判处罚金,并对其直接负责的主管人员和其他直接责任人员,依照前款的规定处罚。有《刑法》第307条之一第1款行为,非法占有他人财产或者逃避合法债务,又构成其他犯罪的,依照处罚较重的规定定罪从重处罚。司法工作人员利用职权,与他人共同实施《刑法》第307条之一前3款行为的,从重处罚;同时构成其他犯罪的,依照处罚较重的规定定罪从重处罚。

8.《最高人民法院、最高人民检察院、公安部、司法部关于进一步加强虚假诉讼犯罪惩治工作的意见》

第一章　总　　则

第一条　为了进一步加强虚假诉讼犯罪惩治工作,维护司法公正和司法权威,保护自然人、法人和非法人组织的合法权益,促进社会诚信建设,根据《中华人民共和国刑法》《中华人民共和国刑事诉讼法》《中华人民共和国民事诉讼法》和《最高人民法院、最高人民检察院关于办理虚假诉讼刑事案件适用法律若干问题的解释》等规定,结合工作实际,制定本意见。

第二条　本意见所称虚假诉讼犯罪,是指行为人单独或者与他人恶意串通,采取伪造证据、虚假陈述等手段,捏造民事案件基本事实,虚构民事纠纷,向人民法院提起民事诉讼,妨害司法秩序或者严重侵害他人合法权益,依照法律应当受刑罚处罚的行为。

第三条　人民法院、人民检察院、公安机关、司法行政机关应当按照法定职责分工负责、配合协作,加强沟通协调,在履行职责过程中发现可能存在虚假诉讼犯罪的,应当及时相互通报情况,共同防范和惩治虚假诉讼犯罪。

第二章　虚假诉讼犯罪的甄别和发现

第四条　实施《最高人民法院、最高人民检察院关于办理虚假诉讼刑事案件适用法律若干问题的解释》第一条第一款、第二款规定的捏造事实行为，并有下列情形之一的，应当认定为刑法第三百零七条之一第一款规定的“以捏造的事实提起民事诉讼”：

（一）提出民事起诉的；

（二）向人民法院申请宣告失踪、宣告死亡，申请认定公民无民事行为能力、限制民事行为能力，申请认定财产无主，申请确认调解协议，申请实现担保物权，申请支付令，申请公示催告的；

（三）在民事诉讼过程中增加独立的诉讼请求、提出反诉，有独立请求权的第三人提出与本案有关的诉讼请求的；

（四）在破产案件审理过程中申报债权的；

（五）案外人申请民事再审的；

（六）向人民法院申请执行仲裁裁决、公证债权文书的；

（七）案外人在民事执行过程中对执行标的提出异议，债权人在民事执行过程中申请参与执行财产分配的；

（八）以其他手段捏造民事案件基本事实，虚构民事纠纷，提起民事诉讼的。

第五条　对于下列虚假诉讼犯罪易发的民事案件类型，人民法院、人民检察院在履行职责过程中应当予以重点关注：

（一）民间借贷纠纷案件；

（二）涉及房屋限购、机动车配置指标调控的以物抵债案件；

（三）以离婚诉讼一方当事人为被告的财产纠纷案件；

（四）以已经资不抵债或者已经被作为被执行人的自然人、法人和非法人组织为被告的财产纠纷案件；

（五）以拆迁区划范围内的自然人为当事人的离婚、分家析产、继承、房屋买卖合同纠纷案件；

（六）公司分立、合并和企业破产纠纷案件；

（七）劳动争议案件；

（八）涉及驰名商标认定的案件；

（九）其他需要重点关注的民事案件。

第六条　民事诉讼当事人有下列情形之一的，人民法院、人民检察院在履行职责过程中应当依法严格审查，及时甄别和发现虚假诉讼犯罪：

（一）原告起诉依据的事实、理由不符合常理，存在伪造证据、虚假陈述可能的；

（二）原告诉请司法保护的诉讼标的额与其自身经济状况严重不符的；

（三）在可能影响案外人利益的案件中，当事人之间存在近亲属关系或者关联企业等共同利益关系的；

（四）当事人之间不存在实质性民事权益争议和实质性诉辩对抗的；

（五）一方当事人对于另一方当事人提出的对其不利的事实明确表示承认，且不符合常理的；

（六）认定案件事实的证据不足，但双方当事人主动迅速达成调解协议，请求人民法院制作调解书的；

（七）当事人自愿以价格明显不对等的财产抵付债务的；

（八）民事诉讼过程中存在其他异常情况的。

第七条　民事诉讼代理人、证人、鉴定人等诉讼参与人有下列情形之一的，人民法院、人民检察院在履行职责过程中应当依法严格审查，及时甄别和发现虚假诉讼犯罪：

（一）诉讼代理人违规接受对方当事人或者案外人给付的财物或者其他利益，与对方当事人或者案外人恶意串通，侵害委托人合法权益的；

（二）故意提供虚假证据，指使、引诱他人伪造、变造证据、提供虚假证据或者隐匿、毁灭证据的；

（三）采取其他不正当手段干扰民事诉讼活动正常进行的。

第三章　线索移送和案件查处

第八条　人民法院、人民检察院、公安机关发现虚假诉讼犯罪的线索来源包括：

（一）民事诉讼当事人、诉讼代理人和其他诉讼参与人、利害关系人、其他自然人、法人和非法人组织的报案、控告、举报和法律监督申请；

（二）被害人有证据证明对被告人通过实施虚假诉讼行为侵犯自己合法权益的行为应当依法追究刑事责任，且有证据证明曾经提出控告，而公安机关或者人民检察院不予追究被告人刑事责任，向人民法院提出的刑事自诉；

（三）人民法院、人民检察院、公安机关、司法行政机关履行职责过程中主动发现；

（四）有关国家机关移送的案件线索；

（五）其他线索来源。

第九条 虚假诉讼刑事案件由相关虚假民事诉讼案件的受理法院所在地或者执行法院所在地人民法院管辖。有刑法第三百零七条之一第四款情形的，上级人民法院可以指定下级人民法院将案件移送其他人民法院审判。

前款所称相关虚假民事诉讼案件的受理法院，包括该民事案件的一审、二审和再审法院。

虚假诉讼刑事案件的级别管辖，根据刑事诉讼法的规定确定。

第十条 人民法院、人民检察院向公安机关移送涉嫌虚假诉讼犯罪案件，应当附下列材料：

（一）案件移送函，载明移送案件的人民法院或者人民检察院名称、民事案件当事人名称和案由、所处民事诉讼阶段、民事案件办理人及联系电话等。案件移送函应当附移送材料清单和回执，经人民法院或者人民检察院负责人批准后，加盖人民法院或者人民检察院公章；

（二）移送线索的情况说明，载明案件来源、当事人信息、涉嫌虚假诉讼犯罪的事实、法律依据等，并附相关证据材料；

（三）与民事案件有关的诉讼材料，包括起诉书、答辩状、庭审笔录、调查笔录、谈话笔录等。

人民法院、人民检察院应当指定专门职能部门负责涉嫌虚假诉讼犯罪案件的移送。

人民法院将涉嫌虚假诉讼犯罪案件移送公安机关的,同时将有关情况通报同级人民检察院。

第十一条　人民法院、人民检察院认定民事诉讼当事人和其他诉讼参与人的行为涉嫌虚假诉讼犯罪,除民事诉讼当事人、其他诉讼参与人或者案外人的陈述、证言外,一般还应有物证、书证或者其他证人证言等证据相印证。

第十二条　人民法院、人民检察院将涉嫌虚假诉讼犯罪案件有关材料移送公安机关的,接受案件的公安机关应当出具接受案件的回执或者在案件移送函所附回执上签收。

公安机关收到有关材料后,分别作出以下处理:

(一)认为移送的案件材料不全的,应当在收到有关材料之日起三日内通知移送的人民法院或者人民检察院在三日内补正。不得以材料不全为由不接受移送案件;

(二)认为有犯罪事实,需要追究刑事责任的,应当在收到有关材料之日起三十日内决定是否立案,并通知移送的人民法院或者人民检察院;

(三)认为有犯罪事实,但是不属于自己管辖的,应当立即报经县级以上公安机关负责人批准,在二十四小时内移送有管辖权的机关处理,并告知移送的人民法院或者人民检察院。对于必须采取紧急措施的,应当先采取紧急措施,然后办理手续,移送主管机关;

(四)认为没有犯罪事实,或者犯罪情节显著轻微不需要追究刑事责任的,或者具有其他依法不追究刑事责任情形的,经县级以上公安机关负责人批准,不予立案,并应当说明理由,制作不予立案通知书在三日内送达移送的人民法院或者人民检察院,退回有关材料。

第十三条　人民检察院依法对公安机关的刑事立案实行监督。

人民法院对公安机关的不予立案决定有异议的,可以建议人民检察院进行立案监督。

第四章　程序衔接

第十四条　人民法院向公安机关移送涉嫌虚假诉讼犯罪案件,民事案件必须以相关刑事案件的审理结果为依据的,应当依照民事诉讼法第一百五十三条第一款第五项的规定裁定中止诉讼。刑事案件的审理结果不影响民事诉讼程序正常进行的,民事案件应当继续审理。

第十五条 刑事案件裁判认定民事诉讼当事人的行为构成虚假诉讼犯罪,相关民事案件尚在审理或者执行过程中的,作出刑事裁判的人民法院应当及时函告审理或者执行该民事案件的人民法院。

人民法院对于与虚假诉讼刑事案件的裁判存在冲突的已经发生法律效力的民事判决、裁定、调解书,应当及时依法启动审判监督程序予以纠正。

第十六条 公安机关依法自行立案侦办虚假诉讼刑事案件的,应当在立案后三日内将立案决定书等法律文书和相关材料复印件抄送对相关民事案件正在审理、执行或者作出生效裁判文书的人民法院并说明立案理由,同时通报办理民事案件人民法院的同级人民检察院。对相关民事案件正在审理、执行或者作出生效裁判文书的人民法院应当依法审查,依照相关规定做出处理,并在收到材料之日起三十日内将处理意见书面通报公安机关。

公安机关在办理刑事案件过程中,发现犯罪嫌疑人还涉嫌实施虚假诉讼犯罪的,可以一并处理。需要逮捕犯罪嫌疑人的,由侦查该案件的公安机关提请同级人民检察院审查批准;需要提起公诉的,由侦查该案件的公安机关移送同级人民检察院审查决定。

第十七条 有管辖权的公安机关接受民事诉讼当事人、诉讼代理人和其他诉讼参与人、利害关系人、其他自然人、法人和非法人组织的报案、控告、举报或者在履行职责过程中发现存在虚假诉讼犯罪嫌疑的,可以开展调查核实工作。经县级以上公安机关负责人批准,公安机关可以依照有关规定拷贝电子卷或者查阅、复制、摘录人民法院的民事诉讼卷宗,人民法院予以配合。

公安机关在办理刑事案件过程中,发现犯罪嫌疑人还涉嫌实施虚假诉讼犯罪的,适用前款规定。

第十八条 人民检察院发现已经发生法律效力的判决、裁定、调解书系民事诉讼当事人通过虚假诉讼获得的,应当依照民事诉讼法第二百一十五条第一款、第二款等法律和相关司法解释的规定，向人民法院提出再审检察建议或者抗诉。

第十九条　人民法院对人民检察院依照本意见第十八条的规定提出再审检察建议或者抗诉的民事案件，应当依照民事诉讼法等法律和相关司法解释的规定处理。按照审判监督程序决定再审、需要中止执行的，裁定中止原判决、裁定、调解书的执行。

第二十条　人民检察院办理民事诉讼监督案件过程中，发现存在虚假诉讼犯罪嫌疑的，可以向民事诉讼当事人或者案外人调查核实有关情况。有关单位和个人无正当理由拒不配合调查核实、妨害民事诉讼的，人民检察院可以建议有关人民法院依照民事诉讼法第一百一十四条第一款第五项等规定处理。

人民检察院针对存在虚假诉讼犯罪嫌疑的民事诉讼监督案件依照有关规定调阅人民法院的民事诉讼卷宗的，人民法院予以配合。通过拷贝电子卷、查阅、复制、摘录等方式能够满足办案需要的，可以不调阅诉讼卷宗。

人民检察院发现民事诉讼监督案件存在虚假诉讼犯罪嫌疑的，可以听取人民法院原承办人的意见。

第二十一条　对于存在虚假诉讼犯罪嫌疑的民事案件，人民法院可以依职权调查收集证据。

当事人自认的事实与人民法院、人民检察院依职权调查并经审理查明的事实不符的，人民法院不予确认。

第五章　责任追究

第二十二条　对于故意制造、参与虚假诉讼犯罪活动的民事诉讼当事人和其他诉讼参与人，人民法院应当加大罚款、拘留等对妨害民事诉讼的强制措施的适用力度。

民事诉讼当事人、其他诉讼参与人实施虚假诉讼，人民法院向公安机关移送案件有关材料前，可以依照民事诉讼法的规定先行予以罚款、拘留。

对虚假诉讼刑事案件被告人判处罚金、有期徒刑或者拘役的，人民法院已经依照民事诉讼法的规定给予的罚款、拘留,应当依法折抵相应罚金或者刑期。

第二十三条 人民检察院可以建议人民法院依照民事诉讼法的规定,对故意制造、参与虚假诉讼的民事诉讼当事人和其他诉讼参与人采取罚款、拘留等强制措施。

第二十四条 司法工作人员利用职权参与虚假诉讼的,应当依照法律法规从严处理;构成犯罪的,依法从严追究刑事责任。

第二十五条 司法行政机关、相关行业协会应当加强对律师、基层法律服务工作者、司法鉴定人、公证员、仲裁员的教育和管理,发现上述人员利用职务之便参与虚假诉讼的,应当依照规定进行行政处罚或者行业惩戒;构成犯罪的,依法移送司法机关处理。律师、基层法律服务工作者、司法鉴定人、公证员、仲裁员利用职务之便参与虚假诉讼的,依照有关规定从严追究法律责任。

人民法院、人民检察院、公安机关在办理案件过程中,发现律师、基层法律服务工作者、司法鉴定人、公证员、仲裁员利用职务之便参与虚假诉讼,尚未构成犯罪的,可以向司法行政机关、相关行业协会或者上述人员所在单位发出书面建议。司法行政机关、相关行业协会或者上述人员所在单位应当在收到书面建议之日起三个月内作出处理决定,并书面回复作出书面建议的人民法院、人民检察院或者公安机关。

第六章 协作机制

第二十六条 人民法院、人民检察院、公安机关、司法行政机关探索建立民事判决、裁定、调解书等裁判文书信息共享机制和信息互通数据平台,综合运用信息化手段发掘虚假诉讼违法犯罪线索,逐步实现虚假诉讼违法犯罪案件信息、数据共享。

第二十七条 人民法院、人民检察院、公安机关、司法行政机关落实“谁执法谁普法”的普法责任制要求,通过定期开展法治宣传、向社会公开发布虚假诉讼典型案例、开展警示教育等形式,增强全社会对虚假诉讼违法犯罪的防范意识，震慑虚假诉讼违法犯罪。

第七章　附　　则

第二十八条　各省、自治区、直辖市高级人民法院、人民检察院、公安机关、司法行政机关可以根据本地区实际情况，制定实施细则。

第二十九条　本意见自2021年3月10日起施行。

9.《人民检察院民事诉讼监督规则》（节录）

第三十七条　人民检察院在履行职责中发现民事案件有下列情形之一的，应当依职权启动监督程序：

（一）损害国家利益或者社会公共利益的；

（二）审判、执行人员有贪污受贿，徇私舞弊，枉法裁判等违法行为的；

（三）当事人存在虚假诉讼等妨害司法秩序行为的；

……

第七十五条　人民检察院发现民事调解书损害国家利益、社会公共利益的，依法向人民法院提出再审检察建议或者抗诉。

人民检察院对当事人通过虚假诉讼获得的民事调解书应当依照前款规定监督。

第一百零四条　人民检察院对人民法院执行生效民事判决、裁定、调解书、支付令、仲裁裁决以及公证债权文书等法律文书的活动实行法律监督。

10.《最高人民法院关于深入开展虚假诉讼整治工作的意见》

为进一步加强虚假诉讼整治工作，维护司法秩序、实现司法公正、树立司法权威，保护当事人合法权益，营造公平竞争市场环境，促进社会诚信建设，根据《中华人民共和国民法典》《中华人民共和国刑法》《中华人民共和国民事诉讼法》等规定，结合工作实际，制定本意见。

1. 提高思想认识，强化责任担当。整治虚假诉讼工作，是党的十八届四中全会部署的重大任务，是人民法院肩负的政治责任、法律责任和社会责任，对于建设诚信社会、保护群众权利、保障经济发展、维护司法权威、建设法治国家具有重要意义。各级人民法院要坚持以习近平新时代中国特色社会主义思想为指导，深入学习贯彻习近平法治思想，依法贯彻民事诉讼诚实信用原则，坚持制度的刚性，扎紧制度的笼子，压缩虚假诉讼存在的空间，铲除虚假诉讼滋生的土壤，积极引导人民群众依法诚信诉讼，让法安天下、德润人心，大力弘扬诚实守信的社会主义核心价值观。

2. 精准甄别查处，依法保护诉权。单独或者与他人恶意串通，采取伪造证据、虚假陈述等手段，捏造民事案件基本事实，虚构民事纠纷，向人民法院提起民事诉讼，损害国家利益、社会公共利益或者他人合法权益，妨害司法秩序的，构成虚假诉讼。向人民法院申请执行基于捏造的事实作出的仲裁裁决、调解书及公证债权文书，在民事执行过程中以捏造的事实对执行标的提出异议、申请参与执行财产分配的，也属于虚假诉讼。诉讼代理人、证人、鉴定人、公证人等与他人串通，共同实施虚假诉讼的，属于虚假诉讼行为人。在整治虚假诉讼的同时，应当依法保护当事人诉权。既要防止以保护当事人诉权为由，放松对虚假诉讼的甄别、查处，又要防止以整治虚假诉讼为由，当立案不立案，损害当事人诉权。

3. 把准特征表现，做好靶向整治。各级人民法院要积极总结司法实践经验，准确把握虚假诉讼的特征表现，做到精准施治、靶向整治。对存在下列情形的案件，要高度警惕、严格审查，有效防范虚假诉讼：原告起诉依据的事实、理由不符合常理；诉讼标的额与原告经济状况严重不符；当事人之间存在亲属关系、关联关系等利害关系，诉讼结果可能涉及案外人利益；当事人之间不存在实质性民事权益争议，在诉讼中没有实质性对抗辩论；当事人的自认不符合常理；当事人身陷沉重债务负担却以明显不合理的低价转让财产、以明显不合理的高价受让财产或者放弃财产权利；认定案件事实的证据不足，当事人却主动迅速达成调解协议，请求人民法院制作调解书；当事人亲历案件事实却不能完整准确陈述案件事实或者陈述前后矛盾等。

4. 聚焦重点领域，加大整治力度。民间借贷纠纷，执行异议之诉，劳动争议，离婚析产纠纷，诉离婚案件一方当事人的财产纠纷，企业破产纠纷，公司分立（合并）纠纷，涉驰名商标的商标纠纷，涉拆迁的离婚、分家析产、继承、房屋买卖合同纠纷，涉房屋限购和机动车配置指标调控等宏观调控政策的买卖合同、以物抵债纠纷等各类纠纷，是虚假诉讼易发领域。对上述案件，各级人民法院应当重点关注、严格审查，加大整治虚假诉讼工作力度。

5. 坚持分类施策，提高整治实效。人民法院认定为虚假诉讼的案件，原告申请撤诉的，不予准许，应当根据民事诉讼法第一百一十五条规定，驳回其诉讼请求。虚假诉讼行为情节恶劣、后果严重或者多次参与虚假诉讼、制造系列虚假诉讼案件的，要加大处罚力度。虚假诉讼侵害他人民事权益的，行为人应当承担赔偿责任。人民法院在办理案件过程中发现虚假诉讼涉嫌犯罪的，应当依法及时将相关材料移送刑事侦查机关；公职人员或者国有企事业单位人员制造、参与虚假诉讼的，应当通报所在单位或者监察机关；律师、基层法律服务工作者、鉴定人、公证人等制造、参与虚假诉讼的，可以向有关行政主管部门、行业协会发出司法建议，督促及时予以行政处罚或者行业惩戒。司法工作人员利用职权参与虚假诉讼的，应当依法从严惩处，构成犯罪的，应当依法从严追究刑事责任。

6. 加强立案甄别，做好警示提醒。立案阶段，可以通过立案辅助系统、中国裁判文书网等信息系统检索案件当事人是否有关联案件，核查当事人身份信息。当事人存在多件未结案件、关联案件或者发现其他可能存在虚假诉讼情形的，应当对当事人信息进行重点核实。发现存在虚假诉讼嫌疑的，应当对行为人进行警示提醒，并在办案系统中进行标记，提示审判和执行部门重点关注案件可能存在虚假诉讼风险。

7. 坚持多措并举，查明案件事实。审理涉嫌虚假诉讼的案件，在询问当事人之前或者证人作证之前，应当要求当事人、证人签署保证书。保证书应当载明据实陈述、如有虚假陈述愿意接受处罚等内容。负有举证责任的当事人拒绝到庭、拒绝接受询问或者拒绝签署保证书，待证事实又欠缺其他证据证明的，对其主张的事实不予认定。证人拒绝签署保证书的，不得作证，自行承担相关费用。涉嫌通过虚假诉讼损害国家利益、社会公共利益或者他人合法权益的案件，人民法院应当调查收集相关证据，查明案件基本事实。

8. 慎查调解协议，确保真实合法。当事人对诉讼标的无实质性争议，主动达成调解协议并申请人民法院出具调解书的,应当审查协议内容是否符合案件基本事实、是否违反法律规定、是否涉及案外人利益、是否规避国家政策。调解协议涉及确权内容的,应当在查明权利归属的基础上决定是否出具调解书。不能仅以当事人可自愿处分民事权益为由,降低对调解协议所涉法律关系真实性、合法性的审查标准,尤其要注重审查调解协议是否损害国家利益、社会公共利益或者他人合法权益。当事人诉前达成调解协议,申请司法确认的,应当着重审查调解协议是否存在违反法律、行政法规强制性规定、违背公序良俗或者侵害国家利益、社会公共利益、他人合法权益等情形;诉前调解协议内容涉及物权、知识产权确权的,应当裁定不予受理,已经受理的,应当裁定驳回申请。

9. 严格依法执行,严防虚假诉讼。在执行异议、复议、参与分配等程序中应当加大对虚假诉讼的查处力度。对可能发生虚假诉讼的情形应当重点审查。从诉讼主体、证据与案件事实的关联程度、各证据之间的联系等方面,全面审查案件事实及法律关系的真实性,综合判断是否存在以捏造事实对执行标的提出异议、申请参与分配或者其他导致人民法院错误执行的行为。对涉嫌虚假诉讼的案件,应当传唤当事人、证人到庭,就相关案件事实当庭询问。主动向当事人释明参与虚假诉讼的法律后果,引导当事人诚信诉讼。认定为虚假诉讼的案件,应当裁定不予受理或者驳回申请;已经受理的,应当裁定驳回其请求。

10. 加强执行审查,严查虚假非诉法律文书。重点防范依据虚假仲裁裁决、仲裁调解书、公证债权文书等非诉法律文书申请执行行为。在非诉法律文书执行中,当事人存在通过恶意串通、捏造事实等方式取得生效法律文书申请执行嫌疑的,应当依法进行严格实质审查。加大依职权调取证据力度,结合当事人关系、案件事实、仲裁和公证过程等多方面情况审查判断相关法律文书是否存在虚假情形,是否损害国家利益、社会公共利益或者他人合法权益。存在上述情形的,应当依法裁定不予执行,必要时可以向仲裁机构或者公证机关发出司法建议。

11. 加强证据审查,查处虚假执行异议之诉。执行异议之诉是当前虚假诉讼增长较快的领域，要高度重视执行异议之诉中防范和惩治虚假诉讼的重要性、紧迫性。正确分配举证责任，无论是案外人执行异议之诉还是申请执行人执行异议之诉，均应当由案外人就其对执行标的享有足以排除强制执行的民事权益承担举证责任。严格审查全案证据的真实性、合法性、关联性，对涉嫌虚假诉讼的案件，可以通过传唤案外人到庭陈述、通知当事人提交原始证据、依职权调查核实等方式，严格审查案外人权益的真实性、合法性。

12. 厘清法律关系，防止恶意串通逃避执行。执行异议之诉涉及三方当事人之间多个法律关系，利益冲突主要发生在案外人与申请执行人之间，对于被执行人就涉案外人权益相关事实的自认，应当审慎认定。被执行人与案外人具有亲属关系、关联关系等利害关系，诉讼中相互支持，缺乏充分证据证明案外人享有足以排除强制执行的民事权益的，不应支持案外人主张。案外人依据执行标的被查封、扣押、冻结后作出的另案生效确权法律文书，提起执行异议之诉主张排除强制执行的，应当注意审查是否存在当事人恶意串通等事实。

13. 加强甄别查处，防范虚假民间借贷诉讼。民间借贷是虚假诉讼较为活跃的领域，要审慎审查民间借贷案件，依照《最高人民法院关于审理民间借贷案件适用法律若干问题的规定》的有关规定，准确甄别、严格防范、严厉惩治虚假民间借贷诉讼。对涉嫌虚假诉讼的民间借贷案件，当事人主张以现金方式支付大额借款的，应当对出借人现金来源、取款凭证、交付情况等细节事实进行审查，结合出借人经济能力、当地交易习惯、交易过程是否符合常理等事实对借贷关系作出认定。当事人主张通过转账方式支付大额借款的，应当对是否存在“闭环”转账、循环转账、明走账贷款暗现金还款等事实进行审查。负有举证责任的原告无正当理由拒不到庭，经审查现有证据无法确认借贷行为、借贷金额、支付方式等案件基本事实的，对原告主张的事实不予认定。

14. 严查借贷本息，依法整治违法民间借贷。对涉嫌虚假诉讼的民间借贷案件，应当重点审查借贷关系真实性、本金借贷数额和利息保护范围等问题。虚构民间借贷关系,逃避执行、逃废债务的,对原告主张不应支持。通过“断头息”、伪造证据等手段,虚增借贷本金的,应当依据出借人实际出借金额认定借款本金数额。以“罚息”“违约金”“服务费”“中介费”“保证金”“延期费”等名义从事高利贷的,对于超过法定利率保护上限的利息,不予保护。

15. 严审合同效力,整治虚假房屋买卖诉讼。为逃废债务、逃避执行、获得非法拆迁利益、规避宏观调控政策等非法目的,虚构房屋买卖合同关系提起诉讼的,应当认定合同无效。买受人虚构购房资格参与司法拍卖房产活动且竞拍成功,当事人、利害关系人以违背公序良俗为由主张该拍卖行为无效的,应予支持。买受人虚构购房资格导致拍卖行为无效的,应当依法承担赔偿责任。

16. 坚持查假纠错,依法救济受害人的权利。对涉嫌虚假诉讼的案件,可以通知与案件裁判结果可能存在利害关系的人作为第三人参加诉讼。对查处的虚假诉讼案件,应当依法对虚假诉讼案件生效裁判进行纠错。对造成他人损失的虚假诉讼案件,受害人请求虚假诉讼行为人承担赔偿责任的,应予支持。虚假诉讼行为人赔偿责任大小可以根据其过错大小、情节轻重、受害人损失大小等因素作出认定。

17. 依法认定犯罪,从严追究虚假诉讼刑事责任。虚假诉讼行为符合刑法和司法解释规定的定罪标准的,要依法认定为虚假诉讼罪等罪名,从严追究行为人的刑事责任。实施虚假诉讼犯罪,非法占有他人财产或者逃避合法债务,又构成诈骗罪、职务侵占罪、拒不执行判决、裁定罪、贪污罪等犯罪的,依照处罚较重的罪名定罪并从重处罚。对于多人结伙实施的虚假诉讼共同犯罪中罪责最突出的主犯、有虚假诉讼违法犯罪前科再次实施虚假诉讼犯罪的被告人,要充分体现从严,控制缓刑、免予刑事处罚的适用范围。

18. 保持高压态势,严惩“套路贷”虚假诉讼犯罪。及时甄别、依法严厉打击“套路贷”中的虚假诉讼违法犯罪行为,符合黑恶势力认定标准的,应当依法认定。对于被告人实施“套路贷”违法所得的一切财物,应当予以追缴或者责令退赔,依法保护被害人的财产权利。保持对“套路贷”虚假诉讼违法犯罪的高压严打态势，将依法严厉打击“套路贷”虚假诉讼违法犯罪作为常态化开展扫黑除恶斗争的重要内容，切实维护司法秩序和人民群众合法权益，满足人民群众对公平正义的心理期待。

19. 做好程序衔接，保持刑民协同。经审理认为民事诉讼当事人的行为构成虚假诉讼犯罪的，作出生效刑事裁判的人民法院应当及时函告审理或者执行该民事案件的人民法院。生效刑事裁判认定构成虚假诉讼犯罪的，有关人民法院应当及时依法启动审判监督程序对相关民事判决、裁定、调解书予以纠正。当事人、案外人以生效刑事裁判认定构成虚假诉讼犯罪为由对生效民事判决、裁定、调解书申请再审的，应当依法及时进行审查。

20. 加强队伍建设，提升整治能力。各级人民法院要及时组织法院干警学习掌握中央和地方各项经济社会政策；将甄别和查处虚假诉讼纳入法官培训范围；通过典型案例分析、审判业务交流、庭审观摩等多种形式，提高法官甄别和查处虚假诉讼的司法能力；严格落实司法责任制，对参与虚假诉讼的法院工作人员依规依纪严肃处理，建设忠诚干净担当的人民法院队伍。法院工作人员利用职权与他人共同实施虚假诉讼行为，构成虚假诉讼罪的，依法从重处罚，同时构成其他犯罪的，依照处罚较重的规定定罪并从重处罚。法院工作人员不正确履行职责，玩忽职守，致使虚假诉讼案件进入诉讼程序，导致公共财产、国家和人民利益遭受重大损失，符合刑法规定的犯罪构成要件的，依照玩忽职守罪、执行判决、裁定失职罪等罪名定罪处罚。

21. 强化配合协调，形成整治合力。各级人民法院要积极探索与人民检察院、公安机关、司法行政机关等职能部门建立完善虚假诉讼案件信息共享机制、虚假诉讼违法犯罪线索移送机制、虚假诉讼刑民交叉案件协调惩治机制、整治虚假诉讼联席会议机制等工作机制；与各政法单位既分工负责、又沟通配合，推动建立信息互联共享、程序有序衔接、整治协调配合、制度共商共建的虚假诉讼整治工作格局。

22. 探索信用惩戒，助力诚信建设。各级人民法院要积极探索建立虚假诉讼“黑名单”制度。建立虚假诉讼失信人名单信息库，在“立、审、执”环节自动识别虚假诉讼人员信息，对办案人员进行自动提示、自动预警，提醒办案人员对相关案件进行重点审查。积极探索虚假诉讼人员名单向社会公开和信用惩戒机制,争取与征信机构的信息数据库对接,推动社会信用体系建设。通过信用惩戒增加虚假诉讼人员违法成本,积极在全社会营造不敢、不能、不愿虚假诉讼的法治环境,助力诚信社会建设,保障市场经济平稳、有序、高效发展。

23. 开展普法宣传,弘扬诉讼诚信。各级人民法院要贯彻落实"谁执法谁普法"的普法责任制要求,充分发挥人民法院处于办案一线的优势,深入剖析虚假诉讼典型案例,及时向全社会公布,加大宣传力度,弘扬诚实信用民事诉讼原则,彰显人民法院严厉打击虚假诉讼的决心,增强全社会对虚假诉讼违法行为的防范意识,对虚假诉讼行为形成强大震慑。通过在诉讼服务大厅、诉讼服务网、12368 热线、移动微法院等平台和"人民法院民事诉讼风险提示书"等途径,告知诚信诉讼义务,释明虚假诉讼法律责任,引导当事人依法诚信诉讼,让公正司法、全民守法、诚实守信的理念深深植根于人民群众心中。

24. 本意见自 2021 年 11 月 10 日起施行。

二、犯罪构成特征

根据上述条文,虚假诉讼罪是指以捏造的事实提起民事诉讼,妨害司法秩序或者严重侵害他人合法权益的行为。本罪的构成特征有以下四个方面:

1. 犯罪客体

本罪所侵犯的客体是复杂客体,既包括司法机关的正常活动秩序,具体而言,是司法机关正常的民事诉讼活动秩序,也包括他人的财产权、婚姻权、收养权、监护权、继承权等合法权益。

2. 客观方面

本罪的客观方面表现为,行为人以捏造的事实提起民事诉讼,妨害司法秩序或者严重侵害他人合法权益的行为。

首先,行为人必须捏造事实。所谓"捏造事实",是指行为人虚构、臆造根本不存在,与真实情况相悖的事实情况,既可以是完全捏造,毫无真实成分,也可以是存有部分真实成分,部分捏造。

其次,行为人提起的必须是民事诉讼。即作为平等主体的公民之间、法人之间、其他组织之间以及他们相互之间因财产关系和人身关系所提起的诉讼。

最后,行为人捏造事实提起民事诉讼的行为,应妨害司法秩序或者严重侵害他人合法权益。"妨害司法秩序",是指扰乱了司法机关正常的民事诉讼活动秩序,浪费司法资源。"严重侵害他人合法权益"是指严重侵害到他人的财产权、婚姻权、收养权、监护权、继承权等合法权益,如导致他人丧失财产、婚姻关系破裂、丧失收养他人或被他人收养的权利、监护他人或者被他人监护的权利、继承财产或被继承财产的权利等。

3. 犯罪主体

本罪的主体为一般主体,年满16周岁,具备刑事责任能力,且还应当是具备民事诉讼行为能力,能够提起民事诉讼的自然人。单位也可以成为本罪的主体。

4. 主观方面

本罪的主观方面为故意,一般来说是直接故意,明知自己是用捏造的事实提起诉讼,本罪并未规定行为人需具备特定的主观目的,所以行为人进行虚假诉讼的主观目的是否为谋取利益,谋取利益的性质是否正当均不影响本罪的成立。

根据上述犯罪构成特征,所有的捏造事实提起民事诉讼的行为都会妨害司法秩序,所以本罪是行为犯,只要实施了捏造事实提起民事诉讼的行为即成立虚假诉讼罪。

三、实践中对律师参与虚假诉讼的处理方式

民事诉讼中的律师可以作为虚假诉讼罪的正犯而不是帮助犯。虚假诉讼罪的犯罪主体一般是虚假诉讼的提起者,也即民事诉讼中的原告或者反诉中的被告。虚假诉讼罪看似与律师的执业行为无太大关系,但民事诉讼中的原告或者反诉中的被告在提起民事诉讼时,往往会选择委托律师,有的当事人甚至全权委托律师,在整个诉讼过程中都不露面。但虚假诉讼罪的犯罪主体并不必须为诉讼当事人。律师完全有可能作为虚假诉讼的提起者而构成虚假诉讼罪,而不是作为诉讼当事人的帮助犯。这等于将律师的帮助行为实行化,将原来的共同犯罪规定为单独犯罪,不再使用共同犯罪中的一些规定,包括从轻或者减轻处罚规定。

律师在立案阶段就可能构成虚假诉讼罪。在全权委托律师提起或者律师与诉讼当事人同谋提起虚假民事诉讼的情形下,律师都可能构成虚假诉讼罪。虚假诉讼罪是一种行为犯,"严重妨害司法秩序"只是强调了该罪所侵犯的法益是司法秩序。因此只要提起虚假诉讼,即构成此罪。虚假诉讼罪的既遂标准着眼于"起"。在当下民事诉讼立案登记取代立案审查的制度背景下,提起诉讼就等于立案。由此可见,立法机关将打击虚假诉讼的时间点提前到诉讼提起时,律师在立案阶段就有可能构成虚假诉讼罪。

通过对已有虚假诉讼案例的分析可以发现,虚假诉讼的制造者除了一般的自然人或者法人外,一些具有特殊身份的自然人,如律师、法官,也可能成为虚假诉讼的制造者。那么,对于这些具有特殊身份的人群,除了能按照上述法律对其违法行为乃至犯罪行为进行规制外,还可以结合我国《律师法》《法官法》等与他们的特殊身份有关的法律、法规或者其他规范性文件对其进行双重制裁,从而起到严厉打击知法犯法、权力滥用行为的作用,亦能起到很好的警示和震慑作用。

律师作为法律职业者,与其他司法工作人员一样,应当遵守基本的法律道德和法律职业操守,《律师法》对此有明文规定。律师拥有专业的法律知识,他们运用专业技术为当事人进行诉讼代理。一旦律师参与策划或者亲自办理虚假诉讼,对于虚假诉讼的识别与防范治理的难度必然剧增,危害无穷。

实务中,有的律师被当事人提供的伪造证据材料、恶意串通所蒙蔽,在不知情的情况下参与当事人会谈、搜集证据,已经发现该案系虚假诉讼,但受利益驱动仍然违规进行诉讼代理;也有个别律师是在巨额利益的引诱致惑下,或在当事人的怂恿蛊惑下,直接导演操纵、出谋划策、参与制造虚假诉讼,甚至不惜铤而走险亲自上阵进行虚假诉讼代理活动。尽管这属于极个别现象，但仍然严重影响人民群众对律师行业的客观评价，损害了整个律师行业的外部形象。因此，对于操控、制造、教唆、帮助或者参与虚假诉讼的律师，应当从以下几个方面进行处理：

首先，人民法院应当向律师行业协会发出司法建议，对参与虚假诉讼的律师进行重点关注，加强对其行为的监管，防止出现其他虚假诉讼的风险；其次，人民法院还应当向司法行政部门发出司法建议，依照《律师法》有关规定予以惩戒，从严处理；再次，人民法院还要按照《民事诉讼法》第 115 条的规定，予以从重罚款、拘留；最后，构成刑事犯罪的，依法移交公安、检察机关追究刑事责任。

律师是保障当事人合法权益的忠诚卫士，是法治事业的重要参与者，是法律共同体的一员。正因如此，才更需要将律师的执业行为纳入法治轨道，一旦律师做出严重危害社会的行为，违反了《刑法》，后果则不堪设想。因此，律师应当恪守职业约束与执业纪律，坚决制止自己的当事人进行虚假诉讼的企图和尝试，同时不断提高虚假诉讼识别能力和应对能力，指导帮助当事人采取必要措施，理性诉讼，组织并终结虚假诉讼，维护好当事人的合法权益。

附录四

企业行政合规大有作为

王朝勇　刘苍瑜

一、企业行政合规的概念

企业合规，是指企业经营符合法律规定。企业行政合规是指企业对外经营与内部管理均符合国家行政法律、法规的相关规定。

这里的国家法律、法规主要包括以下四类：一是国家法律法规，包括法律、行政法规、行政规章、地方性法规、司法解释等，所有具有国家强制性规定的规范性文件都是需要企业经营需要遵守的对象；二是行业惯例，既包括成文惯例，如各行业协会等颁布的行为准则，也包括不成文的商业习惯和伦理道德；三是公司内部制定的规章制度，公司章程等规章制度同样属于企业合规应当遵守的规范；四是国际组织条约，如世界银行等国际组织，也设置了合规管理和制裁制度，世界银行可以通过附解除条件的制裁，为企业设置若干年考验期，要求其重建合规计划。

企业行政合规不仅要求企业外部经营行为需要遵守行政法律、法规等规范性文件，还要求企业的内部管理行为遵守行政法律规范。现代企业管理应当符合行政法律规范的如下要求：第一，合法经营要求，企业违规带来的法律风险对企业来说往往打击巨大，严重时甚至会影响企业的运营、存续。第二，可持续发展价值，企业应当设立长期发展的经营目标，避免竭泽而渔，所以必须建立企业行政合规制度。第三，社会责任，作为社会商业组织，企业不能只追逐利益，还必须承担一定的社会责任，很多企业的合规部门与道德直接挂钩，如世界银行合规部门就叫作“诚信与合规部”。企业基本的社会责任包括保护员工隐私、员工社会保障、环境保护等。

二、企业行政和解是解决行政纠纷的途径之一

针对企业的行政和解是近几年兴起的行政纠纷解决机制之一，企业行政合规的引入，使企业行政和解既有良好的可操作性，也有极大的可行性。企业行政和解主要分为三个阶段：行政执法和解、行政复议和解以及行政诉讼和解。

企业行政合规的重要价值就在于预先通过企业章程、准则等内部规范性文件约束企业外部经营与内部管理行为，当企业面临行政不规范甚至行政违法风险时，企业行政监管部门将企业建立合规机制作为先决条件，在行政执法中与企业订立合规和解协议并进行协议的后续审查。如 2019 年《证券法》第 171 条明确规定了需要企业整改作为企业行政和解的前提，条文中虽然没有明确使用“企业合规”的文字表述，但“纠正涉嫌违法行为，赔偿有关投资者损失，消除损害或者不良影响”表明了企业合规作为处理企业行政违法问题的良好途径。

将企业行政合规运用到我国行政执法和解中，从法律规范体系上不存在技术阻碍。如在《证券法》领域，目前已经具备相对完备的证券法律规范，企业行政合规的运用使企业根据自身经营属性建立行政合规制度来预防法律风险具有相当的可行性，并且只需要证监会制定相应的合规管理指南就可以作为企业的指南，引导企业行政合规计划的建立。从企业的内部部门设立来看，企业行政合规的运用不仅不会给企业造成更大的经营管理负担，反而促进企业优化其内部结构。

三、企业行政合规大有作为

企业行政合规的建构是一项系统工作，前期需要企业行政监管部门制定行政和解机制指南作为企业行政合规和解的先决条件，其次需要签订企业行政和解的和解协议，之后企业行政监管部门还需要对企业行政合规改正、行政合规经营的进展情况进行持续监督和审查，最终对企业通过行政合规和解进行改进的综合情况进行审核。

1. 企业行政合规指南

企业行政合规指南是企业行政合规和解的重要条件之一，主要是指企业用以参考建立企业行政合规计划的规范性文件。专业且实用的企业行政合规指南能够为企业内部管理提供对照表,促进企业构建自己的合规机制,有利于企业发现自身行政合规方面的问题与缺陷。

企业行政合规指南往往由国家行政监管部门起草,并且随着国家相关法律法规的修改以及市场的变化定期予以更新。以证券行业为例,国家行政监管机关与企业相互合作针对虚假陈述、内幕交易等违法违规行为进行合规政策的制定,是解决当前中国证券市场合规问题的重要途径。证监会明确企业依据企业行政合规指南制订企业行政合规计划,这是企业能够在行政执法和解中达成和解协议的先决条件,通过行政监管部门运用国家强制力推进企业行政合规指南,有利于企业普遍建设企业行政合规计划,也有利于企业行政和解机制的完善。

2. 企业行政合规审查标准

有了企业行政合规指南后,还需要建立一套与之匹配的企业行政合规审查标准,才能够使企业行政合规指南行之有效,具有实践价值。如美国的《联邦量刑指南》要求企业有效合规应当符合 7 项标准,这 7 项标准具体可分为四类:主体要件、管理要件、运行要件和救济要件。主体要件要求企业应当建立独立的管理机构,对于企业各机构之间的职责应当划分明确,同时设立明确的监督标准。管理要件主要是针对包括刑事法律风险在内的企业合规计划的制订。运行要件与救济要件则着眼于动态监管,要求企业建立监督、申诉、处理等企业合规综合规划。

不同于美国法律上的以刑法激励与刑事豁免为特色企业合规机制,我国企业合规机制更适合以企业行政合规为主导,在企业行政执法中以和解为解决途径,建立企业行政合规审查标准,促进企业学习相关法律知识、规范企业经营行为。

3. 企业行政合规审核机制

考察世界各国企业合规管理的经营,在企业行政合规和解协议达成后,通常会设立一定期限的审核期,如美国合规审核期限为 3 年,监督企业履行行政和解协议上载明的各项义务,尤其是企业针对协议中行政合规各项要求的完善与改进。审核方式包括派驻工作组、定期验收、企业定期汇报等方式。

在我国以企业行政合规为主导的企业合规制度中,可以设立3年或5年不等的企业行政合规审核期限,具体期限的规定应当根据企业违法行为与企业经营内容属性来建立,若企业无法完成行政和解协议达成后的合规审核,则可以继续对违法行为进行行政处罚。

四、结语

根据我国中国特色社会主义法律体系的特色,涉及《刑法》内容的企业合规制度推进需要较为审慎的态度,但企业行政合规在处理法律实践问题中具有重要作用,其可以减轻行政执法、行政审判、行政复议、行政监管的压力,提高企业违法成本。随着企业合规制度的发展与中国法治的进步,企业行政合规在我国司法实践中大有作为。